Couvertures supérieure et inférieure
en couleur

WALTER SCOTT

L'ANTIQUAIRE

ÉDITION REVUE

Par MAX DESNOYERS

SUR LA TRADUCTION DUFAUCONPRET

PARIS
LIBRAIRIE BLÉRIOT
HENRI GAUTIER, SUCCESSEUR
55, QUAI DES GRANDS-AUGUSTINS, 55

LIBRAIRIE BLÉRIOT
HENRI GAUTIER, SUCCESSEUR

CH. BUET

Le Crime de Maltaverne, 1 vol. in-12	3 fr.
Les Rois du pays d'or, 1 vol. in-12	3 »
Les Chevaliers de la Croix Blanche, 1 vol. in-12	3 »
L'honneur du nom, 1 vol. in-12	3 »
Philippe Monsieur, 1 vol. in-12	3 »
Le Maréchal de Montmayeur, 1 vol. in-12	3 »
Hauteluce et Blanchelaine, 1 vol. in-12	3 »
François le Balafré, 1 vol. in-12	3 »
La Dame noire de Myans, 1 vol. in-12	2 »
Aubanon Cinq-liards, 1 vol. in-12	3 »
Christophe Colomb, 1 vol. in-12	3 »

A. DE LAMOTHE

La Fiancée du Vautour blanc, 1 vol. in-12	3 »
Les Exploits d'un mousse au Tonkin, 1 vol. in-12	3 »
Histoire d'un denier d'or, 1 vol. in-12	3 »

RAOUL DE NAVERY

Le Contumax, 1 vol. in-12	3 »
Le Val Perdu, 1 vol. in-12	2 »
La Main malheureuse, 1 vol. in-12	2 »
La Chambre n° 7, 1 vol. in-12	3 »

ZÉNAÏDE FLEURIOT

Désertion, 1 vol. in-12	3 »
Sous le joug, 1 vol. in-12	3 »

M. MARYAN

La Maison de famille, 1 vol. in-12	3 »
Une Dette d'honneur, 1 vol. in-12	3 »

AIMÉ GIRON

Un Mariage difficile, 1 vol. in-12	3 »
Chez l'oncle Aristide, 1 vol. in-12	3 »

Vte OSCAR DE POLI

Le Capitaine Phébus, 2 vol. in-12	6 »
Mariola, 1 vol. in-12	3 »

M. DU CAMPFRANC

Les Walbret, 1 vol. in-12	3 »
Exil! 1 vol. in-12	3 »

Tous ces ouvrages sont envoyés franco contre mandat-poste ou timbres, adressés à M. Henri Gautier, éditeur, 55, quai des Grands-Augustins, à Paris.

L'ANTIQUAIRE

A LA MÊME LIBRAIRIE

Ouvrages de WALTER SCOTT

Traduits par Max Desnoyers

Quentin Durward. 1 vol. in-12 . . . . 2 fr.
Waverley. 1 vol. in-12 . . . . 2 fr.
Ivanhoé. 1 vol. in-12 . . . . 2 fr.
Le Monastère. 1 vol. in-12 . . . . 2 fr.
L'Abbé. 1 vol. in-12 . . . . 2 fr.
Kenilworth. 1 vol. in-12 . . . . 2 fr.

Pour recevoir chacun de ces ouvrages franco, il suffit d'en envoyer le prix en mandat poste ou autre valeur à M. Henri GAUTIER, éditeur, 55, quai des Grands-Augustins, à Paris.

IMP. GEORGES JACOB. — ORLÉANS.

WALTER SCOTT

L'ANTIQUAIRE

Édition revue par MAX DESNOYERS
sur la traduction Dufauconpret

PARIS
LIBRAIRIE BLÉRIOT
HENRI GAUTIER, SUCCESSEUR
55, QUAI DES GRANDS-AUGUSTINS, 55

Tous droits réservés.

L'ANTIQUAIRE

CHAPITRE PREMIER

Vers la fin du dix-huitième siècle, un jeune homme de bonne mine arriva, le matin d'un beau jour d'été, à Édimbourg, devant une boutique de High-Street, pour prendre place dans une voiture faisant le service entre Édimbourg et Queens-Ferry (1), où l'on trouvait le paquebot pour traverser le Frith du Forth, ou embouchure du golfe d'Édimbourg. Une affiche collée sur une planche annonçait que la diligence de Queens-Ferry, dite la *Mouche des Aubépines*, partirait à midi précis, le mardi 15 juillet 17.., et arriverait à temps pour profiter de la marée; mais, bien que l'horloge eût sonné midi depuis longtemps, aucune voiture ne paraissait. Le jeune homme commençait à s'impatienter, lorsqu'il vit arriver, d'un air pressé, un homme âgé qui regarda le cadran de l'église, la place où la voiture eût dû se trouver, et s'écria :

— Le diable s'en mêle! je suis en retard!

Le premier voyageur le rassura en lui disant que la voiture n'était pas encore arrivée.

Le vieillard le remercia, et, prenant un gros in-folio des

(1) Passage de la Reine.

mains d'un enfant qui le suivait, il dit à celui-ci en lui posant amicalement la main sur la tête :

— Va, mon garçon, et sois toujours exact à remplir tes devoirs.

L'enfant, qui espérait recevoir une petite gratification, resta quelques instants, puis s'éloigna d'un air déçu.

Le voyageur appuya son paquet sur une borne et attendit en silence pendant cinq minutes la tardive diligence.

C'était un homme d'une soixantaine d'années ; son teint frais et sa démarche alerte témoignaient d'une bonne santé. Il avait une physionomie écossaise : les traits durs, mais l'œil malin semblait indiquer un penchant à l'ironie. Son habit, de couleur sombre, s'harmonisait avec son âge. Sa perruque, régulièrement frisée, était couverte d'un chapeau enfoncé jusqu'aux yeux. Au bout d'un instant, il donna des signes d'impatience et s'approcha de la boutique, où la buraliste faisait un commerce de mercerie. Cette boutique était placée dans un sous-sol où l'on pénétrait par un escalier raide comme une échelle et dont les marches étaient encombrées de nombreux paquets.

— Eh ! mistress Macleuchar ! cria le vieillard.

Mistress Macleuchar fit la sourde oreille.

— Mistress Macleuchar ! Peste de la vieille sorcière ! il faut qu'elle soit sourde comme un pot !

— Je suis occupée à servir une pratique, répondit mistress Macleuchar, continuant de faire l'article. C'est en conscience, ma belle. Je ne vous surfais pas d'un bodle.

— Femme, croyez-vous que nous soyons obligés d'attendre ici que vous ayez attrapé à une pauvre servante le montant de ses gages d'une année ?

— Attrapé ! s'écria mistress Macleuchar avec fureur. Je méprise vos propos, monsieur ; mais je vous défends de vous arrêter en haut de mon escalier pour m'injurier et attaquer ma réputation.

— Femme, je n'attaque pas ta réputation, mais je désire savoir ce qu'est devenu...

— Madame, ajouta le jeune homme, nous avons retenu des places pour Queens-Ferry dans votre diligence...

— La voiture! c'est de la voiture qu'il s'agit? Que Dieu nous protège! N'est-elle pas sur la place?

Et mistress Macleuchar gravit précipitamment l'escalier, et, interrogeant du regard la place, feignit la plus grande surprise.

— Vit-on jamais chose pareille? dit-elle.

— Oui, femme abominable, s'exclama le vieux voyageur; on a vu et on verra souvent des tromperies, quand on aura quelques affaires à démêler avec votre misérable sexe.

Et se promenant avec indignation sur la place, il déclara qu'il allait faire atteler une chaise de poste à quatre chevaux, et que tous les frais retomberaient sur la buraliste. Puis; tirant de sa poche un papier :

— N'est-ce pas vous, dit-il, qui faites distribuer cet avis au public, où vous annoncez qu'avec la grâce de Dieu, la *Mouche des Aubépines* partira aujourd'hui à midi précis pour Queens-Ferry? Sais-tu, femme, la plus fausse de toutes les femmes, ce qui n'est pas peu dire, à quoi tu t'exposes en trompant les sujets du roi par une promesse mensongère?

Sais-tu que l'on peut intenter une action contre toi, en vertu du statut sur les engagements non exécutés? Réponds-moi et...

Ce discours fut interrompu par un bruit sourd annonçant la diligence, et ce fut avec un plaisir ineffable que mistress Macleuchar vit monter en voiture les voyageurs et qu'elle entendit le cocher affirmer qu'ils arriveraient à Queens-Ferry à temps pour profiter de la marée.

Le vieux voyageur recouvra promptement sa tranquillité d'esprit. Il s'essuya le front; ses traits se détendirent, et, ouvrant l'in-folio apporté par le petit garçon, il l'examina complaisamment page par page. Son jeune compagnon de voyage se hasarda à lui demander le nom de l'ouvrage qui était l'objet de sa studieuse attention.

A cette question, le vieillard regarda d'un air un peu moqueur son jeune interlocuteur, supposant qu'il ne pouvait comprendre l'importance de l'*Itinerarium septentrionale* de Sandy Gordon, ouvrage décrivant les restes des antiquités romaines de l'Écosse. Mais le jeune homme répondit de manière à prouver à son compagnon qu'il possédait assez ses auteurs classiques pour prendre part à une conversation sérieuse, lors même qu'il s'agirait d'objets qui lui étaient peu familiers.

Le vieux savant se lança alors avec ardeur dans une interminable dissertation sur les urnes, les vases, les autels des camps romains et les règles de la castramétation (1), et le plaisir qu'il éprouva en donnant des preuves de son érudition fut tel, qu'il ne témoigna aucune impatience de deux accidents qui retardèrent le voyage. Un ressort de la voiture se rompit et, à peine était-il réparé, que notre *antiquaire*, s'apercevant qu'un des chevaux était déferré, déclara qu'il s'opposait à ce que l'on fît faire un pas de plus au pauvre animal au-delà de la première 'orge que l'on rencontrerait.

Ces deux interruptions prirent assez de temps pour qu'en descendant la montagne dominant Queens-Ferry, on vît que l'heure de la marée était passée. Le jeune voyageur s'attendait à une nouvelle explosion de colère de la part de l'*Antiquaire*; mais celui-ci se contenta de dire en riant :

— Au diable la diligence! Diligence, dis-je? On devrait la nommer la lenteur. La Mouche? Elle marche comme une mouche dans la glu! Au surplus, mon jeune ami, nous ferons halte *aux Aubépines*. C'est une auberge passable, et j'aurai le temps de vous expliquer la différence qui existe dans la manière de retrancher les *castra stativa* (2) et les *castra œstiva* (3), choses que beaucoup d'historiens aveugles ont confondues.

---

(1) Art de camper.
(2) Camps de station.
(3) Camps pour l'été.

Ce fut dans cette disposition, due au plaisir que l'*Antiquaire* trouvait dans la société du jeune inconnu, qu'il entra avec lui dans l'auberge de l'*Aubépine*.

CHAPITRE II

L'Antiquaire, en descendant de la diligence, fut salué par l'aubergiste avec ce mélange de respect et de familiarité dont usaient les aubergistes écossais vis-à-vis de leurs habitués.

— Le Ciel me soit en aide, Monkbarns! s'écria-t-il en donnant au voyageur le nom de sa propriété; est-ce bien vous? Je ne pensais guère voir Votre Honneur avant la fin de la session d'été.

— Vieux radoteur du diable! répondit l'antiquaire; qu'ai-je à démêler avec la cour des sessions, les oisons qui la fréquentent et les faucons qui y guettent leur proie?

— Oh! certes, c'est la vérité; mais je croyais que vous aviez quelque affaire en justice pour votre compte. J'en ai une, moi qui vous parle, un procès que mon père m'a laissé et qu'il tenait lui-même de son père. C'est relativement à notre cour de derrière. Cette affaire a paru quatre fois devant les quinze juges; mais du diable s'ils ont pu y rien comprendre. Oh! c'est une belle chose que le temps et le soin qu'on met à rendre la justice en ce pays!

— Retenez votre langue, fou que vous êtes, dit le voyageur en riant; ou plutôt dites-nous ce que vous pourrez nous donner pour dîner.

— Oh! nous ne manquons pas de poisson; nous avons de la truite de mer et de la merluche; si vous voulez une côtelette de mouton et une tarte de mûres sauvages... en un mot, dites ce que vous désirez.

— Ce qui veut dire qu'il n'y a rien autre. C'est bien; le

poisson, les côtelettes et la tarte nous suffiront. Mais n'allez pas imiter les délais que vous blâmez dans les Cours de justice, et ne nous renvoyez pas de la Cour intérieure à la Cour extérieure, m'entendez-vous?

— Non, non, répondit Mackitchinson, qui, ayant lu des volumes de procédure, avait retenu quelques termes de la langue judiciaire; le dîner sera servi *quam primum et peremptorie;* et, faisant entrer ses hôtes dans le parloir, il passa dans la cuisine pour se mettre à l'œuvre. Mais, malgré sa promesse, les délais des Cours de justice pouvaient trouver un parallèle dans la cuisine de l'*Aubépine*. Notre jeune voyageur en profita pour faire un tour dans la maison et recueillir quelques renseignements sur son compagnon de voyage.

Jonathan Oldenbuck de Monkbarns était le second fils d'un gentilhomme qui possédait un petit domaine dans le voisinage de Fairport (1), petit port situé au nord-est de l'Écosse. Ses ancêtres y étaient établis depuis plusieurs générations; le premier Oldenbuck, descendant d'un des inventeurs de l'imprimerie en Allemagne, avait quitté ce pays à cause des persécutions dirigées contre les protestants, et, pour cette cause, avait été accueilli dans le comté, où sa descendance habitait encore. Il y avait été d'autant mieux reçu qu'il apportait assez d'argent pour acheter au comptant le petit domaine de Monkbarns, ancienne dépendance d'un grand et riche monastère confisqué pendant les guerres de religion. Les Oldenbuck se montrèrent sujets loyaux et dévoués. Le laird de Monkbarns, père de l'antiquaire, fit preuve d'un grand zèle pour le roi Georges; mais, comme cela arrive toujours, il ne fut pas remboursé des sommes qu'il avait avancées pour la cause de ce monarque. Néanmoins, à force de sollicitations, il obtint une place dans les douanes, et par son extrême économie augmenta son patrimoine. Il n'eut que deux fils : le plus jeune était le laird actuel, et deux

(1) Ce Fairport est Arbroath, dans le comté d'Angus.

filles, dont l'une resta fille et l'autre se maria avec un capitaine du 42º régiment, qui n'avait d'autre fortune que sa solde et sa généalogie highlandaise. Parti dans les Indes Orientales pour chercher fortune, il y trouva la mort. Sa femme ne put supporter cette douleur et mourut en léguant ses deux enfants à son frère.

Le laird de Monkbarns étant un fils puîné, son père avait voulu l'associer à une maison de commerce. Mais Jonathan, s'étant révolté contre cette proposition, entra chez un Writer (1) et s'y mit promptement au fait des formes des investitures féodales. Il trouvait tant de plaisir à concilier leurs incohérences et à remonter à leur origine, que son maître avait grand espoir de le voir un jour devenir un habile procureur. Mais le jeune clerc refusa de passer le seuil du temple de Thémis, et ne voulut pas diriger ses connaissances vers un but mercantile. Toutefois, il n'agissait pas ainsi par mépris des richesses, car son économie était aussi grande que son amour de la science. Il passait des journées entières enfoncé dans la lecture d'un vieil acte du Parlement en caractères gothiques ; mais il n'eût pas donné quelques heures à une affaire de routine qui lui eût fait gagner vingt shillings. Ce singulier mélange d'activité studieuse et d'indolence alarmait le procureur, quand la mort du père de Jonathan et celle de son frère aîné changea la face des choses et permit au jeune homme de se livrer à la science en laissant de côté les subtilités de la chicane. Il entra en possession du domaine de Monkbarns, et, grâce à la modération de ses désirs et à l'amélioration générale du pays, ses revenus excédèrent ses dépenses.

Or, s'il se souciait peu de gagner de l'argent, il n'était pas insensible au plaisir de s'enrichir. Les bourgeois de la ville voisine de son domaine, tout en le regardant comme un homme dont les goûts leur paraissaient incompréhensibles, avaient pour lui le respect héréditaire dû

(1) Écrivain du sceau ou procureur.

aux lairds de Monkbarns, augmenté de la considération que donne la fortune. Les gentilshommes campagnards, au-dessus de lui par la richesse, lui étaient généralement inférieurs comme intelligence; il les voyait fort peu, un seul excepté. Il avait pour amis le docteur et le ministre. Ses goûts lui donnaient beaucoup d'occupation, étant en correspondance avec les amateurs d'antiquités qui, comme lui, cherchaient à retrouver les plans des châteaux ruinés, les retranchements détruits, déchiffraient les inscriptions illisibles, et écrivaient des essais de douze pages sur des médailles à peu près effacées. Il s'irritait facilement depuis, disait-on, qu'il avait été trompé dans sa première et seule affection; ce qui l'avait rendu misogyne (1), ainsi qu'il le disait. Il avait habitué sa vieille sœur et sa jeune nièce à le regarder comme un grand homme, et il les tenait pour les seules femmes domptées et dressées à l'obéissance. Cependant miss Grizzy Oldenbuck se regimbait par fois lorsqu'il serrait trop les rênes.

Pendant le dîner, M. Oldenbuck, avec le privilège que lui donnait son âge, s'informa du nom, de la qualité et des projets de son jeune compagnon. Il apprit qu'il se nommait Lovel et se rendait à Fairport pour y passer quelques semaines, si le séjour lui en paraissait agréable.

Le voyage de M. Lovel n'avait-il que le plaisir pour tout objet?

Pas tout à fait.

Peut-être quelque affaire avec des négociants de Fairport?

Il avait affaire, mais pas avec des négociants.

M. Oldenbuck n'osa pousser les questions plus loin et changea de conversation. Ennemi de toute dépense superflue, lorsque Lovel lui proposa une bouteille de porto, il lui fit un tableau effrayant du mélange que les aubergistes vendaient sous ce nom, et prétendit qu'un verre de punch serait plus salutaire. Il allait sonner pour en

(1) Ennemi du sexe féminin.

demander un, quand Mackitchinson parut tenant une énorme bouteille couverte de toile d'araignée, preuve incontestable de son antiquité.

— Du punch! répéta-t-il en entrant, du diable si vous en aurez aujourd'hui, Monkbarns!

— Que voulez-vous dire, impertinent?

— Avez-vous oublié le tour que vous m'avez joué la dernière fois que vous vîntes ici? Le laird de Tamlowrie, sir Gilbert Grizzlecleugh, le vieux Rossballots, étaient autour d'un bol de punch quand vous leur racontâtes vos histoires auxquelles on ne peut résister! Puis vous les emmenâtes pour leur montrer je ne sais quel camp romain. Ah! vous feriez descendre les oiseaux des arbres pour vous écouter! et vous m'avez empêché de vendre six bouteilles de bordeaux, peut-être plus.

— Entendez-vous l'impudent coquin? dit en riant Oldenbuck, flatté au fond. Eh bien! envoyez-nous une bouteille de porto.

— Non, non! c'est du bordeaux qu'il faut à des gens de votre rang.

— N'admirez-vous pas, mon jeune ami, le ton impératif du fripon? Il faut donc que nous donnions la préférence au falerne (1) sur le *vile sabinum*.

Le vin de Mackitchinson anima l'imagination de l'Antiquaire, qui raconta quelques bonnes histoires et finit par entamer une dissertation savante sur les anciens auteurs dramatiques. Sur ce terrain, il trouva Lovel si fermement établi, qu'il soupçonna qu'il en avait fait une étude particulière, et pourrait bien être l'acteur attendu pour l'ouverture du théâtre de Fairport.

Sur ma foi, j'en suis fâché, se dit-il. Puis, pensant que dans une pareille position, la dépense du dîner serait à charge à Lovel, il alla solder le compte de l'aubergiste, et ne voulut rien entendre à l'insistance du jeune homme pour payer sa part.

(1) Vin préféré par Horace.

L'Antiquaire, charmé de son jeune compagnon, lui proposa de continuer le voyage ensemble et de louer une chaise de poste dont il paierait les deux tiers, comme étant *le plus gros ;* mais Lovel s'y refusa positivement. La dépense fut donc égale pour chacun, et ils arrivèrent à Fairport le lendemain vers deux heures.

Lovel s'attendait à être invité à dîner par Oldenbuck ; mais ce dernier n'en fit rien et se contenta de le prier de venir le voir le plus tôt qu'il pourrait. Il le recommanda à une veuve qui louait des appartements, ayant soin de la prévenir qu'il ne connaissait pas ce jeune homme particulièrement, et n'entendait nullement être garant des dettes qu'il pourrait contracter.

L'air et la tournure du voyageur, et sa lourde malle qui arriva le lendemain, inspirèrent plus de confiance que les recommandations restreintes de l'Antiquaire.

CHAPITRE III

Dès que Lovel fut installé dans son appartement, il songea à rendre visite à son compagnon de voyage. Il avait cru s'apercevoir que le vieillard prenait quelquefois des airs de supériorité que ne justifiait pas la différence d'âge. Aussi, il tint à se présenter chez lui vêtu à la mode, comme il convenait au rang qu'il savait pouvoir tenir dans la société.

Le cinquième jour de son arrivée, il se décida à aller saluer le laird de Monkbarns. Après avoir suivi la grande route pendant quelque temps, il traversa plusieurs belles prairies et aperçut la maison, située sur une éminence d'où l'on découvrait une vue superbe sur la rade, sillonnée de nombreux navires. Cette maison avait servi, autrefois, de ferme et de grange à l'intendant du monastère ; de là le nom de Monkbarns (grange des Moines).

Après la confiscation du monastère, on y avait ajouté différentes constructions, suivant le besoin des familles qui l'avaient habitée ; mais on n'y avait guère consulté la régularité architecturale. Elle était entourée de haies d'ifs taillés en fauteuils, en tours, en saint Georges et le dragon, selon la fantaisie de l'artiste *topiarien* (1).

M. Oldenbuck avait respecté cet art d'un goût douteux, qui faisait l'orgueil de son jardinier.

Lovel trouva l'antiquaire assis sous un beau houx, le seul respecté par le fer, et lisant la *Chronique de Londres* au murmure de la brise dans le feuillage, auquel se mêlait le bruit des vagues sur la grève. Le vieillard vint avec empressement tendre la main à Lovel et lui dit :

— Par ma foi, je commençais à craindre que vous n'eussiez changé d'idée et que, trouvant les stupides habitants de Fairport indignes d'apprécier votre talent, vous fussiez parti à la française (2). Mais, venez, venez dans mon *sanctum sanctorum*, ma cellule, puis-je dire ; car, excepté deux fainéantes de la gent femelle (c'est ainsi que M. Oldenbuck désignait le beau sexe) qui, comme parentes, se sont établies dans mon logis, je vis en cénobite comme mon antique prédécesseur l'abbé John Girnell, dont je vous ferai voir un jour le tombeau.

En parlant ainsi, il s'avança vers une porte basse surmontée d'une inscription complètement indéchiffrable.

— Ah ! Monsieur, si vous saviez que de mal m'ont coûté ces traces de lettres presque effacées ! et cela sans résultat.. Pourtant, ces deux dernières lettres ou chiffres L V me semblent fournir une preuve de l'époque où le bâtiment aurait été construit ; car nous savons *aliundé* que le monastère a été fondé vers le milieu du XIVe siècle par l'abbé Waldimir. Malheureusement, mes yeux ne peuvent discerner l'ornement qui surmonte l'inscription.

— Il me semble, dit Lovel, qu'il ressemble à une mitre.

(1) *Topiaria*, art de tailler les ifs.
(2) S'en aller sans rien dire.

— Vous avez raison! mille fois raison! Ce que c'est que d'avoir de bons yeux ! Une mitre, oui, cela convenait à notre abbé, car c'était un abbé mitré. Et, continua Oldenbuck en dirigeant son hôte à travers un labyrinthe de corridors obscurs, prenez garde à ces trois marches ; il y a peu de jour ici, et cette maudite gent femelle laisse toujours quelques baquets dans le passage. Maintenant, montez ces douze marches, et vous êtes arrivé.

Ouvrant alors une porte, il s'écria :

— Que faites-vous ici, impertinente ?

Une servante, prise en flagrant délit de nettoyage du *sanctum sanctorum*, s'enfuit ; mais une jeune et jolie fille qui surveillait l'opération répondit :

— En vérité, mon oncle, votre chambre était dans un état à ne point être vue, et je surveillais Jenny pour qu'elle remît chaque chose à sa place.

— Et comment, vous ou Jenny, osez-vous vous mêler de mes affaires ? Occupez-vous de votre aiguille, et que je ne vous retrouve plus ici. Croyez-vous, Monsieur Lovel, que la dernière excursion de ces amies de la propreté fut tellement fatale à mes collections que je pourrais m'écrier avec un ancien poète :

> J'ai beau chercher, je ne retrouve plus
> Mes almanachs, mon cercle constellaire,
> Mon zodiaque et mon cadran solaire.
> Le même jour sont aussi disparus
> Le pou, la puce et jusqu'à la punaise
> Que j'achetai pour les voir plus à l'aise.

La jeune nièce, profitant de cette tirade, s'échappa en faisant la révérence à Lovel.

— Vous allez être étouffé par le tourbillon de poussière antique, qui serait restée fort paisible si ces Égyptiennes n'étaient venues la troubler, comme elles troublent tout dans le monde !

Il se passa, en effet, quelques instants avant que Lovel

pût se reconnaître dans le cabinet de son hôte. C'était une chambre élevée de moyenne grandeur, éclairée par deux croisées garnies de treillis qui obscurcissaient le jour. Elle était encombrée de volumes pêle-mêle sur des tablettes et par terre, confondus dans un chaos de cartes géographiques, de gravures, de liasses, de parchemins, de vieilles armes de toute espèce, épées, casques, targes highlandaises (1). Derrière le vieux fauteuil de cuir de l'antiquaire était une grande armoire en chêne décorée de chérubins joufflus, sur le dessus de laquelle se trouvaient des bustes, des patères, des lampes romaines et quelques figures de bronze. Une vieille tapisserie cachait en partie la muraille recouverte d'une boiserie en chêne à laquelle étaient accrochés plusieurs portraits de héros écossais armés de pied en cap, et quelques ancêtres de M. Oldenbuck. Un gros chat noir, qui eût pu passer pour le génie familier du lieu, trônait au milieu de ces débris du temps passé. Le plancher et une grande table de chêne étaient tellement encombrés qu'il était difficile d'avancer sans se heurter à des fragments de poteries romaines ou celtiques, et d'arriver à se faire jour jusqu'à une chaise, qu'il fallait alors débarrasser des éperons et boucles antiques qui la couvraient.

L'Antiquaire fit remarquer à Lovel qu'un de ses amis, le Révérend Docteur Heavysterne, s'était blessé très sérieusement en s'asseyant, sans précaution, sur trois chausse-trapes, espèce de cheval de frise, déterrées dans une fondrière près de Bannockburn, où sans doute elles avaient été disposées par Robert Bruce pour blesser les pieds des chevaux anglais. Oldenbuck donna à Lovel les renseignements les plus circonstanciés sur tous ces objets si précieux pour la science. Il lui montra un gros bâton ferré trouvé près d'un ancien cimetière. Ce bâton était identique à ceux que portent les montagnards lorsqu'ils partent en moisson ; mais l'antiquaire était convaincu

(1) Espèce de bouclier.

que c'était une de ces massues dont les moines armaient jadis leurs paysans, et il citait à l'appui de son opinion la *Chronique* d'Anvers et celle de saint Martin, autorités que Lovel n'eut garde de récuser, car c'était la première fois qu'il en entendait parler.

La collection du vieux savant était réellement curieuse, et, contrairement aux amateurs qui dépensent des sommes folles pour satisfaire leurs savantes fantaisies, il avait formé son cabinet à force de démarches ingénieuses.

— Voyez, disait-il à Lovel, cette collection de ballades, qui ont pour la plupart un siècle et plus ; je les ai soutirées à une vieille femme pour un peu de tabac. Ces petits elzévirs sont le résultat de maintes promenades faites soir et matin dans Cowgate, Canongate, le Bow, en un mot partout où se trouvent des trafiquants de choses curieuses. Que de fois j'ai marchandé jusqu'à un demi-sou, de crainte qu'on soupçonnât la valeur que j'attachais à l'ouvrage ! Que de fois, voyant un pauvre étudiant ouvrir un livre sur l'étalage d'un bouquiniste, l'ai-je pris pour un rival déguisé ! Mais quelle satisfaction en mettant le livre dans ma poche avec une feinte indifférence, tandis que ma main frémissait de plaisir ! Quel bonheur d'éblouir des rivaux opulents en leur montrant ce petit livre enfumé acquis à vil prix, et qui vaut son pesant d'or !

Lovel était heureux d'entendre le vieillard lui faire la description de ses trésors. Ici, c'était une édition estimée parce qu'elle était la première de l'ouvrage ; là, une autre parce qu'elle contenait les dernières corrections de l'auteur ; telles autres, parce qu'elles ne s'y trouvaient pas. Un ouvrage était recherché parce qu'il était in-folio ; un autre parce qu'il était in-douze. Enfin, il semblait qu'il n'existât aucune distinction, quelque frivole qu'elle fût, qui ne donnât de la valeur à un ouvrage, pourvu que la rareté y fût attachée.

— Peut-être, mon jeune ami, ne sentez-vous pas comme moi les charmes qui s'attachent à une collection d'antiquités ? Je conviens qu'ils ne sont pas aussi attrayants pour de jeunes yeux que ceux d'une belle dame ; mais vous serez de mon avis quand vous porterez des lunettes ! Un instant. J'ai une autre sorte d'antiquité à vous montrer.

Et, tout en causant, Oldenbuck ouvrit une porte que cachait la tapisserie, descendit quatre marches, et revint bientôt portant deux verres montés sur de hauts pieds, une petite bouteille de vin des Canaries et un morceau de gâteau sur un plateau d'argent d'un travail exquis.

— Je ne vous dis rien du plateau, bien qu'on assure qu'il est l'ouvrage de ce vieux fou de Benvenuto Cellini ; mais nos ancêtres buvaient du vin des Canaries. Vous qui connaissez le théâtre, vous savez où l'on en trouve la preuve ? A vos succès à Fairport !

— A l'accroissement de votre trésor, Monsieur !

Après cette libation, Lovel se disposa à se retirer, et Oldenbuck l'accompagna une partie du chemin pour lui montrer quelque chose qui méritait d'être vu sur le chemin de Fairport.

CHAPITRE IV

L'Antiquaire et son compagnon traversèrent un verger où de vieux pommiers, chargés de beaux fruits, prouvaient que les moines se connaissaient en arboriculture et ne passaient pas leur temps dans l'indolence, ainsi que bon nombre d'ignorants l'ont avancé.

— Voyez, M. Lovel, ce petit beffroi qui s'élève sur ce porche couvert de lierre; il y avait un *hospitium, hospitale* ou *hospitamentum*, où les moines recevaient les pèlerins. Mon jardinier, en faisant une tranchée pour le céleri d'hiver, trouva des pierres taillées; j'en ai envoyé des échantillons à des Sociétés d'Antiquaires dont j'ai l'honneur d'être membre. Mais laissons cela aujourd'hui, car nous avons devant nous un objet vraiment curieux.

Et après avoir traversé une belle prairie et une grande bruyère communale, l'Antiquaire s'arrêta sur une éminence.

— Monsieur Lovel, voici un endroit véritablement curieux.

— La vue y est fort belle, répondit Lovel en regardant autour de lui.

— Sans doute; mais ce n'est pas pour la vue que je vous ai amené ici. N'apercevez-vous rien de remarquable sur ce terrain?

— Pardon! il me semble... Oui, je crois voir quelques faibles traces d'un fossé...

— De faibles traces! Mais c'est votre vue, Monsieur, qui est faible! Rien n'est plus distinct; c'est un *agger* ou *vallum* avec la *Fossa* qui y correspond. De faibles traces! ma nièce, vraie tête de linotte, a reconnu sur-le-champ les vestiges du fossé. De faibles traces!... sans aucun doute celles du grand camp d'Ardoch ou de celui de Burnswark dans l'Annandale peuvent être plus évidentes? parce que c'étaient des *castra stativa*, tandis qu'ici ce n'était qu'un campement temporaire. Songez donc que des paysans, des butors semblables à des sauvages, ont détruit deux côtés du carré et endommagé le troisième; mais le quatrième subsiste dans son entier. Vos yeux ne sont guère expérimentés s'ils ne peuvent distinguer un fossé d'un terrain uni. De faibles traces! quoi? Le jeune enfant qui garde les vaches appelle cet endroit le *Kaim de Kinprunes*, et cela ne signifierait pas un camp?

Lovel eut grand'peine à apaiser la vanité blessée de l'Antiquaire, qui continua néanmoins sa tâche de cicérone en lui expliquant que les antiquaires écossais n'étaient pas d'accord sur le lieu où se livra la dernière bataille entre Agricola et les Calédoniens.

— Et que diriez-vous, mon jeune ami, que diriez-vous

si ce lieu mémorable était précisément le Kaim de Kinprunes?

Ici Oldenbuck fit une pause pour laisser à Lovel le temps de méditer sur cette importante découverte, puis il reprit avec feu :

— Oui, mon cher monsieur, oui, tout se réunit ici pour caractériser le lieu de cette bataille célèbre. Elle fut livrée près des monts Grampiens ; vous voyez d'ici leurs sommets ; c'était *in conspectu maris*, en vue de la flotte ; quel amiral romain ou anglais voudrait une plus belle baie, pour abriter ses vaisseaux, que celle qui s'étend sous nos yeux ? Il est étonnant combien nous autres, antiquaires, nous sommes quelquefois aveugles ! Sir Robert Sibbald, Sauders Gordon, le général Roy, et le docteur Stukely ne se sont jamais doutés de ce fait si important. Pour moi, je n'ai rien voulu dire avant de m'être rendu acquéreur de ce terrain, qui appartenait à un vieux laird qui ne donne pas ses coquilles. Enfin, je suis presque honteux de le dire, je lui donnai acre pour acre de mes meilleures terres à blé en échange de ce terrain stérile ; mais il s'agissait d'un titre national, et je me trouve plus que payé en étant propriétaire du théâtre d'un évènement si mémorable. « Quel est l'homme, dit Johnson, dont le patriotisme ne s'échaufferait pas à la vue des plaines de Marathon ? » Je fis ouvrir des tranchées, et nous découvrîmes une pierre que je fis modeler en plâtre de Paris ; elle porte gravé un vase destiné aux sacrifices et les lettres A D L L, que l'on peut expliquer par les mots : *Agricola dicavit libens labens*.

— Certainement, répondit Lovel ; car les Hollandais attribuent à Caligula la fondation d'un phare sans autre autorité que les lettres C C P F dont ils ont fait : *Caius Caligula pharum fecit*.

— C'est la vérité, mon jeune ami ; je crois que nous ferons quelque chose de vous avant que vous portiez lunettes. La première fois que vous reviendrez à Monkbarns, je vous lirai mon *Essai sur la Castramétation*, avec quelques remarques sur mes découvertes au Kaim de Kinprunes.

Je crois avoir une pierre de touche pour reconnaître les véritables antiquités. Je commence par établir des règles sur la nature des preuves que l'on peut admettre. Faites attention, par exemple, que je pourrais me prévaloir du fameux vers de Claudien :

Ille Caledoniis posuit qui castra pruinis (1);

car quoiqu'on entende par *pruinis* gelées blanches, cependant ce mot signifie aussi une localité, et le *Castra Pruinis posita* n'est sûrement autre chose que le *Kaim de Kinprunes*. Des critiques pourraient faire descendre mon camp au temps de Théodose, envoyé en 367 dans la Grande-Bretagne par Valentinien ; mais non, mon ami, non. J'en appelle à vos yeux : ne voyez-vous pas la porte *Décumane?* et, sans le ravage de l'affreuse charrue, la porte *prétorienne* serait là-bas à gauche. Vous voyez quelques vestiges de la porte *sinistra*, et, à droite, un des côtés de la porte *dextra*. Prenons position sur ce tumulus, formé des ruines de l'ancien bâtiment central, le *pretorium* du camp; c'est de là qu'Agricola reconnut l'armée des Calédoniens occupant le versant de la montagne qui fait face ; il vit les rangs de l'infanterie s'élevant les uns sur les autres, la cavalerie et les *covinarii* ou conducteurs de chariots.

> Voyez, Lovel, voyez sur ces coteaux
> Ces soldats animés par le dieu des batailles
> On croirait d'un dragon voir briller les écailles
> Quand sur leurs boucliers éblouissant les yeux,
> On voit l'astre du jour répercuter ses feux.
> Leur marche est un orage ; il menace, il éclate ;
> Rome va disparaître, etc., etc.

Oui, mon cher Lovel, il est probable que Julius Agricola vit ce spectacle. Oui, ce fut de ce prætorium....

(1) Celui qui vint camper sur les glaces d'Écosse.

Une voix se fit entendre qui arrêta ce récit enthousiaste.

— Prætorium si vous voulez, mais je l'ai vu bâtir.

Pendant que notre antiquaire déclamait avec énergie et que Lovel lui prêtait toute son attention, un auditeur était arrivé jusqu'à eux sans être vu. Son extérieur était celui d'un mendiant; un large chapeau couvrait ses cheveux blancs, qui se mêlaient à sa longue barbe blanche. Ses traits, expressifs et fortement accentués, lui donnaient un air dur que tempérait son regard franc et loyal. Il portait un long manteau bleu et avait une plaque d'étain au bras droit, étant de cette classe privilégiée de mendiants du roi ou *manteaux bleus* qui recevaient chaque année, le jour anniversaire de la naissance du roi, une gratification et un manteau bleu avec une plaque d'étain sur laquelle étaient inscrits leur nom et leur qualité de *mendiants du roi.*

— Que dites-vous, Édie? demanda Oldenbuck stupéfait d'avoir été si brusquement interrompu.

— Je parle du petit bâtiment qui a existé là, Votre Honneur, et je disais que je l'avais vu construire.

— Du diable si cela est, vieux fou! Il a été construit bien avant ta naissance, et l'on en verra encore les vestiges longtemps après que tu auras été pendu.

— Pendu ou noyé, ici ou là, il n'en est pas moins vrai que je l'ai vu bâtir.

— Toi! toi! s'écria l'Antiquaire en fureur; et comment l'aurais-tu vu?

— Comment! Votre Honneur? C'est il y a environ vingt ans que quelques mendiants comme moi, et deux ou trois bergers, construisirent ce petit bâtiment dont vous appelez les fondations un *prætorion*, pour nous mettre à l'abri lors de la noce du vieux Aiken Drum, et nous y vidâmes plus d'une bouteille. Que gagnerais-je à mentir? Faites fouiller les fondations, et vous trouverez une pierre sur laquelle un des nôtres grava une longue cuiller pour se moquer du marié. Il ajouta quatre lettres, A D L L, c'est-à-dire : *Aiken Drum lang laddle*, longue cuiller d'Aiken Drum, parce que Aiken était un des plus grands mangeurs de soupe du comté de Fife.

Lovel hasarda un regard du côté de l'Antiquaire, dont l'humiliation le peina. Il était tout à fait déconcerté et s'éloigna du mendiant en disant :

— Il y a quelque méprise dans tout ceci.

— Du diable si je me trompe, répliqua le mendiant; je n'avance jamais rien dont je ne sois sûr. Je vois un jeune homme auquel je pourrais dire où il était hier soir, si toutefois il ne préfère que je me taise.

Tout le sang de Lovel afflua à son visage.

— Ne vous inquiétez pas des paroles de ce vieux fou, s'écria M. Oldenbuck. Dieu merci, je n'ai pas de préjugés, et votre profession ne saurait m'empêcher de vous estimer. Vous vous rappelez ce que Cicéron dit dans son discours *Pro Archiâ poetâ* : *Quis nostrum animo agresti ac duro fuit, ut... ut...* J'ai oublié le latin ; mais le sens est : « Qui de nous serait assez barbare pour ne pas donner des larmes à la mort du célèbre Roscius, si excellent dans son art, homme si parfait, que nous nous flattions qu'il serait exempt du sort commun aux mortels ! » Voilà comment le prince des orateurs parlait de ceux qui suivent la carrière du théâtre.

Lovel entendit ces paroles sans y attacher aucun sens, occupé qu'il était à chercher comment ce vieux mendiant pouvait avoir quelque connaissance de ses affaires. Il le regarda d'un air que le mendiant parut comprendre, et lui donna une aumône proportionnée au besoin qu'il avait de sa discrétion.

— Soyez tranquille, Monsieur, dit le vieillard en s'arrangeant pour n'être entendu que de Lovel. Je ne suis pas bavard; mais il y a d'autres yeux que les miens. Puis, se tournant vers l'Antiquaire : Je vais au presbytère, Votre Honneur ! avez-vous quelque chose à y faire dire? Je passerai aussi, ce soir, au château de Knockvinnock.

Oldenbuck parut se réveiller d'un songe et répondit d'un ton où perçait le dépit :

— Va à Monkbarns; on t'y donnera à dîner, mais garde-toi de conter ta sotte histoire.

Et il jeta son aumône dans le chapeau du vieil Édie, qui s'écria :

— Qui! moi, raconter quelque chose? Ce n'est pas de moi que l'on saura que ces pierres ne sont pas là depuis le déluge, mais on dit que Votre Honneur a donné au laird John Howie acre pour acre de bonne terre pour ce mauvais terrain. S'il vous a fait passer ces fondations pour d'anciens travaux, le marché peut se rompre...

— Fut-il jamais misérable plus impatientant? dit Oldenbuck entre ses dents; et, prenant un ton plus doux : Ne vous mettez pas en peine, Édie; tout cela n'est qu'une méprise.

— C'est ce que je pensais, c'est ce que je disais à la mère Gommels : Croyez-vous que Son Honneur le laird de Monkbarns aurait donné de bonnes terres pour un terrain en friche, s'il n'avait été trompé par ce vieux diable de John Howie? — Mais, Dieu me protège! répliqua-t-elle, comment est-il possible que le laird, qui est si savant, se soit laissé tromper par John, qui a juste assez d'intelligence pour faire sortir les vaches de l'étable? John aura attrapé le laird en lui contant quelque histoire du temps passé, comme il l'a déjà fait en lui vendant une pièce d'ancienne monnaie qui n'était qu'un *bodle*...

— Va-t'en au diable! s'écria Oldenbuck; puis, songeant que sa réputation était à la merci du mendiant : Va à Monkbarns, répéta-t-il, et à mon arrivée, je te ferai donner une bouteille d'*ale*.

— Que Dieu récompense Votre Honneur. Puis, quand il fut un peu éloigné : Votre Honneur s'est-il fait rendre l'argent donné pour le *bodle*?

— Malédiction! Va-t'en! Va-t'en!...

— Allons! allons! que Dieu bénisse Votre Honneur, et surtout faites punir John Howie.

— Quel est ce vieux mendiant? demanda Lovel lorsqu'Édie fut éloigné.

— Un des fléaux du pays! Je voudrais voir enfermer ce vagabond. On l'a vu tour à tour soldat, chanteur de ballades, chaudronnier ambulant, et, enfin mendiant du roi. Il est gâté par notre noblesse, qui rit des plaisanteries et cite les bons mots d'Édie Ochiltrie.

— Il parle très librement, dit Lovel, et la liberté est l'âme de l'esprit.

— Oh! oui; il ne parle que trop librement. Souvent même il invente des mensonges pour vous tourmenter, comme l'histoire qu'il vient de nous raconter. Cependant, je ne publierai pas mon travail avant d'avoir examiné la chose à fond.

— En Angleterre, un tel mendiant ne serait pas toléré.

— Sans doute, vos administrateurs de paroisse et vos officiers de police ne trouveraient pas grand sel à ses bons mots; mais ici, ce vagabond est un des derniers échantillons du mendiant écossais, qui était le nouvelliste, le ménétrier, et quelquefois l'historien de la paroisse. Ce drôle sait le plus grand nombre de ballades que qui que ce soit dans le comté. Et, après tout, le maraud n'est pas sans gaîté; il serait cruel de l'empêcher de rire aux dépens de ceux qui sont plus heureux que lui. Mais il faut que je retourne à Monkbarns pour tâcher de l'empêcher de débiter sa sotte histoire dans les environs.

A ces mots, nos deux amis se séparèrent. M. Oldenbuck reprit le chemin de son *hospitium*, et Lovel celui de Fairport.

CHAPITRE V

L'ouverture du théâtre de Fairport eut lieu ; Lovel ne parut pas sur les planches, et rien ne vint justifier les conjectures de l'Antiquaire, qui eut beau interroger le vieux barbier. Jacob Caxon, chargé du soin des trois seules perruques de la ville, ne put obtenir aucun détail sur Lovel. *Tout le monde* disait que c'était un jeune homme qui ne recherchait pas la société et vivait régulièrement. Il avait décliné plusieurs invitations à dîner et entrait rarement dans un café. Personne n'eût rien trouvé de répréhensible, sans une circonstance qui fit naître des soupçons sur lui. On le vit, dans ses promenades, prendre différentes vues du port ; de là à conclure qu'il était un espion des Français, il n'y eut qu'un pas facile à franchir. Mais le shérif alla rendre visite à Lovel, et leur longue conversation dissipa les doutes du magistrat, lequel garda le secret sur l'explication qu'ils avaient eue ensemble.

Ces détails firent concevoir à M. Oldenbuck une haute idée de son compagnon de voyage.

— C'est un jeune homme sage, puisqu'il dédaigne la société de ces imbéciles habitants de Fairport. Il faut que je l'invite à dîner avec sir Arthur. Je vais en conférer avec ma gent femelle.

La conférence ayant eu lieu, une lettre de l'Antiquaire, adressée à *l'honorable sir Arthur Wardour, baronnet*, fut portée par Caxon au château de Knochwinnock.

Voici le contenu de cette lettre :

Mon cher Sir Arthur,

Le mardi 17 courant, *stylo novo*, je tiens un *symposium* cénobitique à Monkbarns, et je vous invite à y assister à quatre heures précises. Si ma belle ennemie, Miss Isabelle, veut bien nous honorer de sa présence, ma gent femelle sera fière d'avoir un tel renfort pour combattre l'autorité et la suprématie masculine. Je vous présenterai un jeune homme qui me paraît avoir plus de raison qu'il n'en appartient à ces temps de folie. Il a du respect pour les anciens et connaît les classiques; un tel jeune homme doit avoir un mépris naturel pour les gens de Fairport. C'est pourquoi je désire lui faire voir une société distinguée et respectable.

Je suis, mon cher sir Arthur, etc., etc.

— Pars avec cette missive, Caxon ; elle est *signata atque sigillata;* rapporte-moi la réponse avec autant de célérité que si le conseil de la ville attendait le prévôt, et que le prévôt attendît sa perruque.

— Ah ! Monsieur ! ces jours heureux sont passés ! mais j'ai vu le temps où les membres du Conseil de la ville se seraient passés de leurs clercs et même de leur eau-de-vie en se levant, plutôt que d'une perruque bien frisée et bien poudrée. Il ne faut pas s'étonner si le peuple mécontent demande une réforme dans les lois, quand on voit les magistrats abandonner leurs majestueuses perruques !

— Vous avez une manière de voir les affaires publiques, Caxon, infiniment juste ; mais faites diligence, car vous avez trois milles à faire, et une jambe plus courte que l'autre.

> S'il boitait d'une jambe, il avait du courage;
> Il fit tout ce qu'il put, on ne peut davantage.

Nous avons dit que M. Oldenbuck ne voyait guère de gentilshommes. Sa seule exception était en faveur de sir Arthur Wardour, chevalier baronnet, possédant une fortune importante, mais embarrassée. Son père avait été un chaud partisan du roi Jacques, mais plus en paroles qu'en action; car, lorsque les Highlanders firent campagne en 1645, il trouva moyen de ne pas quitter son château. L'intrépide prévôt de Fairport, père de notre antiquaire, fit une sortie à la tête de ses troupes et s'empara, au nom de Georges II, du château de Knockwinnock et de son propriétaire, qui fut envoyé à la Tour de Londres, où son jeune fils le suivit. Toutefois, ils furent promptement mis en liberté, n'ayant fait aucun acte de rébellion, et retournèrent dans leur château, pour y boire plus que jamais à la santé du *Prétendant* et parler de leurs souffrances pour la cause royale. Sir Arthur continua après la mort de son père à prier régulièrement pour la restauration du souverain légitime et la chute de l'usurpateur; et, lorsqu'en 1760, sir Arthur fut appelé à voter en faveur du candidat de son choix, il dut prêter serment au monarque qu'il traitait d'usurpateur, et sur la tête duquel il appelait la vengeance du ciel, — ce qu'il fit de très bonne grâce.

Sir Arthur Wardour vivait en gentilhomme campagnard, s'occupant de chasse, de courses, de chevaux; il assistait aux assemblées du comté, étant lieutenant du canton et inspecteur des routes. Mais, en avançant en âge, il délaissa les plaisirs fatigants de la chasse et prit goût pour les antiquités, surtout celles ayant rapport à l'histoire d'Écosse, qui était sa principale lecture. Il devint le confrère de M. Oldenbuck; mais il y avait entre les deux savants plusieurs points de divergence. La foi catholique de sir Arthur était ardente et sans bornes; le protestantisme d'Oldenbuck ne l'était pas moins. Sir Arthur était le champion de la reine Marie; l'Antiquaire, son antagoniste déclaré. Il éclatait donc souvent des querelles que rendait plus vives l'esprit caustique d'Oldenbuck, et le baronnet pensait que le descendant de l'imprimeur allemand s'oubliait et prenait des licences impardonnables. De son côté, Oldenbuck regardait son digne ami comme faible d'esprit, et lui laissait voir souvent cette opinion peu flatteuse. Maintes fois ils se séparèrent irrités l'un contre l'autre, et, sans la douce médiation de miss Isabelle Wardour, les querelles passagères se fussent changées en brouille complète. Mais cette jeune fille savait com-

2.

bien la société de l'Antiquaire était utile à son père, et son intercession réussissait toujours à lui faire pardonner les outrages faits à la reine Marie et à faire pardonner par Oldenbuck les blasphèmes contre la mémoire du roi Guillaume. Elle prenait en riant le parti de son père, et Oldenbuck l'appelait « sa belle ennemie ».

Sir Arthur était veuf et n'avait que deux enfants : un fils alors au service, et Isabelle. Sa fortune, assez considérable, était, ainsi que nous l'avons dit, des plus embarrassées, et souvent il avait recours à la bourse d'Oldenbuck. Toutefois celui-ci, en homme d'ordre, exigeait l'exactitude des remboursements, ce qui n'était pas toujours facile et amenait des altercations pénibles. Une de ces affaires d'intérêt avait eu lieu récemment, quand l'ambassadeur Caxon arriva, porteur de l'invitation de l'Antiquaire.

Le baronnet, assis dans un grand fauteuil gothique, lisait, ou, pour mieux dire, tenait un gros in-folio, dont il tournait les pages en jetant un regard d'ennui sur l'avenue du château. Enfin il voit une créature humaine s'avancer, et reconnaît promptement le messager, grâce à sa démarche boiteuse et à sa perruque poudrée.

— Que peut-il me vouloir ?

Un domestique, entrant dans le salon, résout la question :

— Une lettre du laird de Monkbarns pour sir Arthur.

— Faites entrer ce vieillard à la cuisine, dit sir Arthur avec dignité, et donnez-lui de quoi se rafraîchir. Puis il lit la lettre, et, s'adressant à sa fille :

— M. Oldenbuck nous invite à dîner pour mardi 17 ; il paraît avoir oublié sa conduite peu convenable avec moi.

— Vous avez tant d'avantages sur ce pauvre M. Oldenbuck, mon père, qu'il se peut faire qu'il ait quelquefois de l'humeur ; mais il aime beaucoup votre conversation, et certes il serait fâché de manquer aux attentions qui vous sont dues.

— C'est vrai, Isabelle ; il faut passer quelque chose à

son origine germanique. Il a sucé avec le lait les principes pervers des whigs et l'opposition contre le rang et la noblesse. Au reste, vous pouvez observer qu'il n'a jamais l'avantage sur moi, que lorsqu'il se prévaut d'une connaissance minutieuse des dates : affaire de mémoire.

— Je crois, mon père, cette connaissance utile pour les recherches historiques.

— Oui, mais elle conduit à un ton tranchant dans la discussion. Cette habitude d'exactitude minutieuse, qui témoigne de l'état exercé par ses ancêtres, est fatigante, sent le calcul mercantile, et n'est pas digne d'un propriétaire dont la famille compte plusieurs générations.

— Cependant, mon père, vous acceptez l'invitation?

— Mais... oui Quel est donc ce jeune homme dont il parle? Je ne lui connais aucun parent, et il n'aime guère les nouvelles connaissances.

— C'est peut-être quelqu'un de la famille du capitaine Mac Intyre.

— C'est possible. Eh bien! les Mac Intyre sont d'une ancienne famille des Highlands. Répondez, Isabelle, que nous acceptons.

Le billet ci-dessous fut écrit de suite par Isabelle et remis à Caxon :

Miss Wardour présente à M. Oldenbuck ses compliments et ceux de sir Arthur. Ils ont l'honneur d'accepter son invitation pour le mardi 17. Miss Wardour saisit cette occasion pour renouveler ses hostilités contre M. Oldenbuck à cause du laps de temps qu'il a laissé écouler depuis sa dernière visite à Knockwinnock, où on le voit toujours avec tant de plaisir.

CHAPITRE VI

Notre jeune ami Lovel, ayant aussi reçu son invitation, se rendit le 17 juillet à Monkbarns par une chaleur étouffante. M. Oldenbuck l'accueillit à la porte du Pèlerin en habit de drap brun, bas de soie gris et perruque poudrée où brillait le savoir-faire de Caxon.

— Vous êtes le bienvenu dans mon *symposium*, mon ami; je vais vous présenter à mes fainéantes de la gent femelle, *malæ bestiæ*.

— Je serais bien surpris, monsieur, si vos parentes méritaient une pareille épithète.

— Trêve à votre politesse : je vous dis la vérité; mais les voici. Je vous présente ma discrète sœur Griselda, et mon exquise nièce Maria.

La sœur de notre Antiquaire était vêtue d'une robe de soie à grands ramages, et sa coiffure élevée ressemblait à un monument d'architecture. Sa figure, aussi large que longue, avait une ressemblance telle avec celle de son frère, que Lovel, s'il n'eût été en présence de ce dernier, aurait pu le croire déguisé en femme. Sa nièce, Maria, jolie personne, déjà entrevue par Lovel, mise avec élégance, avait un air mutin, un peu caustique, qui lui allait fort bien.

Lovel salua respectueusement ces deux dames, pendant que sir Arthur entrait en donnant le bras à sa charmante fille.

— Sir Arthur, dit notre Antiquaire, et vous, ma belle ennemie, je vous présente mon ami M. Lovel, jeune homme qui a le courage de se montrer en habit sombre pendant l'épidémie d'écarlate (1) qui règne dans notre île

(1) Allusion à la manie des costumes militaires qui avait saisi les Anglais, alors qu'on craignait les projets d'invasion de la France.

en ce moment. Mais si cette couleur est absente sur ces vêtements, elle règne fortement sur ses joues, ce me semble. Votre science, sir Arthur, reconnaîtra en lui un érudit qui a beaucoup observé, et est profondément versé dans les mystères du théâtre. Tenez, il rougit encore.

— Mon frère, dit miss Griselda, a une manière bizarre de dire les choses, monsieur, qui ne doit pas vous embarrasser. Mais la promenade par ce soleil brûlant a dû vous échauffer. Voulez-vous prendre un verre de vin balsamique?

— Fi donc! sorcière! s'écria Oldenbuck, veux-tu empoisonner mes hôtes avec tes infernales décoctions? As-tu oublié ce qui advint au ministre après avoir goûté à ce perfide breuvage?

— Pouvez-vous parler ainsi, mon frère? Sir Arthur, avez-vous jamais entendu pareille histoire?

A ce moment, Jenny arriva pour sonner le dîner.

M. Oldenbuck n'avait pas de domestique mâle par économie; mais il donnait pour raison que le sexe masculin était trop noble pour subir la servitude personnelle, qui dans les temps primitifs était le partage des femmes.

— Pourquoi, disait-il, Tam Rintherout, qu'à l'instigation de ma sœur j'avais pris à l'épreuve, mangeait-il mes pommes, dénichait-il mes oiseaux, cassait-il mes verres? C'est qu'il sentait en lui cette émulation qui remplit le cœur de l'homme, et le fit aller en Flandres, un mousquet sur l'épaule, pour le conduire à la gloire... ou à la potence. Et pourquoi cette Jenny Rintherout, sa sœur, s'acquitte-t-elle des mêmes fonctions sans rien briser? Pourquoi est-elle docile comme un épagneul et prudente comme un chat? C'est qu'elle est à sa place, les femmes étant créées pour servir l'homme. Depuis Lycurgue jusqu'à Mohammed (mal à propos nommé Mahomet) tous les législateurs s'accordent à placer les femmes dans le rang subordonné où elles seraient encore sans les cerveaux exaltés de nos ancêtres, qui ont fait de leurs Dulcinées de véritables despotes.

Miss Wardour protestait contre cette doctrine peu galante, quand le son de la cloche annonça le dîner.

— Permettez-moi, belle antagoniste, dit M. Oldenbuck en lui offrant le bras, de m'acquitter de mes devoirs

Le dîner servi par Jenny, aidée par une vieille femme en jupon, était digne d'un antiquaire. On y voyait figurer les anciens mets écossais, bannis depuis longtemps des tables élégantes ; l'oie de Solan, grand palmipède commun sur les côtes d'Écosse, dont le fumet sauvage est si fort qu'on la fait rôtir en plein air, en était le principal morceau. Mais elle n'était pas assez cuite, et Oldenbuck pensa la jeter à la tête de la négligente Jenny. Elle fut plus heureuse pour le hotch-potch, qui fut déclaré délicieux à l'unanimité.

— Voici un ragoût de merluche à la farine d'avoine ; c'est le triomphe de ma gent femelle. Ce pâté a été fait d'après une recette de ma grand'mère. Prenez un verre de vin ; vous le trouverez, je pense, digne d'un homme qui a adopté la maxime du roi Alphonse de Castille : « Brûlez du vieux bois, lisez de vieux livres, buvez de vieux vin, et ayez de vieux amis, — sir Arthur, — et de jeunes aussi, M. Lovel. »

Le dîner terminé, M. Oldenbuck proposa la santé du roi, qui fut acceptée par Lovel et par le baronnet, dont le jacobinisme n'était plus qu'une théorie.

— Et quelles nouvelles apportez-vous d'Édimbourg? demanda sir Arthur. Comment va le monde ?

— On est sous l'empire d'une frénésie, la pire de toutes, la frénésie militaire.

— Et il en est temps, dit miss Wardour, si nous sommes menacés d'une invasion du dehors et d'une insurrection à l'intérieur.

— Oh! j'étais sûr, répondit l'Antiquaire, que ma belle ennemie prendrait parti pour la horde écarlate. Les femmes sont comme les dindons, un chiffon rouge leur tourne la tête. Et que dit sir Arthur?

— Je dis que nous devons résister, *cum toto corpore*

regni (1), à l'ennemi, et j'ai déjà pris quelques mesures convenables à mon rang. J'ai donné ordre aux constables d'arrêter ce vieux coquin d'Édie Ochiltrie, qui répand partout le mécontentement contre l'Église et l'État.

— Ah! s'écria miss Wardour, grâce pour Édie, que nous connaissons depuis si longtemps! Le constable qui l'arrêtera sera privé de mes bonnes grâces; mais je suis bien charmée d'apprendre que mes concitoyens prennent les armes.

— Prennent les armes, miss Wardour! que le ciel nous protège!... Je vais à Édimbourg consulter mon procureur. Je le trouve en uniforme de dragons, casque en tête, prêt à monter son cheval de bataille, que son clerc, en uniforme de chasseur, tenait par la bride. Mon agent a un plumet sur la tête au lieu d'une plume entre les doigts; mon mercier tient, à la place d'une aune, un espadon; le commis de mon banquier ne peut arriver à faire la balance de mon compte, ayant la tête farcie de ses idées guerrières. Je reviens ici; la même ardeur belliqueuse s'est emparée des habitants de Fairport.

— Mon frère, ne parlez pas ainsi de messieurs les volontaires; il faut leur savoir gré des peines qu'ils se donnent pour nous défendre; et puis ils ont l'uniforme le plus galant qui soit possible.

— Et je sais, ajouta miss Mac Intyre, que mon oncle a envoyé vingt guinées pour leur équipement.

— C'était, dit l'Antiquaire, pour acheter de la réglisse à messieurs les officiers, qui s'étaient enroués en hurlant pour le service de leur pays.

— Prenez garde, Monkbarns, vous finiriez par vous faire ranger parmi les mécontents.

— Non, sir Arthur, je ne fais que gronder tout bas sans unir ma voix au chorus des grenouilles du marais. Je prie de bon cœur pour notre souverain. Je paie les taxes et les contributions. Mais voici le fromage de lait

(1) Avec tout le corps du royaume.

de brebis; il est plus favorable à la digestion que la politique.

Lorsque les dames se retirèrent, Oldenbuck et sir Arthur entamèrent une discussion savante, et Lovel se laissa aller à la rêverie. Il n'en fut tiré que par un appel à son jugement.

— Je m'en rapporte à M. Lovel... Allons, parlez, jeune homme? Lovel dut avouer qu'il n'avait rien entendu de la conversation.

— Et à quoi donc votre tête était-elle occupée? Voilà le résultat de la compagnie de la gent femelle. Six heures après qu'on en est débarrassé, on ne peut tirer d'un jeune homme une parole de bon sens... Eh bien, mon jeune ami, sachez que jadis un peuple nommé les Picks...

— Les Pictes, interrompit sir Arthur.

— Je dis les Picks, répéta Oldenbuck, Pickar, Piochtar, Piaghter ou Peughtar ; ils parlent un dialecte gothique.

— Le vrai celtique, dit sir Arthur.

— Gothique, gothique, j'en réponds sur ma vie ! reprit l'Antiquaire.

— Messieurs, dit Lovel, les philologues peuvent trancher la question s'il reste quelque chose de la langue des Picks...

— Il n'en reste qu'un mot, répondit le baronnet ; mais il tranche la question...

— En ma faveur. Vous allez en juger, dit Oldenbuck. J'ai de mon côté le savant Pinkerson.

— Et j'ai du mien Chalmers, non moins savant.

— Gordon est de mon opinion, reprit Oldenbuck.

— Sir Robert Sibbal est de la mienne.

— Messieurs, dit Lovel, quel est le mot dont il s'agit?

— *Benval*, s'écrièrent les deux antagonistes.

— Ce qui signifie *caput valli*, dit Oldenbuck.

— Le haut de la palissade, dit sir Arthur.

— C'est un terrain bien étroit pour y établir une hypothèse, déclara l'arbitre.

— Nullement, nullement, dit Oldenbuck; on ne se bat que mieux sur un espace resserré.

— Ce mot est celtique, reprit sir Arthur; le nom de toutes montagnes d'Écosse commence par *ben*.

— Mais que dites-vous, sir Arthur, de val?

— C'est le mot saxon Wal.

— C'est le mot latin *vallum*; les Pictes ont emprunté une partie du mot.

— Point du tout, s'ils ont emprunté quelque chose, c'est votre *ben*, qu'ils auront pris à leurs voisins les Bretons de Strath-Cluyd.

— Il faut, dit Lovel, que les Picks ou Pictes aient eu un dialecte bien pauvre, puisque sur deux syllabes qui restent de leur langue, on ne peut s'accorder sur leur sens.

— Vous êtes dans l'erreur, répondit sir Arthur; c'était une langue fort riche, un peuple très puissant; les filles pictes de sang royal habitaient le château d'Édimbourg, qu'on nomma pour cette raison *Castrum puellarum*. Il existe une liste authentique des rois pictes depuis Crenthemynacheryme, dont le règne commença à une époque incertaine, jusqu'à Drusterton. Il y a Drust-Macmorachin, Trynel-Maclachlin, Gormach-Macdonal, Alpin-Macmetegris, Drust-Macktallargam.

Ici le baronnet fut interrompu par une quinte de toux.

— Prenez un verre de vin, sir Arthur, pour faire passer cette liste de rois païens, que le diable ne pourrait avaler sans s'étrangler.

— Je suis surpris, M. Oldenbuck, de vous entendre parler ainsi. Cette liste fut copiée par Henry Maule de Melgen et...

— Je me moque d'Henry Maule et de son histoire.

— Ne vous moquez pas d'un homme qui valait mieux que vous.

— Je crois, sir Arthur, que cela m'est permis.

— Henry Maule était gentilhomme, M. Oldenbuck!

— Quel avantage cela lui donne-t-il sur moi? demanda sèchement l'Antiquaire.

— Mais il était d'une famille ancienne, et par conséquent...

— Par conséquent, le descendant d'un imprimeur de Westphalie doit parler de lui avec respect? Je crois que l'origine que je tiens de ce grand restaurateur des sciences est plus honorable que celle de ces vieux barons gothiques dont aucun ne savait signer son nom.

— Si cette observation est pour moi, dit le baronnet, sachez que le nom d'un de mes aïeux, Gamelyn de Gardover, est écrit de sa propre main dans l'ancienne copie de la déclaration de Regrnan.

— Ce qui prouve qu'il donna l'exemple de la bassesse en se soumettant à Édouard Ier. Après cela, sir Arthur, ne parlez plus de la loyauté sans tache de votre famille.

— C'est assez, monsieur, dit sir Arthur en se levant avec dignité. J'aurai soin désormais de ne plus honorer de ma compagnie un homme qui montre si peu de gratitude pour ma condescendance.

— Comme il vous plaira, sir Arthur. J'ignorais l'étendue de l'honneur que vous me faisiez en venant dans ma pauvre maison ; c'est ce qui fait que je n'ai pas poussé la reconnaissance jusqu'à la servilité.

— Fort bien, M. Oldenbuck, je vous souhaite le bonsoir ; Monsieur Schovel, je crois, j'ai l'honneur de vous saluer.

Sir Arthur courroucé sortit de la salle à manger, appela sa fille et partit sans vouloir entendre les paroles d'excuse de l'Antiquaire, qui reconnaissait avoir eu tort. Sir Arthur refusa thé et café, et s'éloigna sans même attendre sa voiture.

— Je crois, dit miss Mac Intyre, que quelque mouche a piqué sir Arthur.

— Quelque diable plutôt ! Il est plus absurde qu'aucune femelle. Qu'en dites-vous, Lovel ? Eh bien ! est-il donc parti aussi ?

— Mon oncle ! Il a pris congé de nous pendant que miss Wardour mettait son schall.

— Ils ont tous le diable au corps ! O Seged, empereur

d'Éthiopie, tu avais raison ; personne ne peut dire : ce jour sera un jour de bonheur !

L'Antiquaire se mit à lire pendant que sa nièce et sa sœur s'occupaient en silence, quand on entendit frapper à la porte de la salle, et Caxon montra sa tête effarée.

— C'est vous, Caxon ? Qu'y a-t-il ?

— Je crains d'effrayer ces dames... mais, monsieur, je suis bien inquiet... sir Wardour... miss Wardour... pauvres gens... ils ont tourné les sables !...

— Par les sables ! s'écria l'Antiquaire alarmé. Mais non, ils ont dû rejoindre leur voiture.

— Non, monsieur ; ils ont pris par les sables...

— Un almanach, vite... Oui, c'est la plus forte marée de l'année... Appelez le jardinier, son garçon ; qu'on se munisse de cordes, d'échelles, d'un fauteuil ! Courons ! courons !

— Mon oncle, je pars avertir Saunders Mucklebackit.

— Bien, ma chère, c'est ce qui a été dit de plus sensé. S'en aller par les sables ! s'écria-t-il en se précipitant dehors, vit-on jamais pareille folie !

CHAPITRE VII

L'inquiétude de l'Antiquaire n'était que trop bien fondée ; sir Arthur, en arrivant au bout de l'avenue du château de Monkbarns, se décida, sur la demande d'Isabelle, à profiter du beau temps pour revenir par les Sables. Il envoya un enfant dire à son cocher qu'il eût à regagner Knockwinnock.

Comme Lovel marchait doucement devant eux et que sir Arthur ne se souciait pas d'être accosté par ce jeune inconnu, que M. Oldenbuck, dit-il, a pris la liberté de nous présenter, le baronnet et sa fille s'engagèrent dans un sentier entre des monticules couverts de genêts épineux, et ils arrivèrent promptement au bord de la mer, qui n'était pas aussi éloignée qu'ils l'avaient pensé ; mais ils n'eurent aucune inquiétude. Cependant, à l'époque des marées du printemps accompagnées de grands vents, les vagues couvraient quelquefois la route. Isabelle fit remarquer à son père que la marée précédente s'était avancée plus loin que de coutume. Le soleil était alors de niveau avec l'Océan ; sa splendeur dorait les nuages de pourpre et d'or. Les vagues argentées gagnaient imperceptiblement les sables. Miss Wardour, occupée à admirer cette scène, marchait en silence près de son père, que sa dignité offensée empêchait de parler. Les rocs qui bordaient la mer et s'élevaient à une grande hauteur offraient, dans leurs crevasses, un refuge aux oiseaux de mer, qui volaient vers leurs nids avec des cris aigus, expression d'inquiétude et précurseur d'un orage ; et effectivement le temps, qui paraissait beau jusqu'à ce moment, changea subitement. Le soleil, avant de tomber sous l'horizon, fut obscurci de nuages sombres ; le vent s'éleva avec violence, les vagues mugirent avec un bruit semblable au tonnerre. Isabelle, saisissant le bras de son père, lui dit :

— Je voudrais que nous eussions pris par la grande route.

Sir Arthur, ne voulant pas laisser voir son inquiétude, rassura sa fille tout en doublant le pas. Ils étaient alors au centre d'une baie étroite, mais profonde, creusée entre deux promontoires de rochers inaccessibles. Sir Arthur aperçut sur la grève un homme qui s'avançait vers eux en leur faisant signe de retourner sur leurs pas. C'était le vieux mendiant Édie.

— Dieu soit loué ! s'écria miss Wardour, c'est Édie.

— En arrière ! en arrière ! s'écria celui-ci.

— Nous pensions, répondit sir Arthur avec la plus grande inquiétude, que nous pourrions doubler Halket-Head.

— Halket-Head ! la mer y battra contre les rochers

avant que vous y soyez arrivés. Il faut à tout prix gagner la pointe de Bally-Burgh-Ness, c'est notre seule planche de salut. Que Dieu nous protège !

— Oh ! mon Dieu ! et ma pauvre enfant ! — Mon père ! mon tendre père ! s'écriaient simultanément le père et la fille en faisant tous leurs efforts pour doubler la vitesse de leur marche.

— J'ai appris, dit Édie, que vous étiez ici par l'enfant que vous avez chargé d'avertir votre cocher, et je n'ai pu, sans trembler, songer aux périls qu'allait courir cette jeune dame si bonne aux malheureux ! Je calculais, en regardant les vagues, que si je pouvais vous avertir à temps, vous pourriez encore revenir sur vos pas ; mais je crains, hélas ! qu'il ne soit bien tard.. Qui a jamais vu la marée monter si précipitamment ?... Hâtez-vous, ma jeune dame ; prenez mon bras... Voyez ce point noir là-bas au milieu des eaux ! Tant que j'en verrai grand comme mon chapeau, j'espérerai que nous pourrons passer au bas de Bally-Burgh-Ness.

Les vagues avançaient avec une telle force que les pauvres voyageurs durent quitter le sable et marcher parmi les rochers avec l'aide du vieil Édie. La nuit était terrible ; les nuages découvraient par intervalles la lune, qui éclairait l'horreur de la scène. Le vent se déchaînait avec fureur, et bientôt le rocher qu'Édie avait désigné comme un phare ne fut plus visible. Isabelle s'écria en gémissant :

— Que Dieu ait pitié de nous ! Mon père, mon cher père ! Et vous aussi, pauvre Édie, qui allez perdre la vie pour avoir voulu nous sauver !

— Ça ne vaut pas la peine d'y penser, dit le mendiant. J'ai assez vécu. Ici ou là, qu'importe où mourra le vieux porte-besace ?

— Brave homme ! s'écria sir Arthur ; ne pouvez-vous rien imaginer pour nous sauver ? Je vous ferai riche !... Je....

— Nos fortunes seront bientôt égales, interrompit le

mendiant en jetant les yeux sur la mer en fureur. Je n'ai pas un pouce de terrain, et vous donneriez votre baronnie pour le plus petit morceau de terre qui resterait à sec quelques heures.

Tout en parlant ainsi, les malheureux acquirent la triste certitude qu'il ne fallait plus espérer doubler le promontoire. Après une courte et terrible attente, Isabelle, appelant toutes les forces de son âme courageuse, s'écria :

— Perdrons-nous la vie sans lutte ? N'existe-t-il pas de sentier, quelque dangereux qu'il soit, qui nous permette de monter assez haut pour attendre le secours qui ne peut manquer de nous arriver quand le jour paraîtra ?

— Lorsque j'étais jeune, dit le mendiant, personne n'était plus hardi que moi à gravir les rochers pour dénicher les oiseaux de mer ; mais je n'ai plus la main ni le pied assez fermes pour essayer... Cependant, il doit y avoir un sentier par ici ; si nous pouvions le voir ! Dieu soit loué ! il y a quelqu'un sur le haut du rocher.

Et appelant de toutes ses forces :

— Par ici ! par ici ! Vous avez une corde ?

— Oui !

— Attachez-la autour de la grosse pierre « la Corne de vache ». C'est cela. Maintenant, avancez vers la pointe du rocher « l'Oreille de chat » ; il y a un tronc d'arbre. Prenez bien garde... Mettez-y le temps... Bien ! Descendez sur la pierre plate. Maintenant, jetez-moi la corde ; j'espère, avec l'aide de Dieu, sauver la jeune dame et son père.

Lovel, — car c'était lui, — ayant suivi exactement les instructions d'Édie, lui jeta la corde, qui fut attachée autour du corps d'Isabelle enveloppée dans le manteau du vieux mendiant, lequel grimpa sur la pierre plate, et, avec l'aide de Lovel, parvint à hisser la jeune fille sur le rocher. La corde jetée ensuite à sir Arthur, il rejoignit sa fille rapidement. Sir Arthur et Isabelle, se voyant sauvés au moment où ils se croyaient perdus sans ressources, tombèrent en pleurant dans les bras l'un de l'autre. Mais quelle perspective de rester toute une nuit sur cet étroit rocher à mi-hauteur de la falaise, qui offrait juste la place pour que quatre personnes pussent s'y tenir debout! La pluie tombait à torrents, le vent redoublait de violence; comment la frêle constitution de miss Wardour pourrait-elle résister à une telle épreuve?

— J'ai passé en plein air plus d'une nuit semblable, dit le mendiant à Lovel; mais la petite? La pauvre bonne petite en mourrait.

— Je vais gravir le haut du rocher à nouveau, dit Lovel, et j'appellerai du secours.

— Êtes-vous fou? répondit Édie; c'est déjà un miracle qu'après ce que vous avez fait vous ne soyez pas au fond de la mer! Remonter sur ce rocher serait tenter la Providence.

— Je ne crains rien, je suis sûr de moi. Quant à vous, restez près de miss Wardour et de son père.

— Si vous y montez, j'y monterai aussi.

— Non, répondit Lovel: restez ici pour veiller sur miss Wardour; voyez comme les forces de sir Arthur sont épuisées.

— Restez tous les deux, dit Isabelle d'une voix faible; je sens que mes forces me reviennent.

A ces mots, ses genoux fléchirent et elle serait tombée dans la mer si Lovel et Édie ne l'eussent assise près de sir Arthur plongé dans une sorte de stupeur.

— Il est impossible que nous les quittions, dit Lovel. Que faire? Mais n'entendez-vous pas des cris? Écoutez... écoutez! C'est une voix humaine.

De nouveaux cris se firent entendre. Lovel et Ochiltrie y répondirent, et attachant un mouchoir au bout d'un bâton, ils l'agitèrent vivement et acquirent la certitude que leur signal avait été vu.

CHAPITRE VIII

Au bruit des voix vint se joindre la clarté des torches, et on distingua sur le haut de la falaise un groupe de paysans, en tête desquels M. Oldenbuck, qui, ayant assuré son chapeau et sa perruque avec un mouchoir noué sous le menton, avançait au bord du précipice avec une imprudence qui faisait frémir Caxon.

— Prenez garde, Monkbarns, s'écriait ce dernier en le retenant par son habit. Prenez garde! sir Arthur est sans doute noyé; si vous tombez à l'eau, il n'y aura plus que la perruque du ministre dans la paroisse

— Ici! criait Mucklebackit, vieux pêcheur et contrebandier; arrive ici, Steenie; apportez le mât. Je garantis que nous les amènerons à bord. Je les vois! Ils sont accroupis comme des corbeaux au brouillard. Mais ne criez donc pas ainsi que des vieilles mouettes, ce n'est pas cela qui les tirera d'affaire... Allons, mes enfants, la pioche, la hache, et qu'on fende le rocher pour y enfoncer ce mât! Combien de tonneaux d'eau-de-vie n'ai-je pas pêchés ainsi! Allons! Steenie, mon garçon, un bon nœud de tisserand; serre bien.

Les pêcheurs avaient apporté le mât d'une barque, qui fut bientôt fixé solidement dans le rocher. On y attacha en travers une vergue à laquelle on suspendit un câble, qui, coulé autour d'une poulie, forma une sorte de grue. On eut ainsi le moyen de descendre un fauteuil, attaché à la corde, jusqu'à la plate-forme où étaient réfugiés nos quatre infortunés. Mais cette frêle machine présentait, entre autres dangers, celui d'être brisée contre le rocher par suite des vibrations de la corde agitée par la tempête. L'expérience de Mucklebackit lui suggéra d'ajouter au fauteuil une autre corde, qui, tenue d'en bas par les compagnons du voyageur aérien, empêcherait les ballottements du fauteuil et diminuerait le danger d'être jeté contre le roc. Néanmoins, pour se hasarder dans un tel véhicule, il fallait le courage du désespoir. Ochiltrie, après s'être suspendu à la corde pour en éprouver la solidité, convint avec Lovel qu'il fallait attacher d'abord miss Wardour dans le fauteuil.

— Que mon père parte le premier, s'écria-t-elle, pour l'amour du Ciel! Songez à sa sûreté avant tout.

— C'est impossible, miss Wardour, dit Lovel; il faut d'abord sauver votre vie. D'ailleurs, il serait possible que la corde, assez forte pour vous porter, ne le fût pas assez pour...

— Non! Je n'écoute pas ce raisonnement.

— Mais il faut m'écouter, ma bonne demoiselle, dit le vieux mendiant; notre vie à tous en dépend! Quand vous serez là-haut, vous rendrez compte à nos amis de ce qu'ils auront à faire.

— Vous avez raison; mais que leur dirai-je?

— De bien prendre garde que la corde ne frotte pas contre le rocher, et de descendre et remonter le fauteuil le plus doucement possible.

Avec autant de soin qu'une mère en eût eu pour son enfant, Lovel attacha miss Wardour dans le fauteuil avec sa cravate et la ceinture de cuir d'Édie, pendant que ce dernier cherchait à apaiser sir Wardour, qui, ayant la tête perdue, criait : « Que faites-vous à ma fille? Je ne veux pas m'en séparer... Restez près de moi, Isabelle... Je vous l'ordonne! »

— Adieu, mon père, à bientôt, dit Isabelle d'une voix tremblante, et fermant les yeux, elle dit qu'elle était prête. Lovel donna alors le signal du départ, et, tenant le câble conducteur, il le dirigea pendant que le fauteuil s'élevait dans les airs.

— Courage! courage! camarades, criait Mucklebackit; saisissez la corde avec un crampon. Bon! la voilà sur la terre ferme!

3.

Un cri de joie, parti du haut du rocher, fut répété par Lovel et Ochiltrie. L'Antiquaire ôta sa redingote pour envelopper Isabelle.

— Venez, miss Wardour; je vais vous conduire à votre voiture.

— Non, non, répondit Isabelle tombée à genoux au bord de la falaise ; il faut que je voie mon père en sûreté.

Puis elle expliqua en peu de mots la position de ses compagnons et communiqua les observations d'Édie.

— Fort bien, dit l'Antiquaire. Moi aussi, je veux voir le baronnet sur ce terrain sec. Mais il vient, il arrive. Courage, mes amis! le voici. Soyez le bienvenu, mon cher, bien cher ami ! Vive la corde contre cinquante brassées d'eau! Vous connaissez le proverbe qui dit « qu'il vaut mieux être pendu par les reins que par le cou. »

Pendant ce temps, Isabelle embrassait tendrement son père, qui était dans un état d'anéantissement presque complet. Isabelle le fit porter dans sa voiture, et revint au bord du rocher, afin d'avoir la certitude que Lovel et Ochiltrie étaient sauvés.

— Qui diable nous arrive ici? s'écria l'Antiquaire quand le fauteuil ramena Édie ! Quoi ! c'est toi, vieux coquin? mais qui donc est celui qui reste en bas?

— Un de vos amis, le jeune M. Lovel; il s'est conduit cette nuit comme s'il avait trois vies à perdre ! Attention, mes amis ! songez qu'il ne reste personne pour tenir le câble! songez à l'Oreille du Chat! à la Corne de la Vache!...

— Oui, oui, criait Oldenbuck, ayez bien soin de lui, Mucklebackit !...

— J'en aurai autant de soin, répondit le vieux contrebandier, que si c'était une pipe de vieille eau-de-vie, c'est ce que je puis faire de mieux. Courage, enfants!

Dans le fait, Lovel, qui avait exigé que le mendiant le précédât, risquait à chaque instant d'être écrasé contre le rocher. Mais grâce au bâton ferré d'Édie et à son sang-froid, il réussit à se garantir de tout choc. Ce ne fut qu'en sortant du fauteuil qu'il perdit connaissance quelques instants. Quand il rouvrit les yeux, il aperçut Isabelle, qui s'éloignait précipitamment.

L'Antiquaire s'approcha d'Ochiltrie et voulut lui mettre quelque chose dans la main.

— Non, Monkbarns, non, Votre Honneur; l'or ne passe pas par mes mains; d'ailleurs, vous le regretteriez peut-être demain. Hé! mes amis, qui me donnera ce soir à souper et à coucher?

— Moi! moi! s'écrièrent plusieurs voix.

— Merci, mes amis; comme je ne puis aller partout, je vais chez Saunders Mucklebackit.

Oldenbuck saisit fortement le bras de Lovel.

— Du diable si je vous laisse aller ce soir à Fairport! Allons, brave jeune homme, prenez mon bras! Mais comment diable êtes-vous descendu sur cet infernal tablier de Bessy? Bessy! *Sans doute quelque diablesse qui a déployé cette bannière de son maudit sexe* pour causer la ruine du nôtre, comme toutes les femelles.

— Je suis habitué, dit Lovel, à gravir les rochers, et j'ai vu des chasseurs passer par là.

— Mais, au nom du Ciel, comment avez-vous découvert le danger que couraient nos amis?

— Je les ai vus du haut du rocher.....

— Du haut du rocher? De quel diable étiez-vous possédé pour être là pendant la tempête?

— J'aime à voir s'amonceler les nuages,... déferler les vagues sur le roc... Mais voici le chemin de Fairport; il faut que je vous quitte.

— Point d'un pas, point d'un pied, point d'un pouce, mon cher Lovel.

— Mais, mon cher Monsieur, je suis mouillé jusqu'aux os...

— Vous aurez du linge, des pantoufles, ma robe de chambre, et vous gagnerez la fièvre des antiquités comme on gagne la peste en portant les vêtements des pestiférés. Avez-vous peur de me mettre en frais? Mais n'avons-nous pas les restes du pâté et cette bouteille de vin de Porto dont ce vieux fou de baronnet avait à peine bu quand il a pris la mouche à propos de Gamelyn de Guardover.

Tout en causant, ils arrivèrent à la porte du Pèlerin, qui ne s'était peut-être jamais ouverte pour deux piétons ayant plus besoin de repos que nos deux amis.

CHAPITRE IX

Lorsque nos voyageurs entrèrent dans la salle à manger, ils furent accueillis par miss Griselda avec un cri de joie.

— Où est la plus jeune femelle? demanda Oldenbuck.

— Ne l'avez-vous pas vue, mon frère? Il a pourtant fallu que malgré moi elle courût à Halket-Head.

— Quoi? Que dites-vous? Juste ciel! Par une nuit semblable, ma pauvre Maria serait allée à Halket-Head? Tous les malheurs de cette nuit ne sont donc pas finis? Où est-elle, grand Dieu?

— Mais vous ne m'écoutez pas jusqu'au bout, mon frère. Maria est où vous devriez être, bien chaudement dans son lit.

— J'aurais dû m'en douter, dit Oldenbuck soulagé d'un grand poids. La petite femelle ne s'inquiétait guère que nous fussions noyés. Mais que disiez-vous qu'elle était allée à Halket-Head?

— Oui, elle y a été et elle en est revenue après qu'elle a vu miss Wardour monter en voiture. La pauvre Maria était tellement mouillée que je lui ai fait boire, avant de se coucher, une tasse de sherry bien chaud dans de l'eau de gruau.

— Fort bien, Grizzy, on peut s'en rapporter à vous autres femelles pour vous choyer les unes les autres. Mais écoutez-moi, ma vénérable sœur; — que ce mot de vénérable ne vous choque pas, il ne s'adresse pas à l'âge, mais à vos qualités estimables; — faites-nous servir les premiers restes de notre pâté de poulet et ma bouteille de vieux porto.

— Le pâté ! le porto ! Mais, mon frère, il ne restait que quelques os et un fond de bouteille.

Le front de l'Antiquaire se rembrunit, mais il avait trop de savoir-vivre pour montrer son mécontentement en apprenant que le vin et les restes sur lesquels il avait compté avaient disparu, mais sa sœur comprit le regard qu'il lui jeta.

— Eh ! mon Dieu ! mon frère, pourquoi faire tant de bruit pour si peu de chose ?

— Du bruit, Grizzy ! Je n'ai pas dit un mot.

— Mais pourquoi montrer de l'humeur pour quelques os décharnés ? Si vous tenez à savoir la vérité, sachez que le ministre est venu, le digne homme, inquiet sur votre situation *précairière*, comme il dit, — vous savez qu'il a toujours des termes choisis. Il m'a dit de bien belles choses sur la résignation à la volonté de la Providence.

— Et c'est pendant qu'il vous prodiguait des consolations chrétiennes à propos d'un malheur qui n'était pas encore arrivé que mon pâté et mon vieux vin ont disparu !

— Mon frère, comment pouvez-vous penser à de telles bagatelles après avoir échappé, ce soir, à de tels dangers ?

— Plût à Dieu, Grizzy, que mon souper eût échappé de même à la dent du ministre !

— Mais vous parlez, mon frère, comme s'il n'existait dans la maison que ces malheureux restes. Auriez-vous donc voulu que je n'offrisse pas quelques rafraîchissements à ce digne homme qui s'était donné la peine de venir demander de vos nouvelles ?

Oldenbuck, sans rien répondre, fredonna quelques vers d'une vieille ballade écossaise :

> Il avala mon pouding et mon vin ;
> J'étais absent, bonheur extrême,
> Car il semblait avoir tellement faim
> Qu'il m'aurait avalé moi-même.

Miss Griselda se hâta de servir quelques restes du dîner et une bouteille de vin. Mais l'Antiquaire recommanda particulièrement un verre d'eau-de-vie qui était excellente.

Aucune prière n'ayant pu décider Lovel à s'affubler de la robe de chambre et du bonnet de velours de son hôte, ce dernier l'engagea à se coucher de bonne heure et promit d'envoyer Caxon, à la pointe du jour, à Fairport, pour lui rapporter d'autres effets.

Ce fut le dernier mot qui donna à penser à miss Griselda que le jeune étranger pût passer la nuit à Monkbarns.

— Que le ciel nous protège! s'écria-t-elle au comble de l'étonnement.

— Qu'avez-vous donc, Grizzi?

— J'ai besoin de vous dire un mot, mon frère.

— Un mot? Je n'ai besoin que de mon lit, et faites-en préparer un de suite pour mon jeune ami.

— Un lit? Que le ciel nous protège! répéta miss Griselda.

— Eh bien! qu'avez-vous donc, Grizzy? N'y a-t-il pas des lits dans la maison? N'était-ce pas, autrefois, un *hospitium* où, j'en réponds, on faisait des lits tous les soirs pour une vingtaine de pèlerins?

— Qui peut savoir ce qui se passait alors? Mais de nos jours, mon frère, certes, nous ne manquons pas de chambres et de lits; mais il eût fallu être prévenu, donner de l'air aux chambres.

— N'y a-t-il pas la chambre verte, Grizzy?

— Sans doute; mais vous savez quelle nuit y a passée le docteur Heavystern? Voudriez-vous qu'il arrivât pareille chose à ce jeune homme?

En entendant cette altercation, Lovel protesta qu'il allait coucher à Fairport; l'orage était passé, l'exercice lui serait favorable. Mais l'Antiquaire, qui savait combien son jeune ami avait essuyé de fatigue et d'émotion, n'aurait jamais consenti à le laisser partir. Et puis, il était piqué des observations de sa sœur, et tenait à prouver qu'il ne vivait pas sous la domination du cotillon.

— Asseyez-vous, dit-il ; si je vous laisse partir, je consens à ne jamais déboucher un flacon, et voici qu'il nous arrive une excellente bouteille d'ale qui ne ressemble pas au misérable breuvage qui se vend sous ce nom ; elle a été brassée à Monkbarns, et John de Girnel n'en a jamais eu de meilleure à offrir au pèlerin qui lui apportait des nouvelles de la Palestine. Et puis, je vous dirai que si vous ne couchez pas ici, votre renommée de vaillant chevalier est perdue à jamais. C'est une aventure de coucher à Monkbarns dans la chambre verte. Grizzy, veillez à ce qu'on prépare le lit. Ce n'est pas une raison parce que le hardi docteur Heavystern y a souffert, pour qu'un galant chevalier comme vous ne puisse courir cette aventure et peut-être rompre le charme.

— Quoi ? revient-il donc des esprits dans cette chambre ?

— Sans doute, il n'existe pas dans ce pays une maison remontant aux siècles passés sans qu'il s'y trouve au moins une chambre hantée par des esprits. Cela passe un peu de mode ; mais j'ai vu le temps où, si vous aviez douté de l'existence des esprits, vous auriez couru le risque d'être, comme Hamlet, métamorphosé en esprit.

En ce moment miss Oldenbuck rentra.

— M. Lovel, dit-elle d'un air grave et composé, les draps sont mis au lit, le feu est allumé. Croyez que ce n'est point à cause de l'embarras que... Au surplus, j'espère que vous y passerez une bonne nuit.

— Mais, ma chère miss Oldenbuck, je vous serai fort obligé de m'expliquer la nature des inquiétudes que vous avez pour moi.

— Mon frère ne se soucie pas de m'entendre. Cependant, il sait comme moi que cette chambre est maudite. On n'a pas oublié que c'était là que le vieux Rab-Tull, le clerc de la ville, eut cette vision merveilleuse relativement à notre procès avec les seigneurs féodaux de

Mussel Craig. — Notre grand-père, le Monkbarns d'alors, courait grand risque de perdre son procès faute d'une pièce ; mon frère sait comme moi quelle était cette pièce. C'était une pièce de grande importance. Notre cause devait être appelée devant les quinze juges, en présence du vieux Rab-Tull. Celui-ci vint pour faire une dernière recherche de cette pièce qui nous manquait. Il n'y avait pas un instant à perdre. C'était une espèce d'imbécile que ce Rab-Tull, à ce que j'ai entendu dire ; mais il était clerc de la ville à Fairport et les Monkbarns l'employaient toujours dans leurs affaires litigieuses pour se maintenir en bonne intelligence avec la ville. Vous entendez bien ?

— J'atteste le ciel, Grizzy, que vous auriez eu le temps d'évoquer tous les abbés de Troscosey depuis que vous parlez. Apprenez donc à être succincte dans vos narrations ; imitez le style concis du vieux Aubrey, le premier homme du monde pour voir les esprits, et dont les récits à ce sujet étaient clairs et précis ; mais buvez un verre d'ale, ma sœur, et continuez votre récit : car il commence à se faire tard.

— J'en étais à la recherche que faisait notre grand-père à l'aide de Rab-Tull. Après avoir fouillé partout sans succès, on servit un bol de punch au clerc de la ville pour faire passer la poussière qu'il avait avalée en compulsant les vieux papiers. Il but donc son bol de punch et alla se coucher ; mais quel réveil il eut au milieu de la nuit ! (Il n'en revint jamais bien, car il eut une attaque de paralysie quatre ans jour pour jour après cette aventure.) Il ouvrit les yeux, croyant entendre tirer les rideaux du lit et il vit... Dieu me protège ! il vit, au clair de lune, un vieillard debout près de son lit, vêtu d'une manière singulière, ayant à son habit force glands et boutons, et cette partie de vêtement qu'il ne convient pas à une femme de nommer si ample et si large qu'on eût pu le prendre pour un matelot de Hambourg. Il avait une longue barbe et de longues moustaches. Rab lui demanda, au nom du ciel, ce qu'il voulait ; l'esprit lui répondit dans une langue inconnue ; alors Rab lui parla erse, mais cela ne réussit pas davantage. Mais Rab-Tull se rappelant deux ou trois mots de latin dont il se servait pour rédiger les ordonnances de la ville, il ne les eut pas plus tôt prononcés que l'esprit parla avec volubilité dans cette langue, dont le pauvre Rab ne connaissait que quelques mots ; mais il se souvint du mot qui signifiait la pièce que l'on recherchait, l'esprit répéta : *carter, carter.*

— *Carta !* s'écria Oldenbuck ; pourquoi estropier ainsi les langues ? Mon ancêtre ne pouvait avoir oublié dans l'autre monde le latin qui l'avait rendu célèbre dans celui-ci.

— *Carta,* si vous voulez, mon frère. Il cria donc *carta* et fit signe à Rab de le suivre. Rab, courageux comme un vrai montagnard qu'il était, sauta en bas de son lit, mit à la hâte quelques vêtements et suivit l'esprit jusque dans une petite tour où il y avait un tas de caisses et de malles. Là, l'esprit lui donna une paire de coups de pied, le poussa vers une vieille armoire de chêne qui est maintenant dans le cabinet de mon frère, et disparut comme une bouffée de tabac, laissant Rab dans un état pitoyable.

— *Tenues secessit in auras,* mais *mansit odor* (1), car la pièce désirée se retrouva dans le tiroir de l'armoire avec plusieurs autres papiers fort curieux, ayant, sans nul doute, appartenu à mon ancêtre, acquéreur de Monkbarns. Ce titre recouvré si singulièrement était la charte originaire de l'abbaye de Trotcosey, terres et dépendances, comprenant Monkbarns et autres domaines.

— J'aimerais, dit Lovel, dont la curiosité était éveillée, savoir ce que vous pensez de la manière dont le titre fut découvert.

— Si j'avais besoin d'une autorité pour cette légende, je n'en manquerais pas ; mais je pense, avec Bacon, que l'imagination fait souvent ces prétendus miracles. Il y a

(1) Il se dissipa comme une vapeur légère, mais l'odeur resta.

toujours eu, dans la famille, une absurde croyance que la chambre verte était hantée par l'esprit de mon grand-grand-grand-grand-père (c'est une honte pour la langue anglaise que nous n'ayons pas une manière moins ridicule pour exprimer le cinquième degré en ligne directe ascendante). Il était étranger et n'avait pas renoncé au costume de son pays. Dans son portrait gravé par Reginald Eldstrake, il est représenté devant sa presse, tirant les feuilles de son édition, devenue si rare, de la *Confession d'Augsbourg*. Il était chimiste et mécanicien, ce qui suffisait alors pour faire supposer des connaissances surnaturelles. Le vieux Rab-Tull avait entendu parler de tout cela ; il n'est pas surprenant que dans son sommeil l'idée d'Aldobrand Oldenbuck se soit associée à celle de la vieille armoire qu'on avait jetée dans la vieille tour, preuve évidente du respect et de la reconnaissance que nous conservons pour la mémoire des ancêtres. Ajoutez à cela un *quantum sufficit* (1) d'exagération, et vous aurez la clef du mystère.

— Oh ! mon frère ! mon frère ! Mais le docteur Heavystern, dont le sommeil fut si désagréablement interrompu et qui déclara que, dût-il devenir propriétaire de Monkbarns, il ne passerait pas une autre nuit dans la chambre verte !

— Le docteur est un brave et honnête Allemand, plein de mérite, mais il a le crâne épais, il est entiché d'idées mystiques, et vous et Maria l'aviez régalé de légendes sur la chambre verte. De plus, il avait mangé à son souper une livre et demie de viande, bu de l'ale et de l'eau-de-vie en proportion, fumé six pipes ; il n'est pas étonnant qu'il ait eu le cauchemar. Mais, mon cher Lovel, permettez-moi de vous conduire à votre appartement. Je me flatte qu'Aldobrand connaît trop bien les lois de l'hospitalité pour troubler le repos que vous avez si bien mérité par votre bravoure et votre dévoûment.

(1) Quantité suffisante.

A ces mots, notre Antiquaire prit un flambeau d'argent massif, dont le métal provenait des mines de Hartz, propriétés d'Aldobrand Oldenbuck, et il introduisit son hôte dans la chambre qui lui était destinée.

CHAPITRE X

En entrant dans la chambre verte, l'Antiquaire posa le flambeau sur la toilette surmontée d'un grand miroir encadré d'ébène, et jeta les yeux autour de lui avec tristesse.

— Je viens rarement dans cet appartement, dit-il, sans éprouver une mélancolie qui, soyez-en certain, ne prend pas sa source dans la ridicule histoire de Grizzy, mais est relative à un attachement de ma jeunesse qui n'a pas été heureux. Ah! monsieur Lovel, c'est dans ces moments que nous sentons combien les temps sont changés! Ces objets inanimés que nous avons vus dans notre enfance joyeuse, dans notre jeunesse vive et impétueuse, dans notre âge mûr, ils sont permanents; mais quand nous les regardons avec les regards insensibles de la vieillesse, quand nos goûts ont subi un changement complet, pouvons-nous dire que nous sommes encore les mêmes? En cherchant ce que nous étions autrefois, ne devons-nous pas nous regarder comme un être différent! Je ne puis jamais me rappeler sans attendrissement le sentiment si bien exprimé par le poète :

> Pourquoi mes yeux versent-ils tant de larmes?
> Pourquoi, sans nul motif, mes sens sont-ils émus?
> Je crois entendre encor ces sons remplis de charmes
> Que j'entendais alors, que je n'entendrai plus.
>   Tel est pourtant le sort de la vieillesse.
> Mais si de la prudence un conseil est suivi,
> Il faudra déplorer ce que le temps nous laisse,
> Au lieu de regretter ce qu'il nous a ravi.

Au surplus, le temps guérit les blessures; et si la cicatrice cause parfois quelque douleur, elle n'est pas comparable à celle qu'on ressentit à la première atteinte.

A ces mots, Oldenbuck souhaita une bonne nuit à Lovel, lui serra la main et s'éloigna.

Resté seul, Lovel fit la revue de sa chambre : un bon feu brillait dans la cheminée. Les murs étaient garnis d'une tapisserie flamande du seizième siècle, que le savant typographe, ancêtre d'Oldenbuck, avait rapportée lors de son émigration en Écosse. Cette tapisserie représentait une chasse au milieu d'une forêt (de là, le nom de chambre verte); on y voyait des personnages portant l'ancien costume flamand : pourpoints tailladés, larges hauts de chausses, occupés à exciter des chiens contre leur proie. D'autres, armés d'épieux et de fusils, attaquaient des cerfs et des ours. Les branches des arbres étaient chargées d'oiseaux de différentes espèces. Il semblait que le génie du vieux Chaucer eût communiqué son pouvoir créateur à l'artiste flamand. Aussi était-ce dans les œuvres de ce poète qu'Oldenbuck avait choisi les vers qu'il avait fait broder sur une bordure ajoutée à la tapisserie.

> Du chêne et du tilleul voyez-vous jusqu'aux cieux
> S'élever dans ce bois les troncs majestueux?
> Quel asile charmant ! sous l'ombre hospitalière
> Croît un riant gazon qui tapisse la terre :
> Par la main du printemps le plus humble arbrisseau
> Vient d'être décoré d'un feuillage nouveau,
> Et du soleil couchant la clarté vive et pure]
> D'une teinte de pourpre embellit la verdure.

Les rideaux du lit étaient d'une étoffe assortie aux tentures. De grandes chaises rembourrées, à dossier d'ébène, étaient recouvertes d'anciennes tapisseries. Une grande glace encadrée d'ébène se trouvait sur l'antique cheminée.

— J'ai entendu dire, pensa Lovel, que les esprits choisissaient ordinairement le meilleur appartement de la maison pour y revenir, et je ne puis blâmer le goût de l'imprimeur de *la Confession d'Augsbourg.*

Lovel n'arrêta que quelques instants sa pensée sur le récit de miss Griselda, et la passion sans espoir dont son cœur était rempli chassa toutes les chimères de son imagination. Le souvenir de miss Wardour, déterminée à ne pas vouloir le reconnaître, lui causait une peine extrême. Sauvée en partie par lui, elle avait quitté le rocher avant de savoir s'il se sauverait lui-même... La reconnaissance, au moins, exigeait qu'elle prît quelque intérêt à son sort... Mais non ! elle ne saurait être coupable d'ingratitude ni d'injustice... Elle a voulu fermer la porte à l'espérance par compassion, ne pouvant partager l'amour qu'elle inspirait... Plus son imagination lui peignait miss Wardour sous des traits aimables, plus il sentait qu'il lui serait impossible de renoncer à tout espoir... Lorsque Oldenbuck l'avait présenté à miss Wardour, il avait aperçu dans ses regards autant d'embarras que de surprise. Non, il n'abandonnerait pas ses projets avant d'avoir eu une explication avec elle. Des plans romanesques se succédèrent dans son imagination longtemps après qu'il fut couché, et, malgré lui, ses yeux se fermèrent peu à peu. Son sommeil fut agité de mille idées bizarres. La légende d'Aldobrand se présenta à son esprit comme une réalité. Il éprouva une sorte d'attente inquiète. Tout à coup, une vive lumière jaillit de la cheminée et éclaira la tapisserie. Les figures qui s'y trouvaient devinrent animées. Les chasseurs sonnèrent du cor; le cerf prit la fuite; le sanglier se défendit contre les chiens... Tandis que Lovel regardait ce spectacle, un des chasseurs se détacha de la tapisserie et vint à lui. Mais à mesure qu'il approchait, il subissait une métamorphose; et, dès qu'il fut près du lit, Lovel reconnut l'ancêtre Aldobrand, dont Oldenbuck lui avait retracé le portrait. Lovel voulut, mais en vain, prononcer une formule d'exorcisme; sa langue resta collée à son palais. Aldobrand mit le doigt sur ses lèvres pour imposer silence à l'intrus qui se trouvait dans son appartement et se mit à feuilleter un gros livre dont il montra une ligne à Lovel. Bien que ce livre fût écrit en langue étrangère à Lovel, les mots brillaient d'un éclat tellement surnaturel, qu'ils se gravèrent dans sa mémoire. Aldobrand ferma le livre et s'éloigna. A ce moment, une musique délicieuse se fit entendre. Lovel tressaillit et s'éveilla. La musique continuait, et il reconnut un ancien air écossais. Les premiers rayons du soleil, pénétrant à travers les volets à demi fermés, répandirent une vive lumière dans la chambre. Lovel se leva, regarda la tapisserie et vit que les personnages étaient aussi immobiles que la veille; il ouvrit la fenêtre qui donnait sur la mer; les vagues se ressentaient encore de l'orage qui les avait soulevées la veille, mais l'air serein présageait une belle journée. Une tour, s'avançant en angle du bâtiment, non loin de la chambre de Lovel, était entr'ouverte, et il entendit plus clairement la musique qui l'avait éveillé. Une voix de femme chanta avec goût et simplicité la ballade suivante :

Toi que je vois assis près de ces murs détruits,
Dis-moi, qu'y cherches-tu, vieillard à cheveux gris ?
Y viens-tu méditer sur leur splendeur passée,
Réfléchir tristement sur leur gloire éclipsée ?

Une imposante voix répond : Tu me connais,
Puisque tu méprises si souvent mes bienfaits,
C'est moi que tour à tour ta coupable inconstance
Désire, appelle, craint, néglige, implore, offense.

Comme un chaume léger dispersé par le vent,
Tout mortel disparaît sous mon souffle puissant.
Les empires par moi s'élèvent et fleurissent
Je n'ai qu'à me montrer pour qu'ils s'anéantissent.

Profite des instants; le nombre en est compté;
Vois le sable tomber avec rapidité;
Sans crainte et sans désirs, attends et persévère;
Le bonheur et l'amour fermeront ta paupière.

Lovel se plut à accueillir ces vers comme un présage de bonheur ; il retourna se coucher et s'endormit d'un sommeil si profond, qu'il s'éveilla assez tard dans la matinée, quand le vieux Caxon entra dans sa chambre pour y remplir l'office de valet de chambre.

— J'ai été, monsieur, dit-il, chercher vos habits à Fairport ; car ceux que vous aviez hier ne sont pas encore secs. Voici vos souliers. Je ne pense pas que vous ayez besoin de moi pour vos cheveux, d'après la manière dont les jeunes gens les portent aujourd'hui, — et Caxon soupira ! — mais j'ai apporté mon fer à friser : si monsieur...

— Non, dit Lovel. Et il lui donna une gratification pour adoucir l'amertume de son refus.

— C'est dommage, dit Caxon en entrant dans la cuisine, que ce jeune homme ne fasse pas nouer et poudrer ses cheveux ; c'est vraiment dommage, car c'est un jeune homme charmant.

— Taisez-vous, vieux fou ! dit Jenny Rintherout ; voudriez-vous frotter ses beaux cheveux bruns avec votre vilaine pommade, et y jeter de la farine comme sur la perruque du vieux ministre ? Mais n'oubliez pas votre déjeuner. Tenez, voilà un morceau de pouding à la farine d'orge et une jatte de lait caillé, avalez : ça vaudra mieux que de toucher la tête de M. Lovel. Vous gâteriez la plus belle chevelure qui soit dans le comté.

Le pauvre barbier baissa la tête, en voyant dans quel mépris son art était tombé. Mais il n'osa pas contredire Jenny et avala son affront avec le déjeuner qu'elle lui avait offert.

CHAPITRE XI

Lovel rejoignit l'Antiquaire dans la salle à manger, où ce dernier faisait son déjeûner substantiel de bœuf froid et d'un verre de *mun*, bière composée de froment et d'herbes amères, qu'il faisait préparer suivant la recette qu'il avait trouvée dans les papiers d'Aldobrand. Lovel eut peine à ne pas déclarer ce breuvage détestable, il se retint pour ne pas offenser son hôte. Miss Griselda lui offrit un déjeûner conforme au goût moderne et lui dit :

— Ce n'est pas un compliment à faire à M. Lovel, mais il n'a pas bonne mine ce matin. Il est pâle comme un un mort, lui qui était vermeil comme une rose quand il est arrivé ici. Mais il ne voudra pas convenir que son sommeil a été troublé cette nuit.

— Faites attention, ma sœur, que cette rose a été mouillée par la mer et secouée par le vent hier soir. Comment eût-elle conservé sa couleur vermeille ?

— Il est certain, dit Lovel, que j'éprouve encore un reste de fatigue, quoique votre obligeante hospitalité ne m'ait rien laissé à désirer.

— Ah! monsieur, dit miss Griselda, vous ne voulez pas convenir que votre sommeil ait été troublé ?

— Certes, non, mademoiselle, je n'ai éprouvé aucun ennui ; car je ne peux donner ce nom à la musique qu'une aimable fée a fait entendre ce matin.

— Je me doutais que Maria vous avait éveillé avec ses glapissements ; mais je suis sûre que vous avez entendu autre chose que les roucoulements de ma nièce. Il faut en convenir, les hommes ont de la tête ! Pour moi, j'eusse crié à éveiller toute la maison s'il m'était arrivé quelque événement contre l'ordre de la nature... Je ne connais que mon frère qui ait la même force d'esprit que vous, M. Lovel.

— J'espère, dit Oldenbuck, que, soit qu'il existe ou non un esprit dans la chambre verte mon jeune ami donnera une autre nuit aux terreurs de cet appartement, et un autre jour à ses bien sincères amis.

— Je le voudrais de tout mon cœur, mais...

— Point de mais: c'est un mot que je déteste, c'est une combinaison de lettres plus désagréable que *non* même. Non est un gaillard franc qui vous dit sans détour sa pensée; *mais* est un drôle qui biaise, un sournois qui vous fait sauter le verre de la main à l'instant où vous le portez à la bouche.

— Eh bien! répondit Lovel, je ne veux pas que vous puissiez allier mon souvenir avec celui d'une conjonction qui vous est si désagréable; et puisque vous êtes assez bon pour le désirer, je saisirai avec d'autant plus de plaisir l'occasion de passer cette journée avec vous que je crains d'être obligé de quitter Fairport prochainement.

— Cette journée ne sera pas perdue, mon jeune ami. D'abord je vous ferai voir le tombeau de John Girnell, ensuite nous irons au château de Knockwinnock nous informer de la santé de sir Arthur et de ma belle ennemie; après quoi...

— Pardon, cher monsieur; mais ne feriez-vous pas mieux d'ajourner cette visite? Vous savez que je suis étranger dans le pays.

— Vous n'en êtes que plus tenu, il me semble, à faire un acte de politesse. Excusez mon insistance, mais je suis de la vieille école. J'appartiens au temps où :

> Alors qu'un courtisan traversait trois comtés,
> Le lendemain d'un bal, pour savoir si sa belle
> N'avait pas pris un rhume ou quelque toux cruelle.

— Eh bien!... si vous croyez que ma visite soit attendue... Je crois pourtant qu'il vaudrait mieux ne pas la faire.

— Soit, soit, mon ami, je ne tiens pas assez aux vieux usages pour vous presser de faire ce qui vous est désagréable, non, sur ma foi ! il suffit que vous ayez quelque empêchement dont je n'ai pas le droit de vous demander la cause. Peut-être êtes-vous encore fatigué ? Eh bien, je saurai occuper votre esprit sans lasser vos jambes. Vous lirais-je mon travail sur la castrametation ? Non, je réserve cela pour l'après-midi. Je vais vous montrer les pièces de la controverse que j'ai eue avec Mac Cribb sur les poèmes d'Ossian. Je me suis déclaré contre l'éditeur, et lui en soutiens l'authenticité. La discussion a commencé par être polie, mais elle est devenue promptement aigre. Je vais vous montrer sa dernière épître et le brouillon de ma réponse. Diable ! c'est un fier coup d'étrivières !

En parlant ainsi, l'Antiquaire ouvrit un tiroir rempli de papiers mêlés confusément.

— Au diable ces papiers ! je crois qu'ils ont des ailes pour s'envoler. Je ne trouve plus mon brouillon ; mais tenez, dit-il, en prenant une boîte en chêne agrémentée de clous d'argent, poussez le bouton, voyez cet in-quarto relié avec tant de soin ; c'est cet ouvrage si rare dont je vous parlais hier. La *Confession d'Augsbourg*, la fondation de la religion réformée, rédigée par le vénérable Mélanchthon, et imprimée par le non moins vénérable Aldobrand Oldenbuck pendant les tentatives de Philippe II pour détruire la liberté religieuse. Oui, monsieur, ce fut pour avoir imprimé cet ouvrage que mon illustre ancêtre fut exilé de son ingrat pays, et transporta ici ses dieux Pénates. C'était un homme d'une fermeté d'âme extraordinaire ; on l'eût vu rester inébranlable sur les débris de ses caractères, de ses presses et de toute son imprimerie : mais lisez sa devise : *Kunst macht gunst* ou *le talent gagne la faveur*. Il avait pris cette devise dans une circonstance un peu dérogatoire à la réputation de prudence. On dit qu'étant apprenti chez un descendant du patriarche de l'imprimerie, Aldobrand se laissa gagner le cœur par un misérable brin de femelle, Berthe, la fille de son maître. Ils rompirent une bague avec toutes les singeries voulues pour se promettre un amour constant, et

Aldobrand partit pour faire son tour de Germanie. Quand il revint à Nuremberg, son maître était mort, laissant à sa fille une fortune assez importante pour qu'elle fût recherchée en mariage par plusieurs nobles affamés de richesses. Mais Berthe, qui n'était pas un trop mauvais échantillon de la gent femelle, avait fait vœu de ne prendre pour époux que l'homme qui pourrait travailler à la presse de son père. Plusieurs typographes essayèrent en vain, aucun n'était assez versé dans les mystères de l'art. Aldobrand arriva sous un costume grossier, et Berthe, en vraie femelle pétrie de sot orgueil, refusa de reconnaître son fiancé dans l'ouvrier revêtu d'un habit troué. Celui-ci réclama le privilège d'être admis à l'épreuve de sa presse, et cette épreuve fut couronnée d'un plein succès. Berthe reconnut son erreur, et Adolbrand, devenu son époux, prit cette devise : *Kunst macht gunst.* Mais qu'avez-vous donc ? Vous semblez enfoncé dans de sombres réflexions !

— Je vous demande pardon, M. Oldenbuck, je vais vous paraître peu stable dans mes idées ; mais vous sembliez penser que la civilité exigeait que je fisse une visite à sir Arthur ?

— Bon, bon ! je me charge de vos excuses. D'ailleurs, si vous devez nous quitter promptement, qu'importe ce que pensera sir Arthur ? Consacrons cette matinée à ma controverse sur Ossian ; nous irons sous mon bosquet sacré, mon houx toujours vert :

Chantons le houx sacré ! Crions vive le houx !
L'amitié n'est qu'un mot, l'amour est pour les fous.

Mais je crois que vous n'êtes pas de mon avis. Voyons, que dites-vous ? Irons-nous ? restons-nous ?

— Allons-y ! allons-y ! dit Lovel.

Et l'Antiquaire, changeant ses pantoufles pour ses souliers, couvrit ses jambes de *cutikins,* nom qu'il donnait à ses guêtres ; ils quittèrent Monkbars pour se diriger vers le château de sir Arthur. Sur les dunes voisines des sables s'élevaient trois ou quatre huttes de pêcheurs dont les barques laissées à sec par la mer exhalaient une odeur de goudron et de détritus de poisson Au milieu de cette atmosphère empestée, une femme d'un certain âge était occupée à raccommoder des filets ; elle avait un mouchoir noué sur la tête et un vieil habit d'homme, ce qui, avec ses traits énergiques, sa taille gigantesque et sa voix rauque, lui donnait une apparence masculine.

— Que faut-il à Votre Honneur ? demanda-t-elle à Oldenbuk ; des harengs, des merlans, un turbot ?

— Combien le turbot ?

— Quatre shillings d'argent et six pence, répondit la naïade.

— Quatre diables et six diablotins, Maggie ! Me prenez-vous pour un fou ?

— Et croyez-vous, répliqua la virago en appuyant les poings sur ses hanches, que mon homme et mes enfants aillent à la mer par un temps comme celui d'hier pour rien ? Ce n'est pas du poisson que vous achetez, Votre Honneur, c'est la vie des hommes.

— Eh bien ! Maggie, je vous fais une belle offre, je vous donnerai un shilling. Si tout votre poisson est aussi bien payé, votre homme et vos enfants n'auront pas à se plaindre.

— J'aimerais mieux que le diable eût brisé leur barque sur les rochers ! Un shilling pour ce beau poisson ! voilà une belle proposition !

— Alors, Maggie, portez votre poisson à Monkbarns, et arrangez-vous avec ma sœur.

— Non, Votre Honneur, je veux avoir affaire à vous. Miss Griselda nous rogne les ongles de trop près. Je vous les donnerai pour trois shillings.

— Un shilling, ou rien.

— Vous ne voulez donc pas de mon poisson ? dit-elle, et voyant qu'Oldenbuck s'éloignait : vous l'aurez pour deux shillings et un verre d'eau-de-vie.

— Allons, Maggie, vous aurez le verre d'eau-de-vie et ce que j'ai dit.

— Il faut bien en passer par ce que veut Votre Honneur, l'eau-de-vie vaut de l'argent, maintenant que les alambics ne travaillent plus.

— Et j'espère, dit l'Antiquaire, qu'ils ne travailleront plus.

— C'est bien aisé à Votre Honneur de parler ainsi, lui qui a tout à bouche que veux-tu, bon couvert, bon feu, bonne chère et bons habits ! Mais si votre cheminée était froide, si vous ne saviez comment dîner, si vos habits étaient mouillés et le chagrin dans le cœur, ce qui est le pire de tout, vous seriez bien aise d'avoir un verre d'eau-de-vie pour remplacer votre souper et vous tenir le cœur chaud.

— Cela n'est que trop vrai, Maggie. Et le brave homme, est-il encore en mer ce matin après le sauvetage d'hier soir ?

— Oui, Votre Honneur ; il est parti ce matin, tandis que les vagues soulevaient encore notre petite barque comme un bouchon. Je vais à Monkbarns, et je demanderai le verre d'eau-de-vie de votre part.

— Il se serait passé bien du temps, dit Oldenbuck en s'éloignant, avant que mes femelles eussent fait un marché aussi raisonnable avec cette vieille peau tannée. Je les entends souvent se disputer pendant des heures entières, criaillant comme les mouettes pendant l'ouragan. Mais, reprenons le chemin de Knockwinnock.

CHAPITRE XII

Malgré les émotions terribles de la nuit précédente, miss Wardour avait pu se lever à son heure ordinaire. Elle s'empressa de s'informer de son père, qui, agité et fatigué, fut contraint de garder la chambre.

4.

Miss Isabelle pensait avec tristesse aux événements de la veille.

— Pourquoi, se disait-elle, faut-il que je doive la vie de mon père et la mienne à un homme envers lequel je ne puis contracter aucune obligation? Pourquoi faut-il qu'il m'ait rendu un tel service, quand je suis forcée de décourager sa passion romanesque? Et pourquoi y a-t-il au fond de mon cœur un sentiment qui me rend heureuse d'avoir été sauvée par lui ?

Pendant que miss Wardour s'abandonnait à sa rêverie, elle aperçut dans l'avenue le vieux mendiant Ochiltrie qui s'avançait. Elle sonna pour qu'on le fît entrer ; mais il refusa, « ses souliers garnis de clous n'ayant jamais, disait-il, marché sur un tapis. »

— J'ai besoin de lui parler; je vais lui parler, dit Isabelle.

Elle descendit et trouva le mendiant debout près d'un banc. Sa grande taille, ses traits expressifs, sa longue barbe et ses cheveux blancs produisaient une impression favorable. En ce moment, ses yeux gris pleins de feu étaient tournés vers le ciel. Miss Wardour, après avoir remercié avec effusion le vieux mendiant, lui dit :

— Je ne sais ce que mon père a l'intention de faire pour notre sauveur, mais sûrement il vous mettra à l'abri du besoin, si vous voulez demeurer au château...

— Ma bonne demoiselle, interrompit le vieillard en souriant, ce serait un mauvais tour à me jouer. Vos domestiques seraient honteux de moi, et je ne crois pas avoir fait encore honte à personne.

— Eh bien ! Édie, que diriez-vous d'une petite chaumière, un jardin à bêcher et une pièce d'argent tous les jours ?

— Non, ma bonne demoiselle, j'ai l'humeur changeante. Je ne pourrais me résoudre à rester toujours à la même place, avoir toutes les nuits les mêmes poutres sur ma tête.

— Mais, Édie, songez à votre âge.

— Mais je ne suis pas encore si cassé. Vous m'avez vu bien mouillé hier soir, et je suis aussi dispos ce matin que si j'eusse passé la nuit dans mon lit. Et que ferait-on dans le pays sans le vieil Ochiltrie, qui porte les nouvelles et les *on dit* d'une ferme à l'autre ; qui a toujours un morceau de pain d'épice pour les petites filles, et qui fait des sabres de bois pour les petits garçons ; qui raccommode les violons et les casseroles, qui a des remèdes pour toutes les maladies des vaches et des chevaux, qui sait toutes les ballades du comté, et que jamais personne ne voit arriver sans sourire ? Non, ma bonne demoiselle, je ne puis renoncer à ma vocation : ce serait une calamité publique.

— Eh bien ! promettez-moi que lorsque l'extrême vieillesse vous empêchera de continuer votre genre de vie actuel, vous m'informerez où vous voulez vous fixer. En attendant, prenez ceci.

— Non, je ne puis prendre tant d'argent à la fois. Écoutez, miss Wardour, ajouta Ochiltrie en baissant la voix, je puis bien vous dire que je ne suis pas si au dépourvu que vous le pensez ; et si je meurs dans un fossé ou ailleurs, on trouvera cousu dans ce vieux manteau de quoi m'enterrer et de quoi régaler ceux qui viendront à mes funérailles.

— Mais n'y a-t-il donc rien que je puisse faire pour vous ?

— Si vraiment : d'abord, vous pouvez dire au constable et aux officiers de police de ne pas me gêner dans mon métier ; puis vous pourriez recommander à Sandy Netherstane d'enchaîner son gros chien. Il y a une autre chose que je voudrais dire, mais ce serait peut-être bien hardi de vous en parler.

— De quoi s'agit-il, Édie ? Soyez sûr que je ferai tout ce qui dépendra de moi pour vous obliger.

— C'est vous-même que la chose concerne. Allons, je vais parler. Vous êtes une bonne et jolie demoiselle, et il est possible que vous ayez une belle dot ; mais n'éloignez pas de vous ce jeune Lovel comme vous l'avez fait il n'y a pas bien longtemps en vous promenant sur le Brierybanck. Je vous ai vus tous deux... et entendus aussi... Soyez indulgente pour ce pauvre jeune homme qui vous a sauvé la vie, car c'est à lui et non à moi que vous en êtes redevable.

Et, sans attendre de réponse, Édie s'éloigna laissant miss Wardour dans un étonnement plein d'inquiétude. Elle avait eu à la vérité une entrevue avec Lovel, mais elle était loin de supposer que ce secret eût été surpris par ce mendiant, dont elle pouvait craindre les bavardages. Pendant qu'elle était dans une agitation d'esprit facile à comprendre, elle aperçut l'Antiquaire et Lovel arrivant dans la cour. Elle rentra précipitamment dans sa chambre après avoir donné ordre qu'on introduisît ces messieurs dans le salon.

CHAPITRE XIII

Dès que miss Wardour se fut un peu remise de l'émotion que les paroles du vieux mendiant lui avaient causée, elle entra au salon, le teint plus animé qu'à l'ordinaire.

— Je suis enchanté, dit l'Antiquaire d'un air affectueux, de voir que les évènements de cette nuit n'ont pas eu de suites fâcheuses pour ma belle ennemie, dont les couleurs sont plus fraîches encore que lorsqu'elle honora hier mon *hospitium* de son aimable présence! Et sir Arthur, comment se porte-t-il, mon bon et ancien ami?

— Doucement, monsieur Oldenbuck. Je crains qu'il ne soit pas en état de vous recevoir et d'offrir à M. Lovel ses remercîments pour son dévoûment sans égal.

— Je le crois bien. Un bon oreiller aurait mieux valu pour sa tête que le tablier de Bessy, que j'envoie à tous les diables !

— Je n'avais pas dessein, dit Lovel en cherchant à cacher son émotion, de me présenter devant sir Arthur et miss Wardour; je savais que ma présence devait leur rappeler des souvenirs pénibles...

— Ne croyez pas mon père si injuste, si ingrat, répondit Isabelle avec embarras; je suis certaine que mon père serait heureux de prouver sa reconnaissance à M. Lovel.

— Que diable tout cela signifie-t-il? J'ose affirmer qu'un autre jour sir Arthur sera charmé de vous recevoir. Et quelles nouvelles du royaume souterrain des ténèbres et de l'espérance? Que dit le noir esprit de la mine? Sir Arthur fonde-t-il quelque espoir sur son entreprise dans Glen-Withershins?

Miss Wardour secoua la tête.

— Je crains que ses espérances ne soient bien faibles, Monsieur Oldenbuck; voici des échantillons de minéraux et de pierres qui lui ont été envoyés récemment.

— Ah! les pauvres cent livres que sir Arthur m'a fait mettre pour ma part m'auraient acheté un chariot de pierres de ce genre.

A ces mots, l'Antiquaire alla s'asseoir près de la table où étaient les échantillons de pierres et de minéraux.

Lovel profita de l'éloignement de l'Antiquaire pour adresser la parole à Isabelle.

— Miss Wardour n'attribuera ma présence ici qu'à des circonstances inévitables.

— Monsieur Lovel, j'espère, je suis certaine que vous êtes incapable d'abuser de l'avantage que vous donnent les services que vous nous avez rendus. Si Monsieur Lovel voulait me regarder comme une sœur, personne ne serait vu ici avec plus de plaisir; mais...

— Pardonnez-moi si je vous interromps, miss Wardour, n'est-ce pas assez de détruire toutes mes espérances présentes? Faut-il encore me défendre d'en garder pour l'avenir?

— Parce que cet espoir est chimérique, et que, je le

répète, je n'écouterai jamais les propositions de personne sans le consentement de mon père, et il est impossible qu'il approuve les sentiments dont vous m'honorez.

— Eh bien, miss Wardour, patientez encore un mois ; et si, dans ce court espace de temps, je ne puis vous donner des raisons suffisantes pour prolonger mon séjour à Fairport, je dirai adieu à ses environs et à toutes mes espérances de bonheur.

— Ne parlez pas ainsi, Monsieur Lovel ; il est temps de mettre fin à cette conversation. Certes, je ne puis fermer la porte de cette maison à celui qui a sauvé la vie de mon père et la mienne ; mais je prie Monsieur Lovel de ne plus chercher à renouveler un entretien sur un sujet si pénible.

Un domestique vint en ce moment annoncer que sir Arthur priait M. Oldenbuck de passer dans son appartement.

— Je vais vous montrer le chemin, dit Isabelle ; et elle conduisit l'Antiquaire près de son père.

Sir Arthur, les jambes enveloppées de flanelle, était étendu sur un sopha.

— Soyez le bienvenu, s'écria-t-il dès qu'il vit Oldenbuck. Je vois que notre aventure d'hier soir a eu des suites moins fâcheuses pour vous que pour moi.

— D'abord, sir Arthur, je n'ai pas été aussi exposé que vous. J'étais *in terrâ firmâ*, tandis que les vents et la mer en furie conspiraient contre vous ; mais de telles aventures conviennent mieux à un galant chevalier comme vous qu'à un humble écuyer comme moi. S'élever la nuit sur les ailes du vent... s'enfoncer dans les profondeurs de la terre... Et, à propos, quelles nouvelles de notre contrée souterraine de Bonne-Espérance, de la *terra incognita* de Glen Withershins ?

— Rien de bon jusqu'à présent ; mais Dousterwivel ne désespère pas.

— Vraiment, dit l'Antiquaire ! Eh bien, moi, je désespère. Le vieux docteur H... m'a dit, à Édimbourg, en voyant nos échantillons, que nous ne trouverions jamais dans cette mine assez de cuivre pour faire une boucle de jarretière.

— Je ne crois pas, dit sir Arthur, que le savant docteur soit infaillible.

— Non, mais c'est un de nos premiers chimistes, et votre Dousterswivel est, je crois, un aventurier. Nous sommes en mauvais chemin si nous ne trouvons pas encore la maudite veine qu'il nous prophétise depuis deux ans.

— Vous n'avez pas un très grand intérêt dans cette affaire, Monsieur Oldenbuck.

— Un trop grand, sir Arthur! et, cependant, je consentirais, par amour pour ma belle ennemie, à perdre tout pour savoir que vous n'avez pas risqué plus que moi.

Sir Arthur changea brusquement de conversation.

— J'ai appris, dit-il, que ce jeune homme, dont le courageux dévoûment nous a sauvés hier soir, vous avait accompagné chez moi. Je regrette de me trouver hors d'état de recevoir qui que ce soit, excepté un ancien ami comme vous, Monsieur Oldenbuck. Je présume que vous avez connu ce jeune homme à Édimbourg?

L'Antiquaire raconta comment il avait connu Lovel.

— Ma fille connaît donc M. Lovel depuis plus longtemps que vous?

— Oui-dà! j'étais loin de m'en douter.

— Le hasard m'a fait rencontrer M. Lovel, dit Isabelle en rougissant, chez ma tante Wilmot, l'été dernier.

— Dans le comté d'York? Et que faisait-il? Que disait-on de lui? Pourquoi avez-vous eu l'air de ne pas le connaître quand je vous l'ai présenté?

— Il avait une commission dans l'armée et y jouissait d'une grande considération.

— Mais, encore une fois, dit Oldenbuck, pourquoi l'avoir traité en étranger quand vous l'avez vu chez moi?

— Ma fille avait des raisons pour agir ainsi, dit sir

Arthur avec dignité. Vous connaissez les opinions, vous direz peut-être les préjugés de ma famille. Nous attachons le plus grand prix à une naissance sans tache. Or, ce jeune homme est fils illégitime d'un homme riche, et ma fille ne voulait pas renouer connaissance avec lui sans savoir si cela me conviendrait.

— S'il s'agissait de sa mère, je pourrais comprendre vos scrupules. Pauvre garçon ! J'espère, sir Arthur, que vous ne tiendrez pas moins à votre vie parce qu'elle vous a été conservée par un homme dont la naissance est entachée...?

— Et je n'en serai pas moins reconnaissant pour mon libérateur, s'écria le baronnet; ma porte, ma table, lui seront toujours ouvertes, comme si le sang le plus pur coulait dans ses veines.

— Je suis charmé de vous entendre parler ainsi. Mais que fait-il dans nos environs ? Il faut que je le catéchise ; et s'il a besoin d'avis, je suis là.

L'Antiquaire, ayant pris congé de sir Arthur et de sa fille, alla rejoindre Lovel, auquel il présenta les compliments de miss Wardour et de son père, et ils sortirent du château.

Knockwinnock avait conservé l'aspect des châteaux habités anciennement par les hauts barons. Un large fossé, sans eau, à la vérité, en faisait le tour, et un pont-levis, toujours baissé, pouvait, en se levant, mettre le château en état de défense; ce château était élevé sur un rocher de couleur rougeâtre qui s'avançait vers la mer. Une belle avenue rejoignait la grand'route, et des bouquets de grands arbres s'élevaient de distance en distance. Nos voyageurs, lorsqu'ils furent à quelque distance, se retournèrent pour regarder l'édifice, et l'Antiquaire s'écria avec tristesse : *Cito peritura.*

Lovel, sortant de la rêverie dans laquelle il était plongé depuis son départ du château, regarda Oldenbuck d'un air interrogatif.

— Oui, mon jeune ami, je crains que cette ancienne

famille ne soit au penchant de sa ruine! Je vous le dis avec douleur!

— Est-ce possible? dit Lovel; combien vous me surprenez! Je prends un vif intérêt à cette famille, et ce n'est pas la curiosité qui me pousse à vous demander ce qu'il y a de fondé dans votre prédiction de ruine?

— Depuis déjà longtemps, les embarras d'argent de sir Arthur se sont tellement multipliés, que tout le monde en parle dans le pays; et les opérations ruineuses que lui a fait faire ce corsaire de terre, ce vaurien d'Allemand, ce Dousterswivel...

— Je crois avoir vu ce personnage dans un café de Fairport : un homme de grande taille, l'air lourd et gauche; de gros sourcils; l'œil faux. Il parle avec présomption et mêle des termes scientifiques à un jargon mystique. Il semble prononcer des oracles en débitant ses opinions.

— C'est lui! c'est lui! interrompit Oldenbuck; il s'exprime parfois, devant ceux dont il craint la sagacité, avec un certain bon sens; et c'est ainsi qu'il m'en a imposé pendant quelque temps. Mais j'ai reconnu depuis que, lorsqu'il se trouve avec des esprits faibles ou dans une compagnie de femelles, il se montre un parfait charlatan, parle du *magisterium,* de sympathies et d'antipathies, de la cabale, de la baguette divinatoire, en un mot de toutes les billevesées dont les Rose-Croix se sont servis pour en imposer à un siècle d'ignorance, et qui, à notre honte éternelle, se renouvellent dans le nôtre. C'est pourtant ce vagabond, ce misérable, qui porte le dernier coup pour achever la ruine d'une honorable famille.

— Mais comment est-il possible qu'il en impose à sir Arthur au point de le ruiner?

— Sir Arthur est un brave homme; mais, comme vous avez pu le voir à propos de la langue des Pictes, le bon sens n'est pas son fort. Une partie de ses biens est hypothéquée, et ce fripon lui a promis des montagnes de cuivre. Une compagnie anglaise s'est chargée d'avancer les fonds sur la garantie de sir Arthur. Quelques personnes, et j'ai été assez âne pour être du nombre, ont pris de petites parts, et le baronnet a versé des sommes importantes. Nous avons été leurrés par des apparences spécieuses et des mensonges, et maintenant nous nous éveillons et nous voyons que nous avons fait un rêve dont les conséquences sont désastreuses.

— Je suis surpris, Monsieur Oldenbuck, que vous ayez encouragé sir Arthur par votre exemple.

— Ma foi, mon jeune ami, j'en suis moi-même aussi surpris que honteux. Ce n'était pas l'amour du gain, mais je crus pouvoir risquer cette bagatelle. On s'attend, je ne sais trop pourquoi, que je donnerai quelque chose à celui qui aura la bonté de me débarrasser de ce brin de femelle, ma nièce Maria, et que je ferai un sacrifice pour l'avancement de son garnement de frère dans l'armée. Dans les deux cas, ma mise, triplée, m'aurait donné un bon coup de main. D'ailleurs, j'avais quelque idée que les Phéniciens avaient eu, précisément à l'endroit où se faisait la fouille, une fabrique de cuivre. Ce drôle, cet intrigant, ce Dousterwivel, que le ciel confonde, me berça de sots contes... et prétendit avoir trouvé des traces prouvant qu'on avait exploité cette mine autrefois, et je... en un mot, je fus un vrai fou! Ma perte ne vaut pas qu'on en parle; mais je sais que sir Arthur a des engagements considérables, et mon cœur saigne pour lui et pour la pauvre fille qui doit partager sa détresse.

CHAPITRE XIV

Après avoir discouru un certain temps sur les affaires de sir Arthur, l'Antiquaire se décida à faire subir un interrogatoire à Lovel sur la cause de son séjour à Fairport.

— Miss Wardour m'a dit, monsieur Lovel, qu'elle vous connaissait avant de vous avoir rencontré chez moi?

— J'ai eu, effectivement, le plaisir de me trouver avec Miss Wardour chez Mistress Wilmot, dans le comté d'York.

— Vraiment! Et pourquoi l'avez-vous abordée comme une inconnue?

— J'ai cru qu'il était de mon devoir d'attendre qu'elle me reconnût la première.

— Je conçois votre délicatesse, mon ami; le baronnet est un vieux fou pointilleux. Puis-je vous demander, maintenant, si vous avez toujours le projet de quitter Fairport aussi tôt que vous me le disiez ce matin?

— Je vais répondre à votre question par une autre : croyez-vous aux rêves?

— Que voulez-vous que je réponde, jeune fou, si ce n'est ce qu'a dit à ce sujet notre ami Marcus Tullius Cicero : *Si insanorum visis fides non adhibenda, cur credatur somnientium visis quæ multo etiam perturbatiora sunt, non intelligo* (1).

— Mais Cicéron nous dit aussi, M. Oldenbuck, que celui qui passe sa journée à lancer des javelines doit quelquefois atteindre le but; de même, parmi les rêves que nous faisons, il peut s'en trouver quelques-uns qui aient rapport à des événements futurs.

— Ah! ah! c'est-à-dire que vous pensez que votre javeline a touché le but! Voyons! Je veux bien admettre l'existence de la science onéirocritique (2), j'ajouterai foi aux songes et je vous regarderai comme un nouveau Daniel quand vous m'aurez prouvé qu'un rêve vous a tracé une ligne de conduite sage et prudente.

— Eh bien! dites-moi pourquoi, pendant que j'hésitais

(1) Si on n'ajoute aucune foi aux visions des fous, pourquoi en ajouter aux visions des personnes endormies qui sont encore plus déréglées? C'est ce que je ne comprends pas.

(2) Interprétation des songes.

si je poursuivrais une entreprise hasardeuse, j'ai rêvé, la nuit dernière, *dans la chambre verte,* que votre illustre ancêtre Aldobrand me montrait sa devise pour m'encourager à la persévérance? Pourquoi un songe m'aurait-il présenté ces trois mots écrits dans une langue qui m'est inconnue et dont l'explication me paraît contenir, pour moi, une véritable prophétie?

— Et comment prétendez-vous faire l'application de la devise d'Aldobrand ?

— La littérature étant la principale source où je puise mes distractions, et des circonstances que je ne puis expliquer me tenant pour quelque temps éloigné du service militaire, j'ai choisi Fairport pour m'y livrer à mes goûts.

— Ah! ah! je commence à m'expliquer l'application que vous voulez faire de la devise d'Aldobrand. Vous visez aux faveurs du public, vous voulez briller comme auteur, et vous espérez réussir par la persévérance.

Lovel pensa que le mieux était de laisser l'Antiquaire dans son erreur.

— J'ai quelquefois été assez fou, répondit-il, pour nourrir de pareilles espérances.

— Pauvre garçon! Peut-être, comme bien des jeunes gens, vous êtes amoureux de quelque brin de femelle trompeuse; ce qui est, comme le dit Shakespeare, employer le fouet et l'éperon pour courir plus vite à sa perte. Et par quel ouvrage voulez-vous débuter? Oh! je le devine : la poésie; la poésie, cette douce séductrice de la jeunesse. Oui, je le vois dans vos yeux. Et quel sujet anime votre verve ? Aspirez-vous aux plus hautes régions du Parnasse, ou restez-vous au pied de la docte colline ?

— Je ne me suis encore essayé que dans le genre lyrique.

— Je m'en doutais. Toutefois, faites attention que je ne vous engage nullement à prendre un métier si peu profitable.

— Je ne dépends nullement du caprice du public.

— Eh bien! je vous donnerai un avis sur ce que vous avez à faire, et vous aiderai de tout mon pouvoir. Je suis moi-même auteur. J'ai publié deux essais dans l'*Antiquarium Repository* (1); l'un, intitulé *Remarques sur l'édition de Robert Glocester de Hearnes*, est signé *Scrutator*; l'autre, signé *Indagator*, est une dissertation sur Tacite. Je pourrais y ajouter nombre d'articles qui firent beaucoup de bruit dans le temps. C'est vous dire que j'ai de l'expérience, et je puis vous faire connaître le goût du public. Il faut toujours avoir sous les yeux la crainte du public. Voyons, par où commencerez-vous? Un recueil de poésies fugitives, ça reste ordinairement stationnaire chez les libraires. Il faut commencer par quelque chose de solide et d'attrayant; que pensez-vous de l'épopée? l'ancien poème historique continué pendant douze ou vingt-quatre chants? Oui; c'est cela qu'il faut. Je vous fournirai le sujet : la bataille entre les Calédoniens et les Romains; vous l'intitulerez : *la Calédoniade*, ou *l'Invasion repoussée*.

— Mais l'invasion d'Agricola ne fut pas repoussée.

— Qu'importe, mon ami? Vous êtes poète, libre de toute dépendance, et n'êtes pas plus obligé que Virgile à vous assujettir au vrai et au probable. Vous pouvez battre les Romains en dépit de Tacite.

— Le conseil est bon, dit Lovel; mais vous me donnerez toutes les indications locales.

— Si je vous les donnerai? certes! et je ferai plus; j'écrirai des notes critiques et historiques sur chaque chant. Je vous tracerai le plan du poème. Je ne manque pas de génie poétique, quoique je n'aie jamais su faire des vers; mais on peut être poète sans faire rimer le bout de ses lignes, de même qu'on peut être architecte sans savoir assembler des pierres comme un maçon.

— Dans ce cas, dit Lovel, il faudrait deux auteurs pour un poème : un pour inventer, l'autre pour exécuter.

— Cela ne serait pas plus mauvais, mon ami; nous en

(1) Répertoire ou recueil d'antiquités.

ferons l'épreuve; mais je ne veux pas que le public sache la part que j'aurai dans votre œuvre. On peut seulement, dans la préface, reconnaître qu'on a reçu quelques secours d'un savant ami; car, mon cher Lovel, vous aurez des notes en abondance; je pourrai même ajouter à votre poème, en appendice, mon *Traité sur la Castramétation;* il donnera de la valeur à l'ouvrage. Nous aurons soin de faire revivre les anciennes formes, honteusement négligées dans ce temps. Vous invoquerez les Muses. Ensuite nous aurons une vision dans laquelle le génie de la Calédonie apparaîtra à Galgacus et fera passer devant lui la suite des monarques d'Écosse.

— Mais, dit Lovel, essayant de refroidir le zèle de son ardent collaborateur, il faut songer aux frais d'impression.

— Les frais d'impression? répondit Oldenbuck; sans doute, je pourrais y contribuer;... mais, n'aimeriez-vous pas mieux faire cet ouvrage par souscription?

— Oh! certes, non, Monsieur.

— Non! non! vous avez raison. Ce ne serait pas une manière honorable de lancer l'ouvrage; mais je connais un libraire qui risquera le papier et l'impression; nous arrangerons cela. Je voudrais que notre poème fût commencé.

Cette conversation conduisit les deux amis à Monkbarns, où l'Antiquaire eut à subir une mercuriale de sa sœur à propos du marché désastreux, disait-elle, qu'il avait fait avec Maggie.

— Cette effrontée n'a-t-elle pas eu l'impudence, après vous avoir volé en vous faisant payer son poisson le double de ce qu'il valait, de demander un verre d'eau-de-vie? Mais Jenny et moi lui avons dit son fait; je m'en flatte.

— En vérité, Grizzy, j'ai eu tort. N'en parlons plus, puisque j'en conviens, n'y songeons plus. « Les soucis tueraient un chat. » Maintenant, Lovel, nous allons dîner mieux qu'hier. J'aime les *analecta,* les *collectanea,* comme je puis appeler les restes du dîner de la veille. Mais voilà

Jenny qui sonne le dîner; venez, nous causerons de notre poème au dessert.

CHAPITRE XV

Nous laisserons M. Oldenbuck et Lovel pour nous transporter dans le bureau de poste aux lettres de Fairport. Le buraliste Mailsetter était absent, et sa femme s'occupait à classer les lettres dans l'arrière-boutique en compagnie de deux commères, Mistress Schortcake, la boulangère, et de Mistress Heukbane, la bouchère, ses amies intimes.

— Mon Dieu! dit cette dernière, voici onze lettres pour Tennant et Cie. Ces gens-là font plus d'affaires à eux seuls que tout le reste de la ville.

— Oui, répondit la boulangère; mais faites attention à ces deux lettres qui sont pliées en carré, fermées de deux cachets; je serais surprise s'il ne s'y trouvait pas quelques traites protestées.

— Est-il arrivé quelque lettre pour Jenny Caxon? demanda la bouchère; il y a trois semaines que le lieutenant est parti.

— Il en est arrivé une il y a huit jours, répondit Mistress Mailsetter, et de l'étranger!

— C'était donc du lieutenant?

— Oh! oh! s'écria Mistress Mailsetter, voici bien autre chose : une lettre de l'étranger portant le timbre de Sunderland.

Les deux commères voulurent y porter la main.

— Non, Mesdames, non; n'y touchez pas. Savez-vous que Mailsetter a eu une réprimande sévère du secrétaire de l'Administration à Édimbourg, à qui Aily Bissot s'est plainte au sujet de la lettre que vous avez ouverte, Mistress Schortcake?

— Moi ! s'écria la boulangère ; vous savez bien qu'elle s'est ouverte d'elle-même entre mes mains. Est-ce ma faute si l'on emploie de mauvaise cire ?

— C'est vrai, dit Mistress Mailsetter ; mais nous perdrions notre place s'il y avait une autre plainte. Examinez seulement l'extérieur. Voyez, le cachet porte une ancre. Il a sans doute cacheté la lettre avec un bouton de son habit.

— Montrez-la ! montrez-la ! s'écrièrent les deux commères.

Et Mistress Heukbane saisit la lettre et la leva entre ses yeux et la croisée. Mistress Shortcake, petite femme grosse et courte, se dressa sur la pointe des pieds pour mieux examiner.

— C'est de lui, dit la bouchère J'en étais sûre. Je vois la signature : Robert Taffril.

— Baissez-la donc ! s'écria Mistress Mailsetter, et taisez-vous : il y a quelqu'un dans le bureau. Baby, qui est là ?

Baby répondit avec aigreur :

— Ce n'est que Jenny Caxon, qui demande s'il y a une lettre pour elle.

— Dites-lui, répondit la fidèle maîtresse de poste, qu'elle revienne demain, à dix heures du matin. Nous n'avons pas eu le temps de trier les lettres. Est-elle pressée ? Ne dirait-on pas que ses lettres d'amour sont si importantes !

La pauvre Jenny, jeune fille d'une modestie et d'une beauté peu communes, s'éloigna et rentra chez elle pour y passer encore une nuit dans l'inquiétude et le chagrin.

— Ah ! reprit la buraliste, voici six lettres pour sir Arthur. Elles ne viennent pas de ses amis, qui ont leurs armoiries sur leurs cachets ; elles sont presque toutes fermées avec des pains à cacheter. Ce sont des lettres d'affaires.

— Elles ne sont pas belles, ses affaires ! dit la bouchère. Voilà plus d'un an qu'il n'a réglé avec nous !

— Et nous n'avons rien reçu depuis six mois, ajouta la boulangère.

— Deux lettres pour le laird de Monkbarns. C'est sûrement de quelques savants. Voyez comme elles sont écrites fin pour éviter le port d'une lettre double. Quand Monkbarns affranchit une lettre, il ne dépasserait pas le poids d'un grain.

— Le laird est un vrai ladre! dit Mistress Heukbane; il fait autant de bruit pour acheter un quartier d'agneau que s'il s'agissait d'une culotte de bœuf. Ah! Mesdames, si vous aviez connu son frère! Que de fois il est venu me voir avec une couple de canards sauvages dans sa poche!

— Je n'ai aucun mal à dire du laird, objecta la boulangère; il paye régulièrement son pain tous les mois. Seulement, il s'est fâché tout rouge parce que nous lui avions envoyé un livre au lieu d'une marque en bois, qui était, disait-il, l'ancienne manière d'établir les comptes entre les boulangers et leurs pratiques.

— Voyez, Mesdames, voyez! s'écria Mistress Mailsetter; jamais vous n'avez vu pareille lettre. A William Lovel, écuyer, chez Mistress Hadoway, High-Street, à Fairport, par Édimbourg.

— Voyons! voyons! C'est ce jeune homme, ce beau garçon que personne ne connaît ici. Voyons! voyons! répétèrent les deux filles d'Ève.

— Non, Mesdames! à bas les mains! Ce n'est pas là une de ces lettres de deux pence dont nous pouvons tenir compte de la valeur à l'Administration en cas d'accident: le port de celle-ci est de vingt-cinq shillings, et il y a au dos ordre de l'envoyer au jeune homme par un exprès, s'il n'est pas chez lui.

— N'allez-vous pas lui envoyer la lettre de suite? demanda Mistress Heukbane.

— Je ne saurais qui envoyer avant le retour de mon homme, car le vieux Caxon m'a dit que M. Lovel couchait à Monkbarns ce soir. Il a gagné la fièvre hier en pêchant dans la mer avec le laird et sir Arthur.

— On m'a donné à entendre que c'est Ochiltrie qui les a retirés tous les trois d'une mare salée où Monkbarns les avait conduits pour leur montrer d'anciens ouvrages de moines...

— Ce n'est pas cela du tout ; je vais vous dire l'histoire telle que Caxon me l'a contée, dit Mistress Mailselter. Il faut que vous sachiez que sir Arthur, Miss Wardour et M. Lovel avaient dîné à Monkbarns.

— Mais, Mistress Mailsetter, interrompit la bouchère, n'êtes-vous pas d'avis d'envoyer cette lettre par un exprès ? Notre cheval peut aller à Monkbarns.

— Mistress Heukbane, mon homme aime à faire ses commissions lui-même ; c'est à nos mouettes que nous devons donner nos poissons : une course sur sa jument lui rapporte une demi-guinée. D'ailleurs, qu'importe que M. Lovel ait cette lettre ce soir ou demain matin ?

— Si ce n'est que M. Lovel sera à Fairport avant que votre exprès soit arrivé à Monkbarns.

— Eh bien ! Mistress Heukbane, j'accepte votre cheval, avec mon petit David pour le conduire.

— Mais l'enfant n'a que dix ans, et, pour vous dire la vérité, la route est mauvaise. Mais puisque vous risquez l'enfant, je puis risquer le cheval.

On hissa le petit David sur le cheval, une houssine à la main, un sac à lettre sur le dos, et bon gré mal gré il partit pour Monkbarns.

Nos trois commères rentrèrent chez elles. Le lendemain, les renseignements qu'elles s'étaient procurés se répandirent dans Fairport grossis et dénaturés.

On disait que Tennant et Cie faisaient banqueroute, et que leurs traites protestées leur avaient été renvoyées ; on disait que le lieutenant Taffril avait écrit pour reconnaître un mariage secret avec Jenny ; d'autres disaient qu'il lui avait écrit pour lui reprocher la bassesse de sa naissance et rompre avec elle. Le bruit général était que les affaires de sir Wardour étaient des plus mauvaises, et la crise imminente. On affirmait qu'un paquet, émanant du bureau du Secrétaire d'État, était arrivé pour M. Lovel apporté par un dragon venant du quartier général d'Édimbourg, et qu'il avait traversé au galop Fairport après avoir demandé le chemin de Monkbarns.

Cependant la lettre qui devait donner lieu à tant de commentaires cheminait avec le jeune David sur la route, mais avec des péripéties peu agréables pour l'enfant, lequel avait peu de ressemblance avec le dragon de la légende. Lorsque le cheval sentit qu'il était monté par un enfant, il commença à cesser le trot qu'un bon coup de fouet lui avait fait prendre au départ ; il alla au pas. Puis, en secouant le cou vivement, il fit tomber les rênes des mains de David et se mit à brouter l'herbe, et finalement il retourna vers son écurie au grand trot. Heureusement, au détour d'une route, Ochiltrie se présenta et arrêta le cheval. L'enfant lui raconta en pleurant sa mésaventure, et le vieux et compatissant Édie se décida à conduire le porteur de dépêches à Monkbarns. Ils rencontrèrent l'Antiquaire, qui, après le dîner, avait mené Lovel sur la hauteur de Kienprunes, où il lui faisait une description animée des opérations du général romain.

— Que diable ! voilà Ochiltrie conduisant un cheval avec un enfant !

Quand on lui eut expliqué l'affaire, il voulut que David remît de suite la lettre à Lovel.

— Non ! dit l'enfant ; ma mère m'a dit de la porter à Monkbarns, et que là j'aurais vingt-cinq shillings pour le port de la lettre.

Après bien des pourparlers, David remit la lettre à Lovel, qui paya sans vouloir entendre les observations de l'Antiquaire, indigné de cette demande extravagante de vingt-cinq shillings pour une course d'une heure.

Lovel, après avoir jeté un coup d'œil sur les papiers, dit d'un air agité :

— Vous m'excuserez, Monsieur Oldenbuck, si je ne retourne pas à Monkbarns ce soir ; il faut que je me rende sur-le-champ à Fairport, et peut-être on partira-je d'un moment à l'autre. Jamais je n'oublierai, Monsieur Oldenbuck, l'amitié que vous m'avez témoignée.

— Je me flatte que vous n'avez pas reçu de mauvaises nouvelles ?

— Elles sont mixtes... Mais adieu ! Dans la bonne comme dans la mauvaise fortune, je ne vous oublierai pas.

— Un moment ! s'écria l'Antiquaire. Si vous éprouvez quelque embarras pécuniaire, j'ai cinquante guinées, même cent, à votre service jusqu'à la Pentecôte, ou jusqu'à ce qu'il vous convienne de me les rendre.

— Je vous suis obligé, Monsieur Oldenbuck ; mais l'argent ne me manque pas. Adieu ! dit-il en serrant les mains de l'Antiquaire.

Et il prit à grands pas la route de Fairport.

— Fort extraordinaire ! s'écria Oldenbuck en rentrant tout pensif à Monkbarns.

Ochiltrie était parti reconduisant l'enfant à Fairport, car ce dernier eût pu courir quelques risques, vu l'ardeur de son coursier à regagner son écurie.

CHAPITRE XVI

Pendant une quinzaine de jours l'Antiquaire ne manqua pas de demander à Caxon s'il savait ce que faisait M. Lovel. Tout ce qu'il put apprendre fut qu'il avait reçu deux grosses lettres venant du sud ; mais on ne le rencontrait nulle part dans Fairport.

— Mais comment vit-il, Caxon ?

— Oh ! Mistress Hadoway lui prépare un beefsteak, des côtelettes de mouton, un poulet rôti, son thé, et il la paie honorablement chaque semaine. Il a renoncé à la promenade, et l'on ne saurait dire combien de lettres il écrit, mais il les envoie sous enveloppes au shérif, qui les fait mettre à la poste de Tannonburgh. A mon avis, il se méfie de Mistress Mailsetter..., il n'a pas grand tort, car ma pauvre fille Jenny...

— Du diable! Caxon, ne me parlez pas de vos femelles. Parlons de ce pauvre jeune homme; n'écrit-il donc que des lettres?

— Si vraiment: d'après ce que m'a dit Mistress Hadoway, il remplit des feuilles d'écriture, et lui qui avait coutume d'aller se promener, il ne veut point passer le seuil de sa porte.

— Il a tort. J'irai le voir aujourd'hui. Sans doute, il ne songe plus qu'à la *Calédoniade*, mais il ne faut pas travailler avec excès.

Ayant pris cette résolution, et bien qu'une course à Fairport ne lui plût guère, détestant les oisifs qu'il rencontrait dans les rues et qui l'abordaient pour lui parler des affaires du jour, il mit ses gros souliers, prit sa canne à pomme d'or, et partit pour aller trouver Lovel, tout surpris lui-même du degré d'attachement qu'il avait conçu pour ce jeune étranger.

Il venait à peine d'entrer dans Fairport que le clerc de la ville le rencontrant lui dit:

— Monsieur Oldenbuck, le prévôt désire vous parler au sujet de l'eau de Fairwell-Spring, que l'on a le projet d'amener dans la ville, parce qu'il faudra qu'elle traverse une partie de vos terres.

— Que diable! ne peut-il trouver d'autres terres que les miennes à fouiller et à couper? Dites-lui que je n'y consentirai pas.

— Et le prévôt, continua le clerc, pense que l'on pourrait vous donner comme indemnité les vieilles statues de la chapelle de Donagild, dont vous aviez envie.

— Oh! c'est une autre affaire. J'irai voir le prévôt.

— Mais il ne faut pas tarder, car le Conseil de la ville dit qu'on pourrait s'en servir pour orner la nouvelle maison commune.

— Que le ciel me préserve de ces ignorants! Mettre

des statues gothiques pour embellir un portique grec! Dites au prévôt que je consens à donner le passage sur mes terres, mais que je veux les statues.

Après plusieurs autres rencontres, l'Antiquaire arriva enfin chez Mistress Hadoway. Cette bonne femme, veuve d'un ministre dont la mort l'avait réduite à un état voisin de l'indigence, avait trouvé en Lovel un locataire d'une délicatesse extrême et ayant une vie des plus régulières. Elle s'était attachée à lui et le comblait d'attentions maternelles. Lorsqu'elle ouvrit la porte à l'Antiquaire, elle lui dit:

— Je suis bien charmée de vous voir, Monsieur. Je crains que mon pauvre jeune homme ne soit pas bien, et il ne veut voir ni médecin, ni ministre, ni homme de loi. Que deviendrais-je si un homme mourait chez moi sans avoir pris l'avis des trois facultés savantes, comme le disait mon pauvre mari?

— C'est cependant ce qu'on peut faire de mieux, répondit l'Antiquaire. Mais pourquoi ne prend-il pas d'exercice?

— Nous l'y avons décidé, et il a acheté hier un cheval. Mais ne voulez-vous pas monter chez lui?

— Tout à l'heure. Personne ne vient-il le voir?

— Pas une âme, Monsieur Oldenbuck.

— Montrez-moi le chemin, Mistress Hadoway.

La bonne hôtesse précéda l'Antiquaire dans un escalier étroit, puis frappa doucement à une porte.

— Entrez! dit Lovel.

Et M. Oldenbuck parut aux yeux de son jeune ami. Ce dernier était sur un sopha, en robe de chambre noire et en pantoufles. L'Antiquaire fut affligé du changement qui s'était opéré en lui; sa pâleur était effrayante. Il se leva, et serrant les mains d'Oldenbuck il lui dit avec effusion :

— Voilà une preuve d'amitié, une vraie preuve d'amitié; mais vous n'avez fait que devancer la visite que je comptais vous rendre. Il faut que vous sachiez que je suis devenu cavalier depuis peu.

— C'est ce que m'a dit Mistress Hadoway, mon jeune ami. Je désire que vous soyez tombé sur un cheval tranquille. J'ai été, une fois, assez fou pour en acheter un moi-même. Ce maudit quadrupède m'entraîna malgré moi plus de deux milles à la suite d'une meute que nous avions rencontrée ; puis il me jeta dans un fossé. J'espère que votre bête sera plus docile. Avez-vous de l'expérience? Un cheval emporté ne badine pas.

— Je ne veux pas me vanter ; mais, lorsque j'étais aide-de-camp, j'ai vu, dans une bataille, bien des officiers démontés qui étaient meilleurs cavaliers que moi, et moi je ne le fus pas.

— Ah! ah! vous avez donc vu en face le dieu formidable des batailles? Vous connaissez le front sourcilleux de Mars *armipotens?* Il ne vous manque rien pour faire une épopée. Mais souvenez-vous que les Bretons combattaient sur des chariots, *Covinarii,* selon l'expression de Tacite. Rappelez-vous cette belle description de l'instant où ils se précipitèrent sur l'infanterie romaine. Eh bien! voyons, les muses vous ont-elles visité?

— Mon temps a été moins agréablement employé, dit Lovel en jetant les yeux sur ses vêtements noirs.

— La perte d'un parent?

— Oui, Monsieur Oldenbuck, presque du seul ami que je pusse me flatter de posséder.

— En vérité! Eh bien! jeune homme, consolez-vous. La mort, en vous enlevant un ami pendant que votre affection mutuelle était vive, vous a peut-être épargné une épreuve plus douloureuse. Jetez les yeux autour de vous ; combien voyez-vous de personnes conserver dans leur vieillesse les affections qui avaient charmé leur jeunesse? La jalousie, la rivalité, éloignent les premiers amis, et il ne reste auprès de nous que ceux qui, tenant à nous plus par le sang que par l'amitié, font compagnie au vieillard pendant sa vie pour ne pas en être oubliés après sa mort. Ah! Monsieur Lovel, si vous êtes destiné à vieillir, vous ne regarderez plus alors les chagrins de votre jeunesse que comme des nuages qui ont intercepté momentanément les rayons du soleil levant.

— Je suis sensible à vos bonnes intentions, Monsieur Oldenbuck ; mais la conviction que la vie me réserve une succession de chagrins serait une faible compensation pour la douleur récente qui vient de me frapper. Permettez-moi d'ajouter que vous me paraissez avoir moins que personne le droit de voir la vie sous un aspect aussi sombre. Vous jouissez d'une fortune honnête. Vous êtes respecté. Vous pouvez vous livrer aux recherches savantes auxquelles votre goût vous convie. Vous avez une agréable société dans le sein d'une famille affectionnée...

— Oui, j'en conviens, mes femelles, grâce à la bonne discipline que j'ai établie, sont plus traitables que ne le sont généralement celles qui appartiennent à leur sexe trompeur ; elles ne me dérangent pas de mes études ; mais il me manque quelqu'un avec qui je puisse faire un échange d'idées.

— Et pourquoi n'engagez-vous pas votre neveu, le capitaine Mac-Intyre, dont on parle comme d'un jeune homme plein d'esprit et d'ardeur, à venir demeurer près de vous ?

— Qui ? Mon neveu Hector ? Que le ciel m'en préserve ! J'aimerais autant jeter un tison enflammé dans ma grange. Vous ne le connaissez pas ! Il a une généalogie montagnarde aussi longue que sa claymore, et une claymore aussi longue que la grande rue de Fairport. La dernière fois qu'il vint ici, ne dégaîna-t-il pas contre le chirurgien de la ville ? Je l'attends ces jours-ci ; mais j'aurai soin de le tenir à une distance respectueuse. Mais écoutez-moi, Lovel, c'est vous qui devriez venir planter votre tente à Monkbarns. Je ferais faire une porte, afin que vous puissiez aller de la chambre au jardin sans déranger personne. Quant à votre nourriture, Mistress Hadoway dit que vous êtes très sobre ; vous vous contenteriez de mon ordinaire. Votre blanchissage...

— Mon cher Monsieur Oldenbuck, interrompit Lovel,

je vous fais mes sincères remerciments pour votre offre affectueuse; mais je quitterai l'Écosse sous peu. Auparavant j'irai passer quelques jours avec vous.

L'Antiquaire changea de visage.

— Je vois, dit-il, que rien ne peut vous tenter; mais j'espère que la *Calédoniade* marche toujours ?

— Oh! certes! je ne saurais abandonner un plan aussi heureux.

— Heureux, sans doute, reprit l'Antiquaire, qui avait naturellement une haute opinion d'un plan conçu par lui. C'est une de ces conceptions qui peuvent effacer la tache de frivolité qu'on reproche à la littérature de notre siècle.

Mistress Hadoway entra et remit une lettre à Lovel en lui disant qu'on attendait la réponse.

— Ce billet, dit Lovel, vous concerne autant que moi, lisez-le.

C'était une lettre de sir Arthur, conçue dans les termes les plus polis. Il regrettait qu'un accès de goutte l'eût empêché d'aller lui-même offrir ses remerciments à M. Lovel pour le service éminent qu'il lui avait rendu; mais il espérait que M. Lovel lui pardonnerait et voudrait bien se joindre à la famille de Monkbarns pour visiter les ruines du prieuré de Sainte-Ruth et dîner ensuite à Knockwinnock. Le rendez-vous était fixé pour le vendredi prochain à la barrière de Tirlingen.

— Que ferons-nous? demanda Lovel.

— Nous irons, mon jeune ami, nous irons certainement. Je louerai une chaise de poste à trois places, une pour vous, une pour moi, et la troisième pour Maria Mac-Intyre. Quant à mon autre femelle, elle ira dîner au presbytère.

— Je crois, dit Lovel, que je ferai mieux de prendre mon cheval.

— Oh! vraiment! J'oubliais votre bucéphale : en ce cas, je conduirai aussi Grizzl. C'est convenu, nous nous trouverons à la barrière de Tirlingen vendredi, à midi précis.

Et tout étant réglé, nos deux amis se séparèrent.

CHAPITRE XVII

La matinée du vendredi fut des plus belles, et Lovel, qui éprouvait la salutaire influence du beau temps, sentit l'espérance renaître dans son cœur. Son avenir semblait se dégager des nuages qui l'obscurcissaient encore la veille. Il était au rendez-vous depuis quelque temps, lorsque l'Antiquaire arriva dans sa calèche avec Maria Mac Intyre et le révérend M. Blattergowl, portant sur son énorme perruque un chapeau à trois cornes, qui était, disait notre Antiquaire, le *parangon* des trois perruques de la paroisse, et qu'il avait l'habitude d'assimiler aux trois degrés de comparaison : la petite perruque collée sur le front de sir Arthur étant le positif, sa propre perruque ronde le comparatif, et l'*in-folio* du révérend le superlatif.

Caxon, comme le surintendant de ces trois perruques, et pour pouvoir, au besoin, y donner un coup de peigne, si Leurs Honneurs le désiraient, s'était assis derrière la voiture.

Sir Arthur vint dans une calèche armoriée, traînée par deux chevaux bais, précédée de deux coureurs, qui faisait un singulier contraste avec la vieille chaise de poste et les haridelles de l'Antiquaire. Sir Arthur descendit de son équipage et serra la main de Lovel en lui exprimant toute sa reconnaissance pour le dévoûment qu'il avait montré dans la nuit terrible où ils eussent immanquablement péri sans le courage et le sang-froid de M. Lovel.

Puis, lui montrant un individu assis en face de Miss Wardour :

— M. Dousterwivel, dit-il.

Lovel fit un léger salut de tête à l'Allemand, qui le lui

rendit avec une basse humilité. Les voitures reprirent leur marche pendant environ trois milles et s'arrêtèrent devant une petite auberge à l'enseigne des *Quatre Fers à cheval*, non loin des ruines de Sainte-Ruth. Là, on descendit; et l'Antiquaire, se sentant dans son élément, se mit à la tête de la compagnie pour lui servir de cicérone.

Les environs de Fairport offrent généralement l'aspect d'un pays découvert et nu; mais par intervalles éloignés, le cours d'un ruisseau ou d'une petite rivière vous conduit à des vallons, des glens (1), entourés de hautes roches sur lesquelles croissent avec profusion des arbres de toute espèce. Nos voyageurs se rendirent aux ruines de Sainte-Ruth par un sentier désert, et, après avoir traversé un bois épais, ils se trouvèrent sur une hauteur dominant un beau lac, près duquel on pouvait admirer les ruines du monastère et de l'église de Sainte-Ruth.

Les croisées de l'église gothique, avec leurs sculptures élégantes, subsistaient encore du côté de l'orient; mais le toit et le mur, du côté de l'occident, étaient détruits. L'église figurait un des côtés d'un carré dont les deux autres étaient formés par les ruines du prieuré, et le quatrième par le jardin. Une partie des bâtiments était située sur un roc escarpé; car ce couvent avait quelquefois servi de forteresse. Il avait été pris d'assaut pendant les guerres de Montrose, vers 1645. Dans le jardin, on voyait encore quelques arbres fruitiers, et un frais gazon que paissaient des moutons.

— C'était ici, Monsieur Lovel, dit l'Antiquaire, une de ces retraites de la science dans des siècles de ténèbres. Ici vivaient de sages religieux qui mettaient leur temps au service des générations présentes et futures. Voyez ce reste de mur dans lequel sont percées des fenêtres carrées : c'était la bibliothèque. Elle renfermait cinq mille volumes, composés de nos anciennes chroniques, de nos

(1) Vallons en forme d'entonnoirs.

nobles histoires, de savants commentaires. N'est-ce pas avoir dégradé notre nation jusqu'à la fin des siècles, que d'avoir laissé détruire de tels trésors? Voilà où ils vivaient, continua-t-il, éclaircissant des points douteux d'antiquité, transcrivant des manuscrits et composant de nouveaux ouvrages pour l'instruction de la postérité.

— Et, dit sir Arthur, voilà où ils accomplissaient les rites de la religion avec une pompe et un cérémonial dignes de leur auguste ministère.

— Et si fotre excellence fouloir le permettre, dit l'Allemand en se courbant jusqu'à terre, les cénopites poufoir aussi faire te très curieuses exbériences tans leurs laporatoires en chimie et en *magia naturalis*.

— Comment se fait-il, demanda Miss Wardour à l'Antiquaire, que la tradition nous ait transmis si peu de détails relativement à ces édifices majestueux, construits avec tant de goût, et dont les propriétaires étaient des personnages si importants, tandis que le moindre castel d'un baron maraudeur est consacré par quelque légende, et que le plus simple berger vous dira les noms et les exploits de ceux qui l'ont habité? Mais questionnez les villageois demeurant près de ces ruines magnifiques; tout ce qu'ils pourront vous répondre, c'est qu'autrefois des moines les ont fait construire.

Cette question était embarrassante, même pour l'Antiquaire; mais Lovel pensa que, pour la résoudre, il fallait examiner quels sont les évènements qui impressionnent le plus le vulgaire.

— Ce ne sont pas, dit-il, ceux qui ressemblent à une paisible rivière qui fertilise les terres par où elle passe, mais ceux qui ressemblent à la fureur impétueuse d'un torrent. Les époques qui marquent dans la mémoire des peuples sont celles qui se rapportent à quelque catastrophe. Pouvons-nous nous étonner alors que le souvenir du baron féroce se perpétue, et que l'abbé paisible tombe dans l'oubli?

— S'il plaise à fous, messieurs et mesdames, reprit

Dousterswivel, je crois que ce doit être dû à la main de gloire.

— A la main de quoi ? s'écria l'Antiquaire.

— A la main de gloire, Mein Herr Oldenbuck, qui être un terrible secret dont se servaient les moines pour cacher leurs trésors quand eux avoir été chassés de leurs cloîtres.

— Oui-dà ! dit Oldenbuck ; contez-nous cela ; de tels secrets méritent d'être connus.

— Fous fouloir rire, mein berr ; mais la main de gloire être connue dans le pays où vos dignes ancêtres afoir fécu. C'être la main coupée au corps d'un homme qui afoir été pendu pour meurtre, et séchée à la fumée de génévrier. Alors fous prendre un peu de graisse d'ours, de plaireau, de sanclier et d'un betit enfant qui n'afoir pas été paptisé, et ensuite faire une chandelle et la mettre dans la main de gloire afec les cérémonies convenables ; alors quiconque chercher les trésors ne pas jamais les troufer.

— J'atteste cette conclusion, dit l'Antiquaire. Et est-ce l'usage en Westphalie, Monsieur Douterswivel, de se servir de cet élégant candélabre ?

— Toujours, mon pon monsieur, quand fous fouloir que personne pas parler de quoi fous faire ; et c'être ce que les moines afoir toujours fait quand eux cacher leur argenterie d'église, leurs calices, leurs pagues et leurs bierres précieuses.

— Mais vous autres, chevaliers Rose-Croix, vous avez sans doute les moyens de découvrir ce que les pauvres moines prenaient tant de peine à cacher ?

— Ah ! Mein Herr Oldenbuck, fous être dur à croire ! Mais si fous afoir fu les belles pièces d'archenterie que nous afoir trouvées, Schrœpfer et moi, pour Mein Herr Freygraff paron Von Bleunderhaus, moi croire peaucoup fous être moins incrédule.

— Il est certain que voir conduit à croire. Mais quel moyen employâtes-vous ?

— Ah! mon pon Monsieur, c'être mon pedit secret; il faut y avoir les sympathies et les antipathies, les propriétés étranges et les fertus naturelles de différentes plantes et de la paguette téfinatrice.

— Je voudrais, dit Miss Wardour, voir quelqu'une de ces merveilles.

— Ah! honorable demoiselle, ce n'être pas ici le temps ni le moyen de découfrir les trésors cachés de l'Église; mais pour vous obliger, ainsi que sir Arthur, le pon M. Oldenbuck et M. Lovel, qui être un brafe jeune gentilhomme, nous fous ferons foir qu'il être possible de découfrir une source d'eau sans oufrir le sol.

L'Allemand entra dans un petit bois, coupa une baguette de coudrier, et, tenant de chaque main, entre un doigt et le pouce, le bout fourchu de la baguette, il parcourut les ruines, suivi de toute la compagnie. Puis, au bout d'un instant de recherches, il s'écria :

— Ah! ah! foyez!

Et l'on vit la baguette tourner dans ses doigts.

— Pien sûr, dit-il, il y afoir de l'eau ici ou aux enfirons. Si fous ne pas troufer d'eau ici, moi fous donner permission de m'appeler impudent coquin.

— C'est une permission que je prendrai, dit l'Antiquaire tout bas à Lovel, qu'on trouve de l'eau ou non.

Un domestique fut envoyé chercher des pioches chez un bûcheron, et, lorsque l'on eut déblayé environ deux pieds de gravier, on aperçut de l'eau, à la grande satisfaction du philosophe allemand, à la surprise non moins grande des assistants, et à la confusion de l'Antiquaire, qui, pourtant, dit à l'oreille de Lovel :

— Tout ceci n'est que supercherie; voyez comme le coquin prend des airs d'importance, et comme le pauvre sir Arthur se laisse abuser par le jargon ridicule de ce charlatan.

— Fous voir, mon pon batron sir Arthur, ainsi que fous, mes pelles dames, et fous, Messieurs Lovel et Oldenbuck, si fous fouloir voir que l'art il n'a d'ennemi que l'ignorance. En foyant cette petite paguette de coudrier, fous tous convenir qu'elle n'est ponne qu'à fouetter un betit enfant...

— S'il s'agissait de toi, murmura l'Antiquaire à voix basse, je préférerais un manche à balai garni de neuf bonnes lanières !

— Mais si fous la mettre entre les mains d'un philosophe, paf ! elle faire la grande découferte. Ah ! si moi troufer un homme de courage, moi lui faire foir des choses bien meilleures que de l'eau, moi lui faire foir...

— Mais pour lui faire voir ces belles choses, interrompit l'Antiquaire, il vous faudrait sans doute de l'argent ?

— Une pagatelle, une fétille ; pas mériter d'en parler.

— Je m'en doutais, dit Oldenbuck. Quant à moi, je vais, sans baguette divinatoire, vous faire voir un excellent pâté et une bouteille de vieux madère. Je crois que toute la science de M. Dousterswivel ne pourrait rien nous offrir de mieux.

Les provisions furent étalées sous les branches touffues d'un vieux chêne, nommé le *Chêne du prieur*, et chacun, s'étant assis en cercle, fit honneur à la collation champêtre.

CHAPITRE XVIII

La collation terminée, sir Arthur dit à Dousterswivel :

— Mon ami Oldenbuck écoutera, j'en suis certain, avec plaisir le récit de vos découvertes en Allemagne.

— Ah ! sir Arthur, c'être pas chose à raconter devant ceux qui manquent de foi, car c'être l'incrédulité qui fait échouer les crandes entreprises.

— Du moins, ma fille peut lire la relation qu'elle a composée de l'histoire de Martin Waldeck.

— Ah! c'être une histoire très féritable; mais Miss Wardour en afoir fait un roman aussi pien que Goethe.

— Pour dire vrai, M. Dousterswivel, le merveilleux l'emportait tellement sur le probable dans cette légende, qu'il était difficile de n'en pas faire un roman. Mais si Monsieur Lovel veut prendre la peine de faire la lecture de mon petit ouvrage, Monsieur Oldenbuck en jugera.

Lovel reçut avec un certain tremblement le manuscrit des mains d'Isabelle, et lut ce qui suit :

Les aventures de Martin Waldeck.

« Les solitudes de la forêt de Hartz, en Allemagne, et surtout les montagnes nommées Brockenberg, sont la scène privilégiée des sorciers, des démons et des apparitions. La plupart des habitants étant bûcherons ou mineurs, leur genre de vie les rend accessibles aux superstitions; car ils attribuent souvent les phénomènes qui frappent leurs yeux dans la solitude des bois ou dans la profondeur des mines à l'intervention des esprits. La croyance la plus répandue dans ce pays sauvage est celle de l'existence, dans la forêt de Hartz, d'un démon sous la forme d'un homme gigantesque portant une couronne et une ceinture de branches de chêne, tenant en main un pin arraché avec ses racines. Ce démon fréquentait dans les anciens temps les gens du pays, et intervenait souvent dans leurs affaires pour leur être utile; on remarquait qu'avec le temps ses dons devenaient nuisibles pour ceux qui les avaient reçus. Il avait donné au brave chevalier Erbert de Rabenwal un coursier noir, grâce auquel il vainquit tous ses concurrents au grand tournoi de Brême; mais le coursier le précipita dans un abîme si profond, qu'on ne retrouva jamais ni le maître ni le cheval. Il donna à dame Gertrude Erodden un charme pour faire prendre le beurre, et elle fut condamnée comme sorcière à être brûlée.

« Un missionnaire capucin vint prêcher contre la corruption des habitants et contre les communications qu'ils avaient avec les esprits, surtout avec le détestable démon de Hartz. Les habitants, craignant que le démon ne se vengeât sur eux des anathèmes portés par le capucin contre lui, chassèrent le religieux du pays à coups de pierres. Trois frères, Max, Georges et Martin Waldeck, qui avaient été témoins de cette expulsion, revenaient à leur hutte dans la forêt, en s'entretenant de la mésaventure du capucin. Les deux aînés trouvaient qu'il avait été blâmable d'oser maudire le démon de Hartz, bien que ses dons fussent fatals à ceux qui les recevaient.

« — N'avancez pas de pareilles sottises, s'écria Martin, le plus jeune des frères; ce démon est un bon démon, il vit au milieu de nous, et ceux qui reçoivent ses dons ne contractent aucun engagement mauvais avec lui. Quant à moi, s'il m'apparaissait en ce moment et qu'il me montrât une mine d'or ou d'argent, je me mettrais à creuser la terre et je ferais un bon usage des richesses qu'il m'aurait données. Ce ne sont pas les dons du démon qui peuvent mettre quelqu'un en danger, mais l'usage qu'il en fait.

« L'aîné des frères répondit que rarement on faisait un bon usage d'un bien mal acquis.

« Cet entretien les conduisit jusqu'à leur hutte, située sur le penchant d'une colline au cœur même des montagnes de Brokenberg où ils faisaient du charbon. Chacun des frères surveillait à son tour la combustion.

« Max, l'aîné, commença sa faction et fut alarmé d'apercevoir sur la colline, en face de lui, un grand feu autour duquel plusieurs personnes tournaient avec des gestes bizarres. Il attendit avec inquiétude et terreur, et ayant eu recours à la prière, la vision disparut et le feu s'éteignit. Georges ayant pris la place de son frère en temps voulu, le même phénomène se produisit; mais, plus hardi que son frère, il s'approcha du feu à la distance d'un trait de flèche.

« Les êtres qui entouraient le feu lui semblèrent des

fantômes, et parmi eux il distingua un géant couronné de chêne, n'ayant pour vêtement qu'une ceinture de chêne et tenant en main un pin avec ses racines avec lequel il attisait le feu. Georges sentit son cœur défaillir en reconnaissant le démon de la forêt de Hartz; il prit la fuite en récitant le psaume « Que tous les peuples bénissent le « Seigneur! » Quand il fut arrivé, le front couvert d'une sueur froide, près de sa hutte, il se retourna et ne vit plus rien. Pas plus que son frère, il ne parla de rien à Martin, dont c'était le tour de veiller. Celui-ci s'aperçut que le feu n'avait pas été entretenu suffisamment, et ne voulant pas appeler ses frères, il alla chercher du bois pour ranimer le feu. Mais, soit que le bois fût humide, soit qu'il fût trop tard, le feu, loin de se rallumer, s'éteignit complétement. Il allait appeler ses frères lorsqu'il vit le même phénomène qui avait effrayé Max et Georges.

« — Que ce soient des hommes ou des esprits, j'irai, dit-il, demander du feu à ceux qui ont allumé celui que je vois briller. Et l'intrépide jeune homme se dirigea avec courage vers cette étrange assemblée. Il reconnut, comme avait fait son frère, le démon de Hartz. Il frissonna; mais la pensée qu'il avait désiré plusieurs fois l'occasion qui se présentait à lui ranima son courage. Il s'avança avec fermeté.

« — Qui es-tu? lui demanda le géant avec un air sardonique.

« — Martin Waldeck, le charbonnier. Et vous, qui êtes-vous?

« — Le maître des montagnes et des mines. Comment oses-tu troubler mes mystères ?

« — Je viens chercher du feu pour rallumer ma fournaise. Et quels sont les mystères que vous célébrez ici?

« — Nous célébrons les noces d'Hermès et du Dragon noir; mais prends ce tison que tu viens chercher, et va-t'en. Nul mortel ne peut nous voir longtemps sans périr.

« Martin, de retour à sa hutte, enfonça le tison dans son feu; mais, en dépit de ses efforts, il ne put réussir à le rallumer. En portant ses regards vers la colline, il vit que le feu des démons brillait encore, mais les êtres surnaturels avaient disparu. Martin prit un nouveau tison, qui n'eut pas plus de succès que le premier. Enfin, il tenta résolument une troisième épreuve; mais alors, et sans qu'il vît personne, il entendit une voix formidable prononcer ces paroles: « Garde-toi de reparaître ici une quatrième fois. »

« Les nouveaux efforts qu'il tenta n'ayant pas réussi, il résolut d'attendre le jour pour raconter les aventures de la nuit à ses frères. Il se jeta sur son lit, et fut réveillé par les cris de joie de Max et de Georges, qui, ayant vu le feu éteint, avaient retiré le bois de la fournaise pour le rallumer et avaient trouvé dans les cendres trois énormes lingots d'or.

« Leurs transports se calmèrent quand, Martin leur ayant raconté ses trois courses au feu des démons, ils ne purent douter que cet or eût une source maudite. Toutefois ils ne purent résister à la tentation de partager la fortune de leur frère. Martin Waldeck acheta des terres, des forêts, fit bâtir un château, obtint des lettres de noblesse. Son courage le maintint contre la haine à laquelle l'exposèrent son élévation soudaine et ses prétentions arrogantes. Les mauvaises inclinations que la pauvreté avait arrêtées se développèrent. Une passion en éveilla une autre; le démon de l'avarice évoqua celui de l'orgueil, et l'orgueil appela l'oppression et la cruauté. Il attira sur lui la haine, non seulement de la noblesse, mais des classes inférieures, qui voyaient avec indignation les droits de la féodalité exercés avec oppression par un homme sorti de la boue; et le clergé voyait avec horreur celui qui avait obtenu par les démons des trésors inépuisables. Une proclamation du duc régnant de Brunswick ayant invité à un grand tournoi toute la noblesse allemande, Martin Waldeck, accompagné de ses frères et d'une escorte somptueuse, s'y rendit et demanda à entrer en lice. Mais alors mille voix s'élevèrent pour protester et s'écrièrent qu'il ne fallait pas souffrir qu'un remueur de cendres se mêlât aux tournois de la chevalerie. Ivre de fureur, Martin se jeta sur les hérauts qui s'opposaient à ce qu'il entrât dans la lice. Cent épées sortirent du fourreau pour punir une telle infraction aux lois de la chevalerie. Waldeck, malgré sa défense furieuse, fut saisi, jugé sur le lieu même et condamné, pour avoir frappé la personne sacrée d'un héraut d'armes, à avoir la main droite coupée, à être dégradé du rang de la noblesse et à être chassé de la ville. Quand il eut subi cette sentence cruelle, il fut abandonné à la populace, qui le poursuivit à grands cris en l'appelant magicien. Son escorte ayant pris la fuite, ses frères eurent grand'peine à le tirer des mains de la canaille qui le maltraitait. Enfin, quelques personnes lui procurèrent un chariot à charbon, semblable à ceux qu'il avait conduits jadis. On l'y plaça sur quelques bottes de paille, et voyageant de cette manière misérable, il arriva, conduit par ses frères, dans les environs de son pays natal. Ils aperçurent dans un défilé un homme dont la taille grandissait à mesure qu'ils avançaient, et le démon gigantesque de la forêt de Hartz parut à leurs yeux ! Dès qu'il arriva en face du chariot sur lequel était le malheureux Waldeck, il le regarda avec une expression de sardonique méchanceté, et lui demanda :

« — Comment trouves-tu le feu que mon bois a allumé ? »

« Les deux frères étaient immobiles d'effroi, mais Martin se souleva et ferma le poing en menaçant le démon. Celui-ci disparut en poussant un éclat de rire diabolique, laissant le malheureux mourant épuisé.

« Ses frères, frappés de terreur, se dirigèrent vers un couvent dont les tours s'élevaient dans un bois de sapins près de la route. Ils y furent reçus par un père capucin, le même que l'on avait chassé du hameau habité par Martin Waldeck, trois ans auparavant jour pour jour ; il s'y confessa, ce qui ne lui était pas arrivé pendant les trois années de sa prospérité. On crut que les trois années d'une félicité précaire avaient un rapport mystérieux avec le nombre de voyages que Martin avait faits sur la colline où brûlait le feu maudit. Le corps de Martin Waldeck fut enterré dans le couvent où il avait expiré, et ses frères, ayant pris l'habit, y vécurent occupés d'œuvres de charité.

« Les terres du malheureux Martin restèrent incultes. Son château tomba en ruines, et ces ruines sont encore redoutées par le mineur et le bûcheron, qui n'osent en approcher ; car, disent-ils, elles servent de retraite aux mauvais esprits.

« C'est ainsi que Martin Waldeck offre en sa personne un exemple des maux attachés à une richesse mal acquise et dont on fait un mauvais usage. »

CHAPITRE XIX

Après que Lovel eut cessé de lire, on s'empressa de remercier Miss Wardour, et de la complimenter comme la politesse l'exigeait. Oldenbuck seul ne partagea pas le sentiment général.

— Je ne puis pas, dit-il, admirer ces fictions extravagantes.

> Et pour m'épouvanter, les esprits et les ombres
> Ne sortiront jamais de leurs demeures sombres.

— Afec fotre bermission, mon pon Monsieur Oldenbuck, l'histoire du démon Hartz ayant un crant arbre pour canne être parfaitement fraie, aussi fraie que moi honnête homme.

— On ne peut plus en douter avec une pareille garantie, répondit sèchement l'Antiquaire.

En ce moment, l'arrivée d'un cavalier interrompit la

conversation. C'était un beau jeune homme d'environ vingt-cinq ans, en petit uniforme.

— Mon cher Hector, s'écria miss Mac Intyre en l'embrassant.

— Hector, fils de Priam, dit l'Antiquaire; d'où venez-vous, mon neveu?

— Du comté de Fife, mon oncle, dit-il, en saluant avec politesse toute la compagnie. En me rendant à Monkbarns, j'ai appris que vous étiez ici avec sir Arthur, et je me suis hâté d'y venir pour avoir le plaisir de saluer d'anciens amis.

— Et de faire connaissance avec un nouveau, dit Oldenbuck. Monsieur Lovel, je vous présente mon neveu, le capitaine Mac Intyre. Hector, voici M. Lovel, mon ami, qui, je l'espère, sera aussi le vôtre.

Le jeune militaire salua Lovel avec réserve. Ce dernier, lui trouvant un air de froideur, lui rendit son salut avec indifférence, et dès leur première rencontre les deux jeunes gens conçurent l'un contre l'autre une sorte de prévention.

Le capitaine Mac Intyre, tant que dura la partie de plaisir, se fit le chevalier servant de Miss Wardour. Il ne la quitta pas, lui offrit le bras quand le sentier était escarpé, causant avec elle de manière à n'être entendu que d'elle; il eut enfin mille petits soins galants qui remplirent le cœur de Lovel d'un véritable désespoir. Aussi ne goûta-t-il pas les discussions de l'Antiquaire sur tous les genres d'architecture claustrale, depuis le style saxon si massif jusqu'au gothique fleuri et au style d'architecture mixte adopté sous le règne de Jacques Ier, époque à laquelle, dit l'Antiquaire, tous les ordres furent confondus, et les vrais principes de l'art perdus dans une confusion de toutes les règles.

Miss Wardour, qui marchait un peu en avant du reste de la société avec le jeune militaire, s'arrêta tout à coup et attendit l'Antiquaire pour lui demander à quelle date remontaient les ruines de Sainte-Ruth, mais, en réalité, pour rompre son tête-à-tête avec le capitaine.

L'Antiquaire, comme un cheval de bataille au son de la trompette, se lança au milieu des arguments pour ou contre la date de 1272 attribuée à la construction du prieuré de Sainte-Ruth par un ouvrage récent sur les antiquités d'Écosse. Il lui débita les noms de tous les prieurs qui s'étaient succédé, des rois et des nobles qui avaient enrichi le prieuré et reçu les honneurs funèbres dans cette église aujourd'hui en ruines. Le baronnet, entendant le nom d'un de ses ancêtres prononcé par l'Antiquaire, se lança dans la discussion, énumérant les victoires qu'il avait remportées.

Quelque peu intéressante que fût cette conversation, il était évident que miss Wardour préférait l'écouter que de subir le tête-à-tête du jeune officier. Aussi celui-ci, déguisant à peine son dépit, prit le bras de sa sœur, et, la retenant un peu en arrière, lui dit :

— Je trouve, Maria, que votre voisinage n'est devenu ni plus agréable ni moins savant depuis que je vous ai quittée. Mais qui est donc ce M. Lovel qui est si avancé dans les bonnes grâces de mon oncle? Je voudrais savoir quel est le rang qu'il occupe dans le monde, quelle est sa naissance, et quels sont ses droits pour paraître dans la société où je le trouve?

— Il faut demander à mon oncle pourquoi il vient à Monkbarns. Il vous répondra probablement qu'il est le maître d'inviter chez lui qui bon lui semble, et sir Arthur vous apprendra que M. Lovel lui a sauvé la vie ainsi qu'à sa fille.

— Quoi ! cette histoire romanesque qu'on m'a racontée est donc vraie? Et, sans doute, ce valeureux chevalier aspire, comme c'est l'usage en pareille occurrence, à la main de la belle dont il a été le libérateur? C'est donc pour cela que la conversation de Miss Wardour était si contrainte. Elle se retournait de temps en temps comme si elle eût craint de donner de l'ombrage à son galant chevalier.

— Mon cher Hector, pourquoi continuer à nourrir votre attachement sans espoir pour Miss Wardour?

— Sans espoir? Et pourquoi sans espoir? Miss Wardour, vu la situation où se trouvent les affaires de sir Arthur, ne peut prétendre à une grande fortune; et quant à la famille, je me flatte que les Mac Intyre ne sont pas d'un rang inférieur aux Wardour.

— Mais, Hector, sir Arthur nous considère comme appartenant aux Monkbarns.

— Sir Arthur ne peut penser ainsi. Le rang de la femme se règle sur celui du mari, et ma généalogie paternelle, comptant quinze degrés, doit avoir ennobli ma mère, quand il n'aurait coulé dans ses veines que de l'encre d'imprimeur.

— Pour l'amour du Ciel, Hector, prenez garde à ce que vous dites ; une seule expression semblable, répétée à mon oncle, pourrait vous faire perdre à tout jamais ses bonnes grâces.

— Que m'importe? Mon oncle peut attacher son nom et son domaine plébéien aux cordons de votre tablier et vous faire épouser son nouveau favori. Quant à moi, je ne ferai jamais la cour à personne pour obtenir un héritage qui m'appartient par droit de naissance.

Miss Mac Intyre supplia son frère de parler avec plus de prudence.

— Notre oncle, dit-elle, a jusqu'ici agi envers nous avec une bonté paternelle; pourquoi supposer qu'il se conduira autrement qu'il ne l'a fait depuis que la perte de nos parents nous a laissés à ses soins?

— Oui, ma sœur, c'est un excellent vieillard, et je suis en rage contre moi quand il m'arrive de l'offenser. Mais ses harangues éternelles, ses dissertations sur de vieux pots et d'anciennes casseroles, me font perdre patience. J'ai tort, je l'avoue.

— Eh bien! Hector, faites en sorte que de tels nuages ne viennent pas rembrunir le temps que vous avez à passer ici, et montrez-vous à notre bienfaiteur ce que vous êtes au fond, bon et généreux.

— Fort bien, voilà ma leçon faite, et, pour commencer, je serai civil avec votre nouvel ami, M. Lovel.

Devant cette résolution, qui était sincère, le capitaine rejoignit la compagnie. La discussion avait changé d'objet, et sir Arthur parlait de nouvelles étrangères et de la situation politique et militaire du pays. Une bataille de l'année précédente ayant été mise sur le tapis, Lovel donna quelques détails dont l'exactitude parut douteuse au capitaine, qui en fit l'observation.

— Vous devez convenir, Hector, dit l'Antiquaire, que vous avez tort, bien qu'il vous coûte de faire un pareil aveu; mais vous étiez alors en Angleterre, et M. Lovel était à l'affaire dont il s'agit.

— Je parle donc à un militaire? dit Mac Intyre, et puis-je savoir quel est le régiment de M. Lovel?

Lovel donna le nom de son régiment.

— Il est étrange que nous ne nous soyons jamais rencontrés, Monsieur Lovel; car votre régiment était de la même division que le mien.

Une légère rougeur couvrit le visage de Lovel.

— Il y a longtemps que je n'ai été à mon régiment, dit-il; j'ai servi la campagne dernière dans l'état-major du général sir X...

— Cela est encore plus étrange. J'ai connu tous les noms des officiers de l'état-major du général X..., et je n'y ai jamais vu le nom de Lovel.

Cette observation fit rougir de nouveau Lovel; mais il prit dans son portefeuille une lettre, et, la retirant de son enveloppe, il la présenta au capitaine Mac Intyre en disant:

— Vous connaissez probablement l'écriture du général X...? — Cette lettre contenait des remercîments et des éloges pour un service militaire récent. Le capitaine la parcourut, et dit d'un ton sec en la rendant:

— C'est bien l'écriture du général X..., mais l'adresse y manque.

— Elle sera à votre service, capitaine, répondit Lovel, quand vous voudrez venir me la demander.

— C'est ce que je ne manquerai pas de faire, Monsieur.

— Eh bien ! eh bien ! s'écria l'antiquaire ; que signifie tout ceci ? Revenez-vous de faire la guerre à l'étranger pour rapporter la discorde dans notre paisible pays ? Êtes-vous comme ces jeunes boule-dogues qui, lorsqu'on leur a arraché le pauvre taureau, s'attaquent les uns les autres et mordent les jambes des honnêtes gens ?

Sir Arthur dit que ces messieurs ne s'oublieraient pas au point de s'échauffer pour une vétille telle que l'adresse d'une lettre.

Tous deux protestèrent que rien n'était plus éloigné de leurs intentions ; mais un nuage sombre sembla s'étendre sur tout le monde, et Lovel vit, à l'air froid qu'on lui témoignait, qu'il était devenu suspect. Il prétexta un violent mal de tête occasionné par la chaleur du soleil, et pria sir Arthur de l'excuser s'il s'éloignait aussi précipitamment.

Lorsqu'il prit congé de Miss Wardour, elle lui témoigna une agitation dont il comprit la raison par le regard qu'elle jeta sur le capitaine.

— Quoi ! s'écria l'Antiquaire, allez-vous nous quitter à cause de la curiosité indiscrète de ce fou d'Hector ? C'est un étourdi, un écervelé. Vous avez trop de bon sens pour faire attention à ce qu'il dit.

Lovel persistant dans son dessein de retourner à Fairport, l'Antiquaire lui dit d'un ton grave :

— Jeune homme, prenez garde de vous laisser aller à la fougue du moment ; la vie vous a été donnée pour un but utile, et vous devez la conserver pour faire honneur à la littérature de votre pays, quand vous n'êtes pas appelé à l'exposer pour sa défense et celle de l'opprimé. Le combat d'homme à homme était presque inconnu des anciens peuples civilisés, et c'est, de toutes les absurdités introduites par les peuplades gothiques, la plus grossière, la plus barbare et la plus impie. Ne pensez plus à cette querelle absurde, et je vous montrerai le *Traité* que je composai sur le duel, quand le clerc et le prévôt de la ville, voulant se donner des airs de gentilshommes, se défièrent en combat singulier. J'allais faire imprimer cet essai, que j'ai signé *Pacificator*, quand le conseil de la ville arrangea l'affaire.

— Je vous assure, mon cher Monsieur, que rien ne s'est passé entre le capitaine et moi qui doive vous inquiéter.

— Soit! je le désire.

En parlant ainsi, le vieillard monta dans sa chaise de poste. Sir Arthur et Miss Wardour venaient de partir dans leur calèche.

Lovel monta à cheval et s'éloigna à petits pas. Il fut bientôt rejoint par Hector, qui galopait à toute bride; il s'arrêta brusquement près de Lovel et lui dit :

— Quelle était votre intention, Monsieur, en me disant que votre adresse était à mon service?

— Uniquement, Monsieur, de vous faire savoir que je me nomme Lovel et que je loge à Fairport, comme vous pouvez le voir par cette carte.

— Et ce sont les seuls renseignements que vous avez à me donner?

— Quel droit avez-vous de m'en demander d'autres?

— Vous trouvant dans la société de ma sœur, j'ai le droit de vous demander qui vous êtes, Monsieur Lovel, si vous avez servi comme vous le dites.

— Si, Monsieur, si j'ai servi comme je le dis?

— Oui, Monsieur; telle est mon expression : si vous avez servi comme vous le dites, vous savez que vous me devez satisfaction d'une manière ou d'une autre.

— Je vous la donnerai très volontiers, capitaine, ainsi que l'entendent les gens d'honneur.

— Fort bien, Monsieur, répondit Hector, et, tournant bride, il se hâta d'aller rejoindre son oncle.

— Eh bien! qu'avez-vous donc? s'écria l'Antiquaire;

qu'est-ce que cette course au galop de côté et d'autre ? que ne restez-vous près de la voiture ?

— J'avais oublié mon gant, répondit Hector.

— Oublié! Je crois plutôt que vous êtes allé le jeter ; mais j'aurai les yeux sur vous, tête sans cervelle, et vous descendrez ce soir avec moi à Monkbarns.

A ces mots, il ordonna au postillon de rejoindre Monkbarns le plus vite possible.

CHAPITRE XX

Le lendemain, de bonne heure, le capitaine Lesley, ami de Mac Intyre, se présenta chez Lovel, qu'il connaissait un peu.

— Vous devinez, Monsieur, dit l'officier, le motif qui me fait vous déranger si matin.

— Un message du capitaine Mac Intyre, sans doute ?

— Précisément. Il se dit offensé de votre refus de répondre à des questions qu'il se croyait en droit de vous adresser.

— Puis-je vous demander, Monsieur Lesley, si vous seriez disposé à subir un interrogatoire fait d'un ton impérieux et peu poli ?

— Peut-être que non. Et c'est pourquoi, connaissant le caractère emporté de mon ami Mac Intyre, je désire jouer le rôle de pacificateur. Si donc Monsieur Lovel veut, par voie de conciliation, me mettre en état d'apprendre au capitaine son véritable nom, — car nous sommes portés à croire que celui de Lovel est un nom d'emprunt...

— Pardon, Monsieur, je ne puis admettre cette supposition.

— Ou, du moins, continua Lesley, que ce n'est pas celui sous lequel Monsieur Lovel a toujours été connu.

Si Monsieur Lovel veut m'expliquer cette circonstance, je garantis que cette affaire désagréable s'arrangera.

— C'est-à-dire, Monsieur Lesley, que si je veux me soumettre à répondre à des questions que personne n'a le droit de me faire, le capitaine Mac Intyre aura la bonté de se trouver satisfait. Je n'ai qu'un mot à vous dire : je ne me sens disposé à satisfaire la curiosité de personne. Le capitaine m'a trouvé dans une société qui devait suffire à ne lui donner aucun doute sur mon caractère. A mon avis, il n'a aucun droit de demander quels sont le rang, la naissance et l'état d'un étranger qui ne cherche à avoir aucune liaison avec lui, et s'est trouvé, par hasard, à dîner chez son oncle.

— Telle étant votre réponse, Monsieur, le capitaine Mac Intyre vous requiert de lui accorder ce soir, à sept heures, un rendez-vous à l'Aubépine, qui se trouve près des ruines de Sainte-Ruth.

— Je ne manquerai pas de m'y rendre. La seule difficulté est que, ne connaissant personne à Fairport, je ne sais où trouver un second. Quoi qu'il en soit, assurez le capitaine que je serai au rendez-vous à l'heure dite.

— Monsieur, dit Lesley, il y a dans tout ceci quelque chose de si singulier, que je ne puis me dispenser de vous faire encore quelques observations. Vous devez sentir vous-même les inconvénients qui résultent de l'*incognito* que vous voulez garder... Vous ne pouvez trouver un ami dans une crise aussi délicate.

— Votre observation, Monsieur Lesley, est dictée par une bonne intention. Mais permettez-moi de vous dire que, selon moi, on a droit à tous les privilèges d'un homme d'honneur et d'un homme bien né quand on n'a pas mérité le plus léger reproche pendant tout le temps qu'on a été admis dans une société. Quant au second qu'il me faut, j'espère que je trouverai quelqu'un. S'il n'a pas l'expérience désirable en pareille circonstance, je serai néanmoins tranquille puisque c'est vous qui accompagnerez mon adversaire.

— J'ose m'en flatter, Monsieur Lovel ; mais je dois, pour moi-même, désirer de partager cette responsabilité avec un homme entendu dans ce genre d'affaires. Le lieutenant Taffril, dont le brick est en rade, ne fera, j'en suis certain, aucune difficulté de vous servir de témoin. Vous le trouverez chez le vieux Caxon, où il loge en ce moment.

— Eh bien donc! Monsieur Lesley, à ce soir, à sept heures, près Sainte-Ruth.

Lovel était brave, mais il ne put voir sans inquiétude approcher le moment qui pouvait terminer son existence ou le forcer à errer la main teinte du sang de son semblable. Un seul mot eût pu éviter cette cruelle alternative; mais l'orgueil l'empêchait de donner une explication qui eût pu être interprétée comme une lâcheté provoquée par la peur d'un duel. Il ferma donc l'oreille aux conseils de la raison et se rendit chez le lieutenant Taffril. Celui-ci, après avoir entendu les explications de Lovel, lui dit :

— Je vous aiderai de mon mieux dans cette affaire, bien qu'elle ne soit pas agréable dans le fond. Vous êtes un brave garçon et cet Hector Mac Intyre est un orgueilleux, souvent insolent. Son père était un soldat, comme je suis un marin. Qu'on fasse son chemin dans l'armée de terre ou dans la marine, je n'y vois pas de différence.

— Moi non plus, assurément.

— Eh bien! allons dîner ensemble. Vous savez manier le pistolet?

— Je n'y suis pas très habile.

— J'en suis fâché ; on dit que Mac Intyre manque rarement son coup. J'amènerai le chirurgien de mon bord. Y a-t-il quelque chose que je puisse faire pour vous en cas d'accident?

— Voici la clef de mon portefeuille. Vous y trouverez mon secret et une lettre que je vous prie de remettre à son adresse, répondit Lovel en soupirant.

— J'entends, dit le marin. Comptez sur moi; Taffril se

conformera à toutes vos instructions comme à la prière d'un frère mourant. Mais il faut vous disposer au combat, et vous viendrez dîner avec moi et mon petit chirurgien.

— C'est convenu, dit Lovel.

L'affaire fut ainsi arrangée.

C'était une belle soirée d'été, et l'ombre de l'aubépine commençait à s'allonger sur le tapis de verdure de la petite vallée de Sainte-Ruth, quand Lovel, le lieutenant Taffril et le chirurgien arrivèrent au rendez-vous et virent le vieil Ochiltrie assis sur le gazon.

— Comment, dit Lovel, nous débarrasser du vieux mendiant ?

— Père Édie, j'ai une commission à vous donner, dit le lieutenant ; voilà une demi-couronne pour vous, mais il faut partir pour....

— Merci de votre aumône ; mais je ne puis partir avant d'avoir dit un mot en particulier à Monsieur Lovel.

— A moi ? Allons ! venez, et soyez bref.

Le mendiant s'éloigna de quelques pas.

— Devez-vous, dit-il, quelque chose au laird de Monkbarns ?

— Moi ! non. Mais pourquoi cette demande ?

— Vous saurez qu'aujourd'hui j'étais chez le shériff ; que vois-je arriver dans une chaise de poste ? Monkbarns tout effarouché...

— Eh bien ! en quoi cela me concerne-t-il ? interrompit Lovel.

— Un moment de patience. Monkbarns s'enferma avec le shériff, quoiqu'il y eût bien du monde arrivé avant lui ; mais les pauvres sont faits pour attendre.

— Pour l'amour du ciel, mon vieil ami...

— Que ne m'envoyez-vous au diable, Monsieur Lovel, plutôt que de parler du ciel avec impatience !

— Mais j'ai une affaire pressante avec le lieutenant Taffril.

— Le lieutenant attendra. Sachez donc que le shériff

a fait venir son clerc, lequel a la langue un peu longue et m'a appris qu'il avait rédigé un mandat pour vous faire arrêter ; j'ai supposé qu'il s'agissait d'une dette. Mais j'aperçois ce forcené de Mac Intyre et le capitaine Lesley, et je me doute que Monkbarns avait de bonnes intentions, tandis que celles qui vous amènent ici auraient besoin d'être justifiées.

Les antagonistes s'abordèrent avec une froide civilité.

— Que fait ici ce vieux drôle? dit Mac Intyre.

— Je suis un vieux soldat, répondit Édie, car j'ai servi sous votre père, dans le 42ᵉ régiment.

— Retirez-vous à l'instant, dit Mac Intyre en levant sa cravache, ou...

— Prenez garde ! s'écria Ochiltrie dont l'ancien courage se réveilla ; prenez garde à vous. Je puis passer quelque chose au fils de votre père ; mais je suis un vieux soldat, et jamais cravache ne me touchera tant que je tiendrai ce bâton ferré.

— C'est bien ! dit Mac Intyre. J'ai été trop prompt, je l'avoue ; prenez cette couronne et retirez-vous.

Le vieillard, se redressant, déploya sa haute taille :

— Que venez-vous faire ici, jeunes gens? s'écria-t-il. Venez-vous au milieu des plus beaux ouvrages de Dieu pour contrevenir à ses lois? Venez-vous au milieu de ces montagnes paisibles, près de ces eaux tranquilles, attaquer réciproquement votre vie? N'avez-vous pas un frère, une sœur ? N'avez-vous pas un père, une mère, qui vous ont élevés? une patrie à laquelle appartient le secours de votre bras? C'est un mauvais combat que celui où le vainqueur est le plus à plaindre. Allez-vous-en chez vous, mes enfants ; les Français peuvent arriver un de ces jours : ce sera une belle occasion pour vous battre.

Son ton d'indépendance, son éloquence mâle, ses yeux animés, firent quelque impression sur les deux seconds.

— Sur mon honneur ! Monsieur Lesley, dit Taffril, le

vieil Édie parle comme un oracle. Nos deux amis étaient hier irrités, par conséquent un peu fous ; aujourd'hui, ils doivent être de sang-froid. Le mot d'ordre, des deux côtés, doit être : Oubli et pardon !

— C'est entièrement mon avis, dit Lesley.

— Messieurs, répondit Mac Intyre, quand on en est venu où nous en sommes, ne pas aller plus loin c'est vouloir se lever le lendemain avec une réputation en guenilles. Je parle pour moi, et vous prie de nous mettre en état de terminer de suite notre affaire.

— Et moi, dit Lovel, je partage le désir de Monsieur.

Lesley et Taffril, sans plus s'occuper des remontrances du vieux mendiant, firent les arrangements préliminaires du combat et le fatal signal fut donné. Les deux coups partirent. La balle du capitaine effleura le côté de Lovel et perça son habit ; mais on vit en même temps Mac Intyre chanceler et tomber. Les forces lui manquèrent, et il s'écria d'une voix faible :

— Monsieur Lovel, ou quel que soit votre nom, sauvez-vous. Je vous prends à témoins, Messieurs, que j'ai été l'agresseur... Lovel, donnez-moi la main. Je vous crois homme d'honneur. Pardonnez-moi ma grossièreté comme je vous pardonne ma mort ! — Ma pauvre sœur !

Le chirurgien arriva pour panser le blessé. Lovel, atterré, les yeux hagards, restait immobile. Le vieux Édie le prit par le bras :

— Pourquoi restez-vous à contempler le mal que vous avez fait ? Venez, si vous voulez éviter une mort honteuse ; j'aperçois là-bas des gens qui vous cherchent.

— Il a raison ! s'écria Taffril ; gagnez les bois et restez-y jusqu'à la nuit. Mon brick sera alors sous voile, et, à trois heures du matin, je vous enverrai une chaloupe au Mussel-Craig. Allons, allons ! partez !

— Oui, oui, partez ! dit le blessé d'une voix entrecoupée par les convulsions.

— Suivez-moi, dit le mendiant. Le plan du lieutenant

est bon. Je vais vous conduire dans un endroit où vous pourriez rester caché quand vous auriez à vos trousses les plus fins limiers.

— Mais partez donc! s'écria Taffril ; rester ici est une insigne folie.

— J'en ai fait une pire en y venant, dit Lovel en lui serrant la main ; mais adieu !

Et il entra dans le bois avec le vieil Ochiltrie.

CHAPITRE XXI

Lovel, en proie aux remords qui le déchiraient et dévoré de mille inquiétudes, suivait machinalement le vieux mendiant à travers les buissons et les ronces d'un sentier qui les conduisit bientôt en face d'un rocher escarpé couvert de broussailles. Dans les flancs de ce rocher, se trouvait une caverne dont l'entrée étroite n'était indiquée que par une crevasse recouverte par les branches touffues d'un vieux chêne.

— Peu de gens, dit Ochiltrie, en pénétrant dans cette caverne avec Lovel, connaissent cet endroit. Voyez au fond ce petit escalier tournant ; il aboutit dans la vieille église qui se trouve au-dessus. Cette grotte a, dit-on, été creusée par un des moines de Saint-Ruth qui devint un saint. Il construisait l'escalier pour se rendre à l'église pendant les offices ; mais, dans ma jeunesse, j'y ai vu commettre bien des méfaits, et je n'en ai que trop commis moi-même! Oui, plus d'une fermière a été surprise de ne plus entendre son coq s'éveiller le matin, alors que la pauvre bête était à la broche dans ce coin sombre! Et quand Saunders Aikwood, alors garde des forêts, et le père Ringau entendaient notre tapage et voyaient sortir de la crevasse une lueur rouge, combien ne contaient-ils pas d'histoires sur les fées et les esprits qui hantaient les rochers et la vieille église! Oui, oui, c'était un temps joyeux! mais, au bout du compte, il est juste que ceux qui ont eu une jeunesse inconsidérée et ont abusé du bien des autres se trouvent avoir besoin de leur charité alors qu'ils sont vieux.

Pendant qu'Olchiltrie racontait ses tours de jeunesse, Lovel, assis sur un banc taillé dans le roc, s'abandonnait à cette lassitude de corps et d'esprit qu'on éprouve généralement après une catastrophe.

— Si le pauvre garçon s'endort dans ce trou humide, pensa Édie, il gagnera du mal. Il n'est pas comme nous, qui dormons partout pourvu que nous ayons le ventre plein. Allons, Monsieur Lovel, allons, du courage! Après tout, le capitaine peut en revenir; et, quand même il en mourrait, vous ne seriez pas le seul à qui pareil malheur serait arrivé. Moi, tout le premier, étant soldat, n'ai-je pas tué? et s'il n'y a pas de mal à tuer des hommes parce qu'ils portent une autre cocarde que nous, ne sommes-nous pas excusables de tuer celui qui vient à nous les armes à la main? Je ne veux pas dire que ce soit bien; mais je soutiens que c'est un péché pardonnable quand on se repent. Il n'y a pas de danger que personne vienne vous chercher ici; et si les coquins de constables ont fait une visite dans les environs, ils en sont partis maintenant. Ah! ah! je leur ai joué plus d'un bon tour quand ils s'approchaient trop près de moi. Mais, Dieu merci, maintenant que je suis un mendiant du roi, ils n'ont plus aucun droit sur moi; mon manteau bleu est une protection, et Miss Wardour serait mon bouclier, vous le le savez — Lovel soupira. — Voyons, ne vous découragez pas; la boule peut encore rouler au but. Il faut donner à une jeune fille le temps de se reconnaître. C'est la fleur du pays, et, grâce à elle, personne n'oserait arracher un cheveu de la tête du vieil Édie.

Tout en parlant ainsi, le mendiant écarta quelques pierres qui obstruaient l'entrée de l'escalier et y monta.

— L'air n'y manque pas, dit-il ; les moines ont trouvé moyen de donner ici de l'air et du jour sans que personne pût s'en douter.

Lovel et Édie pénétrèrent en haut de l'escalier dans une petite galerie pratiquée dans le mur au-dessus du chœur, et dont les ouvertures étaient dissimulées par des ornements d'architecture. Cette galerie, en s'élargissant, formait une niche parfaitement cachée par une statue de saint Michel terrassant le dragon, et le passage se resserrait et descendait au loin dans la campagne. Les vagabonds, qui avaient fait de la caverne de Sainte-Ruth leur point de ralliement, avaient bouché soigneusement l'extrémité de ce passage avec des pierres.

— Je pense, Monsieur Lovel, que si deux cœurs contrits comme le vôtre et comme le mien peuvent offrir à Dieu une humble prière...

— Paix ! dit Lovel à voix basse en pressant le bras du mendiant, j'entends parler !

— D'où vient le bruit ?

Lovel montra la porte du chœur, au-dessus de laquelle une fenêtre donnait un libre accès aux rayons de la lune.

— Jamais je ne pourrai croire, dit Édie, que les constables puissent venir ici vous chercher. Je croirais encore moins aux esprits qui reviennent. Mais, regardez : voici deux hommes avec une lanterne. Asseyez-vous sur ce banc ; personne ne peut se douter de notre présence ; et, en tout cas, nous pourrons facilement regagner la caverne.

Lorsque les deux hommes avancèrent vers le milieu du chœur, Lovel reconnut Dousterswivel et sir Arthur.

— En férité, mon pon monsieur, pas pouvoir troufer blus peau temps, moment plus faforable pour notre grante entreprise. Moi fous montrer, mon respectable patron, tous les secrets de mon art ; oui, même le secret du grant Pymander.

— Ce charlatan, dit Édie, a ensorcelé sir Arthur ; il lui

ferait croire que la chaux est du fromage. Mais que viennent-ils faire ici ?

— Une grante tépense être indispensaple. Fous pas fouloir récolter sans avoir semé. La dépense être la semence. La régolte être l'or, l'argent, les pichoux. Or, sir Arthur, fous avoir semé cette nuit dix guinées, petite semence; mais si fous pas recueillir grante régolte, grante en proportion de la petite semence, moi vous permettre ne pas regarter Herman Dousterwivel comme honnête homme. Maintenant, mon pon patron, regardez cette petite assiette d'argent. Fous savoir que la lune traferse le zodiaque en vingt-huit jours. Eh pien! moi prendre l'assiette quand la lune est dans sa quinzième maison, qui être la palance et grafer sur l'assiette d'argent des mots gothiques qui signifient l'intelligence de la lune. Ensuite faire ce dessin comme un serpent afec une tête de dindon. Puis, de l'autre côté, grafer une table lunaire, un carré de neuf multiplié par lui-même, avec quatre-vingt-un nombres de chaque côté et neuf de diamètre. Or, toutes les fois que la lune change de quartier, moi poufoir me servir de l'assiette pour troufer des trésors en proportion de mes dépenses de fumigations, comme neuf est le produit de la multiplication.

— Mais, Dousterwivel, dit le crédule baronnet, ceci ne sent-il pas la magie? Je suis, quoique indigne, un vrai fils de l'Église, et je ne veux avoir aucun rapport avec le Malin Esprit.

— Pah! pah! n'y avoir aucune magie, tout cela être fondé sur l'influence planétaire. Cependant, le tout ne peut s'opérer sans l'aide d'un esprit, à cause de la fumigation. Mais si fous avoir pas peur, lui se montrer à fos yeux.

— Je n'ai pas la moindre curiosité de le voir, dit sir Arthur, dont la voix tremblait; mais il est temps de songer à notre affaire.

— Pas encore, mon pon patron; il n'est pas minuit et minuit être notre heure planétaire. Et alors moi poufoir

7.

fous montrer l'esprit. Pour cela, moi tracer un pentagone dans un cercle; faire ma fumigation au centre Fous tenir l'épée à la main, moi prononcer les paroles ; et alors fous foir la muraille s'ouvrir; et puis... un instant, oui, fous foir un cerf poursuivi et terrassé par trois chiens noirs; et alors un filain nègre prendra le cerf, et, paf! tout disparaît. Ensuite, fous entendre le cor retentir dans les ruines, et fient le héraut suifi du grand Peolphan que nous nommer le chasseur du Nord, monté sur un coursier... mais fous pas fous soucier de foir cela.

— Ce n'est pas que je craigne... mais... on dit qu'il peut survenir des accidents.

— Des accidents! non, non; seulement, si le cercle n'être pas bien tracé ou si celui qui tient l'épée afoir peur et ne pas la tenir pien horizontalement, le grand chasseur peut prendre son afantage, entrer dans le cercle et étrangler l'exorciste.

— Eh bien, Dousterwivel, dispensons-nous de l'évocation et procédons à notre opération.

— De bien pon cœur. Voici minuit, tirez fotre épée, tandis que moi allumer les copeaux.

En même temps, Dousterwivel arrangea un petit bûcher de copeaux enduits d'une matière bitumeuse et y mit le feu; puis il jeta dessus une poudre qui produisit une fumée épaisse, et une odeur de soufre, qui fit éternuer les deux opérateurs, s'éleva dans le chœur et produisit le même effet sur Lovel et le mendiant.

— Est-ce un écho? dit le baronnet surpris; ne serait-ce pas l'esprit dont vous me parlez?...

— Non, non, bégaya l'Allemand, qui commençait à partager la frayeur de sir Arthur.

Ici un éternuement sonore, qu'Ochiltrie ne put retenir, se fit encore entendre ainsi que le bruit d'une toux étouffée.

— Que le ciel ait pitié de nous! s'écria le baronnet.

— Mon pon sir Arthur, moi croire que nous n'avons qu'à nous en aller; nous reprendrons en plein jour.

— Misérable jongleur ! répondit sir Arthur, auquel cette proposition donna des soupçons ; c'est un tour que vous m'avez joué pour avoir le prétexte de vous dispenser d'exécuter vos promesses. Mais, de par le ciel ! je veux savoir cette nuit à qui je me suis fié ! Il faut me montrer le trésor, ou je vous envoie dans un monde où vous verrez plus d'esprits que vous n'en voudriez voir.

— Mon pon patron, soyez prudent ; fous devez considérer que les esprits...

En ce moment Ochiltrie, qui s'amusait de cette scène, fit entendre un gémissement prolongé. Dousterswivel se laissa tomber à genoux.

— Mon pon sir Arthur, falloir nous en aller ! falloir que moi m'en aller !

— Non, misérable coquin ! s'écria sir Arthur en tirant son épée. Voilà longtemps que Monkbarns m'a averti de me méfier de vous... Je veux voir ce trésor, ou avouez-moi que vous êtes un imposteur.

— Pour l'amour du ciel ! mon pon patron, un peu de patience ! répondit Dousterwivel, partagé entre la crainte des esprits et celle de l'exaspération du baronnet. Cependant, après avoir roulé des yeux hagards de tous côtés, il s'avança vers une grande pierre plate sur laquelle était gravée en relief l'effigie d'un guerrier couvert de sa cuirasse.

— C'est ici, mon digne patron ! que Dieu nous protège !

Puis, avec l'aide du baronnet, dont les craintes superstitieuses s'étaient évanouies devant sa colère, il souleva la pierre, donna quelques coups de pioche, et sir Arthur entendit la chute d'un morceau de métal.

— Mon pon patron, dit Dousterwivel en regardant avec crainte autour de lui, après s'être baissé pour ramasser quelque chose, voici tout ce que nous poufoir troufer cette nuit. Et il remit à sir Arthur une boîte oblongue, que ce dernier ouvrit.

Après avoir constaté qu'elle était pleine d'argent, il dit :

— La prise n'est pas mauvaise ; et si l'on peut espérer un

succès proportionné en risquant davantage, au prochain quartier de lune, je ferai les avances nécessaires, coûte que coûte.

— Mon respectable patron, ce n'est pas le moment de parler de cela; allons-nous-en bien vite.

Dès que la pierre fut replacée sur le tombeau, Dousterwivel entraîna le baronnet loin d'un endroit que ses craintes superstitieuses lui présentaient comme peuplé d'esprits vengeurs.

— Qui vit jamais chose pareille? dit le mendiant; et que peut-on faire pour ce pauvre diable de baronnet? J'avais espéré un moment qu'il ferait sentir le froid de sa lame à cet imposteur; mais le coquin a regagné toute sa confiance par cette fourberie arrangée à l'avance.

— Si nous informions Monkbarns de ce qui vient de se passer? dit Lovel.

— Je ne sais trop à quoi cela servirait. Monkbarns n'est pas plus sage que sir Arthur sur bien des choses. On lui fait croire qu'un vieux liard est une médaille romaine; il ne s'agit que de savoir mentir. Mais il ne faut lui parler ni d'esprits ni de fées. D'un autre côté, sir Arthur n'écoutera aucun conseil de Monkbarns. C'est ce qui est arrivé, dans l'entreprise des mines. On aurait dit que sir Arthur prenait plaisir à s'enfoncer dans le bourbier, précisément parce que le laird lui conseillait de s'en tirer.

— Mais si l'on donnait un mot d'avis à Miss Wardour?

— La pauvre fille! Comment pourrait-elle empêcher son père d'en faire à sa tête? Et d'ailleurs, à quoi cela servirait-il? On dit dans le pays qu'un créancier de sir Arthur lui demande en ce moment le paiement de six cents livres sterling; et s'il ne peut payer, il faut qu'il aille en prison. Ainsi, à quoi bon tourmenter la pauvre fille? Elle connaîtra assez tôt son désastre! Et puis je ne me soucie pas de faire connaître à personne l'existence de cette cachette. Qui sait si un jour elle ne pourra pas être utile à moi ou à d'autres?

Cet incident fut fort utile à notre héros en écartant de son esprit momentanément le souvenir du triste dénoûment de son duel. Il reprit son énergie et réfléchit que, n'ayant pas revu le chirurgien, il pouvait ne pas désespérer ; et le malheur fût-il complet, il lui restait des devoirs à accomplir, qui lui fourniraient des motifs de supporter l'existence.

L'heure d'aller attendre la chaloupe du lieutenant étant arrivée, le mendiant et Lovel descendirent dans la grotte, et de là sur le rivage, où ils aperçurent la chaloupe à l'endroit indiqué. Taffril était à la poupe ; il sauta à terre dès qu'il vit Lovel, et, lui serrant la main, il lui apprit que, bien que la blessure du capitaine Mac-Intyre fût dangereuse, elle laissait quelque espoir de guérison ; et, ajouta Taffril, j'espère que si Monsieur Lovel voulait rester sur son navire, la pénitence d'une courte croisière serait la seule suite désagréable de son duel.

— Nous reparlerons à bord de ce que nous avons à faire, répondit Lovel. Et, se tournant vers Édie, il s'efforça de lui mettre dans la main quelques billets de banque.

— Je crois, dit le vieux Édie, que tout le monde est devenu fou. Depuis deux ou trois semaines, on m'a offert plus d'argent que je n'en avais jamais vu dans toute ma vie ! Gardez votre argent, bon jeune homme, je n'en ai que faire. Remettez vos billets dans votre poche, et donnez-moi un shilling blanc de lys.

Lovel fut obligé de céder ; et, prenant le bon vieillard à part, il lui recommanda le secret sur tout ce qui s'était passé.

— Soyez tranquille, répondit Ochiltrie, jamais je n'ai parlé de ce qui s'est passé dans cette caverne, quoique j'y aie vu bien des choses.

La chaloupe s'éloigna avec vitesse du rivage, et le vieux Édie, après avoir agité à plusieurs reprises son bonnet en signe d'adieu, reprit sa course le long du rivage.

CHAPITRE XXII

Quelques semaines après les aventures rapportées dans le chapitre précédent, M. Oldenbuck, descendant un matin pour déjeuner, ne trouva pas sa « gent femelle » à son poste; les rôties n'étaient pas faites, et sa coupe d'argent n'était pas préparée.

— Maintenant que cet écervelé, que le ciel confonde, est hors de danger, tout est en déroute chez moi ! Ce sont des saturnales dans ma maison autrefois si paisible. Je ne puis supporter plus longtemps une pareille vie.

Et l'Antiquaire se mit à appeler:

— Jenny ! Jenny ! où est Miss Oldenbuck ?
— Dans la chambre du capitaine.
— Je m'en doutais ! Et ma nièce ?
— Elle prépare le thé du capitaine.
— Fort bien ! Et Caxon ?
— Il est allé à Fairport chercher le fusil et le chien du capitaine.
— Et qui diable arrangera ma perruque ? Sera-ce vous, sotte femelle ? Quand vous saviez que j'attendais ce matin Miss Wardour et sir Arthur, deviez-vous laisser partir Caxon ?
— Mais pouvais-je l'en empêcher ? Est-ce que Votre Honneur voudrait que je contrariasse le capitaine, un homme qui va peut-être mourir !
— Mourir ! hein ! Comment ? est-il plus mal ?
— Plus mal, non.
— En ce cas il est mieux. Qu'ai-je besoin ici d'un chien et d'un fusil, si ce n'est pour que le chien salisse mes meubles, pille mon garde-manger et tourmente mon chat, et que l'arme à feu, heureusement inconnue des anciens, brise le crâne à quelqu'un ? Il me semble que le capitaine

a été assez bien servi par le pistolet pour pouvoir se passer de poudre et de plomb d'ici à quelque temps.

En ce moment Miss Oldenbuck entra.

— Vraiment, mon frère, vous criez à vous rendre la voix enrouée comme celle d'un corbeau. Doit-on parler ainsi dans une maison où il y a un malade ?

— Sur ma parole, c'est trop fort ! Je me suis passé de déjeuner, il me faudra me passer de ma perruque, et je ne puis dire que j'ai faim, de peur de troubler le repos de ce pauvre malade qui envoie chercher son fusil et son chien, quoiqu'il sache que je déteste tout cet attirail de chasse.

Miss Mac Intyre entra, suivie d'un chien, et se mit en devoir de préparer le déjeuner de son oncle.

— Prenez donc garde, étourdie ! cela est trop près du feu ; vous allez casser ma bouteille. Voulez-vous réduire ma rôtie en charbon pour en faire offrande à Junon, ou n'importe son nom, que votre sage frère a eu l'attention d'envoyer chercher à Fairport ?

— Mon cher oncle, ne vous mettez pas en colère contre cette pauvre épagneule. Elle était enchaînée ; elle a rompu sa chaîne deux fois et est accourue ici ; vous n'auriez pas voulu qu'on chassât cette fidèle créature, qui gémissait à la porte de son pauvre maître !

— Mais on disait que Caxon était allé la chercher à Fairport ?

— Mon Dieu, non, mon oncle. Caxon allant à Fairport chercher les drogues pour panser la blessure d'Hector, mon frère l'a prié de lui rapporter son fusil.

— Très bien ; puisque Caxon allait à Fairport, la sottise n'est pas si grande que je le pensais, tant de femelles s'en étant mêlées. Mais qui pansera ma perruque ? J'espère que Jenny pourra lui donner une tournure décente. Maintenant songeons à déjeuner avec l'appétit qui nous reste... Ah ! Hector, que d'ennuis, que de malheurs, puis-je dire, tu as causés !...

— Je vous assure, mon oncle, qu'Hector a grand

regret de ce qui s'est passé, et il reconnaît que M. Lovel est un homme d'honneur.

— Ça sera bien utile au pauvre Lovel, quand il l'a forcé de quitter le pays et que votre mauvaise tête de frère cause une perte à toute la postérité, la perte d'un poème sur un sujet si heureux, *la Calédoniade !* avec des notes de moi, pour faciliter l'intelligence de ce qui n'est pas clair et même de ce qui est clair. J'aurais forcé les panégyristes des Celtes à prendre garde à eux. Fin-Mac-Coul, qu'ils appellent Fingal, aurait disparu devant mes savantes recherches enveloppé dans son nuage. Un vieillard comme moi peut-il jamais espérer de trouver une pareille occasion ? Et l'avoir perdue par l'extravagance d'un cerveau brûlé !

Tant que son neveu avait été en danger, l'Antiquaire avait été violemment agité ; mais depuis qu'Hector était en convalescence, il se soulageait en se plaignant avec amertume des embarras qu'il avait éprouvés, du bruit et du tumulte qu'il avait en horreur.

Le roulement d'une voiture se fit bientôt entendre, et Oldenbuck, secouant sa mauvaise humeur, alla recevoir Miss Wardour et son père. Sir Arthur, qui avait envoyé tous les jours prendre des nouvelles du capitaine, commença par s'informer de sa santé.

— Elle est meilleure qu'il ne le mérite, répondit Oldenbuck, après avoir par une sotte querelle enfreint les lois divines et humaines.

— Votre neveu a été un peu imprudent, dit sir Arthur ; mais nous lui avons l'obligation de nous avoir fait découvrir que M. Lovel était un jeune homme suspect.

— Suspect ! mais pas du tout ; il a refusé de répondre aux questions impertinentes d'Hector, car il sait choisir ses confidents. Oui, Miss Wardour, c'est dans mon sein qu'il a déposé la cause secrète de son séjour à Fairport, et je l'aurais aidé dans l'entreprise à laquelle il s'était dévoué.

De tous les confidents à choisir dans une affaire

d'amour (et Miss Wardour devait supposer que telle était la confidence dont il s'agissait), l'Antiquaire, après Olchiltrie, paraissait le moins convenable; aussi fut-elle surprise et mécontente de savoir son secret livré à deux personnes qu'elle jugeait si peu propres à une telle confidence. Ce fut avec inquiétude qu'elle entendit son père demander à Oldenbuck un entretien particulier. La conversation des deux amis roula pourtant sur un sujet bien différent de celui que craignait Miss Wardour.

— Monsieur Oldenbuck, dit sir Arthur, vous qui connaissez mes affaires, vous allez être surpris de la question que je viens vous faire.

— S'il s'agit d'argent, sir Arthur, j'en suis vraiment fâché; dans ce moment, et vu la baisse des fonds...

— Vous ne m'entendez pas, Monsieur Oldenbuck ; c'est votre avis que je veux pour placer avantageusement une somme d'argent considérable.

— Diable! s'écria l'Antiquaire, je vous félicite; mais, comme je vous le disais, les fonds publics sont en baisse, et l'on peut aussi acheter des terres à bon marché. Mais ne feriez-vous pas mieux de commencer par vous débarrasser de vos charges? J'ai ici une obligation de trois reconnaissances qui, en y ajoutant les intérêts de la somme... Faisons le calcul...

— Oui, vous ferez le calcul vous-même, et sous trois jours je vous paierai, si vous consentez à recevoir la somme en lingots.

— En lingots! il s'agit donc de plomb? Diable! avez-vous donc trouvé la bonne veine? Mais que voulez-vous que je fasse d'une masse de plomb valant...

— En vous proposant des lingots, interrompit sir Arthur, je n'entends parler que d'or ou d'argent.

— En vérité! et de quel Eldorado ce trésor vient-il?

— Je vous rendrai témoin de tout, mais à condition de m'avancer une centaine de livres sterling.

Oldenbuck, qui avait déjà palpé en idée la somme qui lui était due, resta interdit.

— Oui, mon cher Monsieur Oldenbuck, cent livres sterling, et avec les meilleures conditions, Dousterswivel ayant découvert...

— Sir Arthur, interrompit l'Antiquaire avec indignation, je vous ai si souvent averti de vous méfier de cet impudent coquin, que je suis surpris que vous prononciez son nom devant moi.

— Mais écoutez-moi, écoutez-moi ! Sir Arthur raconta la scène de Sainte-Ruth et termina en mettant sous les yeux de l'Antiquaire une assez grande quantité de pièces d'or et d'argent contenues dans une corne de bélier garnie d'un couvercle de cuivre.

— Sur ma parole, dit Oldenbuck, voici une collection de pièces d'Écosse et d'Angleterre ; j'y aperçois quelques *nummi rari, rariores, etiam rarissimi*. Voici la pièce à bonnet de Jacques V, le teston d'or de la reine Marie, et tout cela s'est trouvé dans les ruines de Sainte-Ruth ? Oui-da ! quelque compère y était sans doute caché. Puis-je vous demander ce que vous a coûté cette trouvaille ?

— Dix guinées à peu près.

— Et vous avez là ce qui vaut peut-être le double pour des fous comme nous. Quelle somme vous propose-t-il d'aventurer maintenant ?

— Cent cinquante livres. Je lui ai donné le tiers de la somme, et j'espérais que vous m'avanceriez le surplus.

— Eh bien ! laissez-moi parler à Dousterswivel. Si cette somme peut s'avancer d'une manière qui vous soit avantageuse, je le ferai pour obliger un ancien ami. Où est Dousterswivel ?

— Il est en bas, dans ma voiture.

L'Antiquaire sonna Jenny et lui enjoignit d'aller prévenir M. Dousterswivel que M. Oldenbuck et sir Arthur le priaient de se rendre près d'eux.

Bien qu'il n'entrât nullement dans les plans de l'Allemand d'initier le laird de Monkbarns à ses prétendus mystères, et qu'il n'attendît dans la voiture de sir Arthur que pour se mettre en possession immédiate des cent livres, car il sentait que sa carrière touchait à sa fin, il se rendit sans hésiter dans le cabinet de l'Antiquaire.

CHAPITRE XXIII

— Comment être fotre santé, mon pon Monsieur Oldenbuck ? dit en entrant Dousterwivel. Et comment al'er ce brafe capitaine Mac-Intyre ? Ah ! c'est pien mauvaise affaire quand les jeunes gens s'envoyer des palles de plomb dans le corps.

— Toutes les affaires où il s'agit de plomb sont dangereuses, répondit l'Antiquaire ; mais j'ai appris avec plaisir, de mon ami sir Arthur, que vous avez maintenant un métier plus profitable, et que vous découvrez au lieu de plomb de l'or.

— Ah ! Monsieur Oldenbuck, mon pon et honoraple patron n'afoir pas dû parler de cette petite affaire ; car malgré ma confiance en la discrétion du pon Monsieur Oldenbuck et son amitié pour sir Arthur, juste ciel ! c'être un important secret !

— Plus important que l'argent que nous en tirerons, je le crois, dit l'Antiquaire.

— Cela dépendra du degré de fotre foi et de fotre patience pour la grante expérience. Sir Arthur me donner cent cinquante lifres, si vous faire de même et me donner aussi cent cinquante lifres, pour fos fillains pillets de banque de Fairport, moi vous procurer du pon or et du pon argent.

— Mais que diriez-vous, Monsieur Dousterswivel, si, sans faire éternuer les esprits à force de fumigations, nous nous rendions ensemble dans les ruines en plein jour et que, n'employant pour conjuration que de bonnes pioches et des pelles, nous fissions des tranchées profondes d'un bout à l'autre du chœur de Sainte-Ruth ? Par ce moyen, nous pourrions, s'il y a un trésor, nous le procurer. Les ruines appartiennent à sir Arthur; il n'y a donc aucun inconvénient.

— Bah ! fous pas trouver rien de cette manière. Moi avoir proufé à sir Arthur la possipilité de se progurer les grantes sommes d'argent pour ses pesoins. Moi afoir fait defant lui la grante expériehce. Si lui pas fouloir croire, il perdra. Pour l'or et l'argent, c'être rien pour Herman Dousterswivel.

Sir Arthur jeta un regard sur Oldenbuck, qui, malgré la différence de leurs opinions, exerçait quand il était présent une certaine influence sur le baronnet. Dousterswivel vit qu'il risquait de perdre sa dupe s'il ne faisait quelque impression sur l'Antiquaire.

— Mon pon Monsieur Oldenbuck, quand fous avoir regardé cette corne, fous qui connaître les curiosités de tous les pays, fous avez dû vous rappeler la grande corne d'Oldenbourg qui se foit encore dans le Muséum de Copenhague et qui afoir été donnée au duc d'Oldenbourg par un esprit femelle hapitant les forêts. Moi n'être pas en état de tromper un savant comme le pon Monsieur Oldenbuck. Fous connaître trop pien les antiquités. Voici la corne trouvée à Sainte-Ruth ; elle est pleine de pièces d'or. Fous foyez que c'est une corne ; si c'être une poite, moi dire rien.

— C'est une corne, oui, dit Oldenbuck. C'est un instrument dont la nature a fait tous les frais et qui a servi à tous les peuples dans leur enfance. Quant à celle-ci, continua-t-il en la frottant sur sa manche, c'est un reste curieux d'antiquité, et je ne doute pas qu'elle ne puisse devenir une corne d'abondance. Mais est-ce pour l'adepte ou son patron ?

— Ah ! mon pon Monsieur Oldenbuck ! fous être pien dur à croire. Mais moi vous assurer que les moines autrefois entendaient fort bien le *magisterium*.

— Parlons un peu moins du *magisterium*, Monsieur Dousterswivel, et pensons au magistrat. Savez-vous que le métier que vous faites est défendu par les lois d'Écosse, et que sir Arthur et moi sommes tous les deux juges de paix? Et il est bon que vous sachiez que lorsque la législation de ce pays abolit les lois cruelles qui existaient contre la sorcellerie, une loi rendue sous le règne de Georges II ordonna, article 5, que quiconque prétendra par le moyen des sciences occultes découvrir les biens perdus, volés ou cachés, sera traité comme fripon et subira la peine du pilori et de l'emprisonnement.

— C'être vraiment la loi? demanda Dousterswivel avec agitation.

— Je vais vous la montrer, répondit l'Antiquaire.

— En ce cas, mes pons Messieurs, moi vous faire mes adieux. Voilà tout!

— Si telle est votre intention, Monsieur Dousterswivel, je vous engage à rester, car je ne vous laisserai sortir qu'en compagnie d'un constable. D'ailleurs, j'espère que vous allez nous suivre sur-le-champ aux ruines de Sainte-Ruth et nous montrer l'endroit où vous prétendez trouver un trésor.

— Mon pon ciel! Monsieur Oldenbuck, comme vous traitez un ancien ami! Moi vous dire que si nous allons à présent, nous pas trouver seulement une paufre pièce d'un sou.

— J'en ferai pourtant l'épreuve,... avec la permission de sir Arthur.

Le baronnet, fort embarrassé, répondit:

— Il me semble que vous ne traitez pas M. Dousterswivel avec équité. Il a entrepris de faire une découverte par les moyens et dans les conditions que sa science lui prescrit, et vous exigez, sous peine de châtiment, qu'il procède sans lui laisser la faculté d'employer les mesures préliminaires qu'il regarde comme indispensables au succès de son œuvre.

— Ce n'est pas tout à fait ce que j'ai dit. Je ne lui demande que d'assister à nos recherches et de ne pas nous quitter d'ici-là; car il se pourrait que ce qui est peut-être caché dans les ruines disparaisse avant que nous y fussions arrivés.

— Eh bien! Messieurs, je suis prêt à fous suivre; mais moi fous préfenir que vous pas troufer rien.

— C'est ce que nous verrons, dit l'Antiquaire.

Sir Arthur demanda sa voiture, après avoir fait prévenir sa fille qu'elle eût à l'attendre à Monkbarns.

Nos chercheurs de trésor arrivèrent promptement à l'auberge des *Quatre Fers à Cheval*, où ils se procurèrent quelques ouvriers armés de pioches, et ils virent paraître le vieux Édie.

— Que le ciel bénisse Votre Honneur! dit-il. J'ai été heureux d'apprendre que le jeune capitaine Mac-Intyre serait bientôt sur ses jambes.

— Ah! ah! c'est toi, mon vieux! dit Oldenbuck. Pourquoi n'es-tu pas venu à Monkbarns depuis que la mer et les rochers t'ont fait courir tant de dangers? Tiens! voilà pour t'acheter du tabac.

— Et, dit Ochiltrie en regardant la corne que l'Antiquaire tenait dans sa main, voici quelque chose pour l'y mettre. C'est une de mes anciennes connaissances; elle m'a servi longtemps. Je l'ai échangée avec le vieux George Glen contre cette tabatière d'étain quand il alla travailler dans les mines du Glen Withershin.

— Oui-da! dit Oldenbuck. Ainsi, c'est avec un ouvrier mineur que vous avez fait cet échange! Vous pouvez, sir Arthur, suivre les voyages de cette corne jusque dans les mains d'un ouvrier mineur de Glen-Withershin; c'est l'amener bien près d'un de nos amis.

— Et où vont donc Vos Honneurs avec ces pelles et ces pioches? Ah! c'est un tour de votre façon, Monkbarns, s'écria le mendiant. Vous allez faire sortir quelque ancien moine de son tombeau avant que la trompette de l'archange l'appelle. Mais je veux voir ce que vous allez faire.

Ils arrivèrent aux ruines du prieuré.

— Eh bien! Monsieur Dousterwivel, dit l'Antiquaire,

donnez-nous votre avis. Croyez-vous que nous réussirons mieux en commençant nos fouilles de l'est à l'ouest, ou de l'ouest à l'est ? Votre baguette de coudrier ne pourrait-elle nous aider ?

— Monsieur Oldenbuck, moi fous afoir déjà dit que fous ne poufoir faire ici de ponne besogne.

— Si Vos Honneurs veulent suivre l'avis d'un mendiant, dit Édie, je vous conseille de commencer par creuser sous cette grosse pierre, au milieu de laquelle se voit l'image d'un guerrier couché.

— J'ai moi-même quelque raison pour penser de même, dit le baronnet.

— Il n'était pas extraordinaire, ajouta l'Antiquaire, de cacher des trésors dans les tombeaux. Bartholin en cite plusieurs exemples.

La grosse pierre du tombeau, la même sous laquelle Dousterwivel avait trouvé la corne, fut enlevée une seconde fois, et la pioche entra dans la terre avec une grande facilité.

— C'est de la terre fraîchement remuée, dit Ochiltrie ; je m'y connais, ayant travaillé tout un été avec le vieux fossoyeur, Will Winnett ; mais le métier ne m'allait pas.

Les ouvriers avançaient dans leur travail ; ils eurent bientôt découvert les côtés de la tombe, formés par quatre murs en pierre de taille.

— Cela vaut la peine de continuer notre besogne, dit l'Antiquaire ; il est curieux d'apprendre quel est le guerrier pour lequel on a fait ce sépulcre...

— Les armoiries gravées sur la pierre, dit sir Arthur, sont les mêmes que celles de la tour Baltard, construite, suppose-t-on, par Malcolm l'usurpateur ; et il y a dans notre famille une ancienne prophétie qui dit :

Quand de Malcolm-Baltard la tombe on trouvera,
De Knockwinnock alors perte et gain adviendra.

Oldenbuck, agenouillé sur la pierre, suivait de l'œil et du doigt les traces à demi effacées des armoiries de l'ancien guerrier.

— Bien certainement, dit-il, ce sont les armoiries des Knockwinnock écartelées avec celles des Wardour.

— Richard Wardour, surnommé Main-Sanglante, dit sir Arthur, épousa Sybille Knockwinnock, héritière de la famille saxonne de ce nom, en l'an de grâce 1150; et ce fut par elle que le domaine de Knockwinnock entra dans la maison Wardour.

— C'est bien cela, sir Arthur; mais qu'avions-nous fait de nos yeux pour n'avoir pas encore vu ce monument curieux ?

— Ou plutôt, dit le vieux Édie, où était cette pierre pour qu'elle n'ait pas frappé nos yeux jusqu'à ce jour ? Car, depuis soixante ans que je viens dans ces ruines, je ne l'ai jamais aperçue.

— Nous voici arrivés au tuf, interrompit un ouvrier. Du diable si l'on trouve un cercueil ici !

— Voyons toujours, dit Ochiltrie; il faut que j'y mette la main.

Et, prenant son bâton armé d'un fer pointu, il l'enfonça avec force, et, rencontrant de la résistance, il s'écria comme un écolier écossais qui trouve quelque chose : « Ni moitié ni quart ! tout est à moi. Je ne partage avec personne. » Tous les spectateurs, y compris Dousterwivel, s'approchèrent vivement de la fosse ; les ouvriers se remirent avec ardeur au travail, et, bientôt, on vit apparaître, non un cercueil, mais une caisse, que l'on enleva avec grand'peine de la profondeur de la fosse. Cette caisse ouverte, on vit d'abord un gros morceau de toile qui servait d'enveloppe, puis une couche d'étoupe sur laquelle était posée une quantité de lingots d'argent.

Une exclamation générale retentit. Sir Arthur leva les mains et les yeux au ciel comme un homme délivré d'une grande angoisse. L'Antiquaire, pouvant à peine en croire ses yeux, soulevait les lingots un à un, et reconnaissait qu'il y en avait là pour une valeur d'environ mille livres sterling.

Sir Arthur, après avoir promis aux ouvriers de les récompenser généreusement, songeait aux moyens de transporter ce don du ciel à son château, quand l'Allemand le tira par la manche et lui offrit ses félicitations.

— Eh bien ! dit-il, moi avoir pien dit que moi safoir le moyen de triompher de tous les soupçons.

— Quoi ! s'écria l'Antiquaire, prétendriez-vous, Monsieur Dousterwivel, être pour quelque chose dans notre succès ? Vous oubliez que nous avons refusé les secours de votre art. Vous n'avez employé ni charmes, ni amulettes, ni fumigation, ni miroir magique.

CHAPITRE XXIV

— Monsieur Oldenbuck, répondit Dousterswivel à l'Antiquaire d'un ton sérieux, il être frai que moi n'afoir employé aucunement les secours de mon art ; mais ce afoir fait aujourd'hui n'est que plus merfeilleux, mon honoraple, mon pon patron ; moi fous prier de mettre la main dans fotre poche et de foir ce que vous y trouverez.

Sir Arthur fit ce que lui demandait Dousterswivel, et il retira de sa poche l'assiette constellée qui avait servi lors de sa première trouvaille dans les ruines.

— C'est la vérité ! dit-il d'un air grave ; voici l'assiette constellée.

— Fi donc ! fi ! mon cher ami ! s'écria l'Antiquaire. Vous avez trop de raison pour croire à l'influence d'un morceau d'argent chargé de figures bizarres. Faites-le battre avec un marteau : il aura la même valeur. Je vous dis que si Dousterswivel avait su où trouver ce trésor, il ne vous aurait pas appelé pour vous en faire part.

— S'il plaît à Votre Honneur, dit Ochiltrie, je pense

que si M. Dousterswivel a eu le mérite de faire cette découverte, vous ne pouvez faire moins que de lui abandonner ce qui reste à découvrir. Puisqu'il a su trouver un tel trésor, il n'aura pas de difficulté à s'en procurer un autre.

Le front de Dousterswivel se rembrunit en entendant les paroles ironiques du vieil Édie. Mais celui-ci, le tirant à part, lui dit quelques mots que l'Allemand parut écouter avec attention.

— N'écoutez pas notre ami Monkbarns, Monsieur Dousterswivel, dit sir Arthur. C'est vous qui m'avez donné l'idée de fouiller les ruines. Venez demain au château, je vous prouverai que je suis reconnaissant. Allons, mes amis, rattachez le couvercle de la caisse.

Mais dans la confusion, on ne put retrouver le couvercle.

— Qu'importe ! dit le baronnet ; portez la caisse dans ma voiture. Monkbarns, il faut que je retourne chez vous pour chercher ma fille.

— Et je m'invite à dîner ensuite à Knockwinnock, répondit Oldenbuck. Je veux boire un verre de vin avec vous en réjouissance de notre succès ; et puis il faut que nous écrivions un mot de cette affaire à l'Échiquier (1), afin d'éviter toute intervention de la Couronne. Il sera facile d'obtenir des lettres d'octroi. Mais nous traiterons cette affaire à fond.

— En attendant, dit sir Arthur, je recommande le silence à ceux qui sont ici.

Tous l'assurèrent de leur discrétion.

— Recommander le silence à douze personnes, dit l'Antiquaire, c'est vouloir mettre un masque à la vérité. Soyez sûr que l'histoire va circuler sous vingt faces différentes ; mais nous ferons connaître la vérité aux barons de l'Échiquier, c'est tout ce qui est nécessaire.

— Mes enfants, dit le baronnet aux ouvriers, suivez-

(1) Tribunal jugeant les causes de finances.

moi aux *Quatre Fers à cheval*, afin que je prenne vos noms. Dousterswivel, ne manquez pas de venir demain au château dès le matin.

Après que le baronnet et Oldenbuck eurent quitté les ruines, suivis des ouvriers, Dousterswivel revint près de la fosse. Il resta debout, les bras croisés, et s'écria sans y penser :

— Qui l'afoir jamais cru ! si moi avoir creusé deux ou trois pieds plus afant, moi troufer cet argent, mon pon ciel ! plus que jamais espérer tirer de cet impécile de paronnet.

Ici, ayant levé les yeux, il rencontra le regard d'Ochiltrie, qui n'avait pas suivi la société, et qui, appuyé sur son bâton, était debout de l'autre côté de la fosse, et examinait avec un air malicieusement ironique le malheureux Dousterswivel.

— Eh bien ! pon Édie, que pensez-fous de tout ceci ?

— Je pensais que Votre Honneur avait été bien bon, pour ne pas dire bien simple, de donner à deux riches, qui ont de l'argent, des terres et des châteaux, de l'argent trois fois éprouvé, comme dit l'Écriture, et qui aurait suffi pour vous rendre heureux, vous et deux ou trois braves gens, toute votre vie.

— Sur ma ponne foi, honnête Édie, c'être la vérité ; seulement moi pas safoir, c'est-à-dire moi pas être sûr où trouver ce trésor.

— Quoi ! n'est-ce donc point par votre conseil que Monkbarns et sir Arthur sont venus ici ?

— Ah ! sans doute ; mais moi pas croire qu'eux trouveraient le trésor que je savais être dans les ruines ; car, d'après le tintamarre que les esprits avaient fait l'autre nuit, moi pien safoir y afoir de l'argent caché ici. Ah ! mon pon ciel ! c'être à présent que l'esprit poufoir pousser des gémissements quand lui poufoir plus trouver son trésor.

— Et vous croyez tout cela, M. Doustersdiable, vous qui êtes un homme si habile ?

— Mon pon ami, moi pas y croire plus que fous afant

d'avoir entendu ce qui s'est passé ici la nuit, et afoir fu cette grande caisse pleine de pon argent du Mexique.

— Et que donneriez-vous à celui qui vous ferait trouver une caisse semblable?

— Que moi donner? Mon pon ciel! un grand quart.

— Je voudrais avoir la moitié; car, voyez-vous, quoique je ne sois qu'un mendiant et que je ne pusse vendre ces lingots, de peur d'être arrêté, je trouverais bien des gens qui se chargeraient de le faire pour moi.

— Quoi donc avoir dit, mon pon ami? Moi avoir dit que je vous laisserais trois grands quarts pour vous, et moi un paufre petit quart pour la mienne.

— Non, M. Dousterdiable, non; nous partagerons en frères par égales portions. Maintenant, regardez cette planche que j'ai jetée de côté pendant que Monkbarns regardait l'argent; c'est le couvercle de la caisse. Qu'y voyez-vous écrit?

Dousterswivel épela les lettres une à une: STARCH. Quoi! starch, c'être de l'empois!

— Eh! non, non, vous pouvez être un grand sorcier, mais vous n'êtes pas un grand clerc; c'est *search* (1), vous dis-je. Comprenez-vous?

— Ah! moi le foir à présent. Oui, c'être *search* et puis n° 1, mon pon ciel! Y afoir donc un n° 2, et cet afis être pien clair. Cherchez! Sur ma foi, nous poufons trouver quelques ponnes choses pour nous.

— C'est possible; mais nous ne pouvons rien chercher à présent. Les ouvriers ont emporté leurs outils, et peut-être va-t-on en renvoyer un pour combler la fosse. Venez, je vous prouverai que je suis le seul homme du pays qui vous apprendra quelque chose de Malcolm-Baltard et de son trésor caché; il faut avant tout effacer cette inscription, pour qu'elle ne rende personne aussi savant que nous.

Il y a bien longtemps, dit le mendiant en s'asseyant

(1) Cherchez.

sur le gazon avec Dousterswivel, que je n'ai entendu parler de cette affaire-là ; car c'est un sujet qui ne plaisait guère aux lairds de Knockwinnock. Il ne plaisait ni au père de sir Arthur, ni à son grand-père, car je me souviens de l'un et de l'autre. Mais qu'importe que ce fût du pain défendu dans le salon ! on en mangeait dans la cuisine, comme c'est l'usage dans les grandes maisons : de sorte que j'ai tout appris des anciens domestiques de la famille ; et comme au jour d'aujourd'hui on ne s'assemble plus pour jaser, autour du feu, des affaires du temps passé, je doute que dans tout le pays vous puissiez trouver un seul homme, si ce n'est moi, qui puisse vous conter cette histoire. Donc, dans un temps bien ancien, où tout était sens dessus dessous dans le pays, où personne ne manquait de ce qu'il était assez fort pour prendre, et où personne ne conservait que ce qu'il avait les moyens de défendre, en un mot, dans le temps où les plus forts faisaient la loi, sir Richard Wardour arriva dans le pays. Il y en a eu depuis ce temps qui dorment sous ces ruines, comme celui qu'on surnomme l'*Enfer en armes*. C'était une race fière et intraitable, mais brave et prête à soutenir les intérêts du pays. Que Dieu fasse paix à leurs âmes ! Ainsi donc, sir Richard, surnommé Main-Sanglante, s'associa avec le laird Knockwinnock de ce temps, seigneur de la baronnie de ce nom, et voulut épouser sa fille unique, Sybille, qui devait hériter du château et des domaines. La jeune fille, qui était mariée secrètement avec un de ses cousins que son père détestait, refusa de se laisser marier, mais le père la força ; elle épousa donc malgré elle Richard Main-Sanglante, et lui donna un beau garçon Au bout de quatre mois on envoya l'enfant dans la montagne, et la paix régna dans le ménage. Un autre enfant vint cimenter l'union des deux époux jusqu'à la mort de Richard. A ce moment, le fils aîné, Malcom-Baltard, vint réclamer ses droits à la tête d'une troupe de Montagnards, et il chassa les Wardour. Comme vous le pensez, tout cela ne se passa pas à l'amiable ; il y eut du sang répandu, car la noblesse du pays prit parti d'un côté ou de l'autre ; mais Malcolm l'emporta et fit bâtir la tour qu'on appelle encore aujourd'hui la *Tour de Baltard*.

— Mon pon fieil ami, fotre histoire est trop longue. Moi pien charmé si fous passiez un peu plus vite à l'or et l'argent.

— J'y arrive. Ce Malcom était protégé par son oncle, qui était prieur de Sainte-Ruth ; ils amassèrent des trésors immenses pour assurer à leur famille les domaines de Knockwinnock. On dit que les moines connaissaient l'art de multiplier les métaux. Ils avaient donc de grandes richesses. Mais il arriva que le jeune Wardour, fils de Main-Sanglante, défia Malcom en un combat en champ clos, c'est-à-dire dans un endroit entouré de pieux et de palissades où il fallait se battre comme des coqs furieux, tant il y a que Baltard fut battu et se trouva à la merci de son frère. Mais celui-ci ne voulut pas répandre son sang, et lui fit grâce, à la condition qu'il se ferait moine dans le prieuré de Sainte-Ruth. Malcolm mourut bientôt de chagrin, et on ne sut jamais où son oncle le prieur le fit enterrer.

— Ah! mon fieil ami, mon pon Édie, cela n'être pas infraisemplaple. Et vous penser que tout cet argent appartenir autrefois au pon Baltard?

— Oui, par ma foi ! Souvenez-vous de ce que nous avons lu, *Search* nº 1 ; c'est comme qui dirait : Cherchez, et vous trouverez 2. D'ailleurs, il n'y avait que de l'argent dans cette caisse, et l'on dit que Baltard avait beaucoup d'or.

— Eh bien ! mon pon ami, pourquoi ne pas commencer de suite nos recherches ?

— Pour deux raisons, répondit Édie : d'abord, parce que nous n'avons pas d'outils ; ensuite parce qu'il va venir ici un tas de curieux fainéants pour voir cette fosse. Mais si vous voulez venir me rejoindre ici à minuit avec une lanterne sourde, j'apporterai des outils, et nous ferons notre affaire à nous deux.

— Soit. Mais pourtant, mon pon ami, c'être une entreprise un peu téméraire d'ouvrir le tompeau de Baltard à minuit. Moi poufoir vous assurer qu'il y a ici des esprits; moi en être certain.

— Si vous avez peur des esprits, dit le mendiant froidement, je ferai l'affaire seul et vous porterai votre part à l'endroit que vous m'indiquerez.

— Non, non, mon pon fieil ami, j'irai. C'être mieux, car c'est moi qui ai découfert le tombeau du pon Pastard en cherchant un endroit pour cacher quelques pièces de monnaie, afin de chouer un tour à sir Arthur par plaisanterie. C'est moi qui ai emporté les décompres et mis à découvert le fieux monument. Il est donc propable que le Pastard m'avoir choisi pour héritier, et je viendrai moi-même recueillir l'héritage.

— Ainsi donc, nous nous trouverons ici à minuit, dit le vieux mendiant. J'irai coucher chez le fermier Ringan, et j'en sortirai dès qu'il fera nuit, sans que personne s'en doute.

— Pien, mon pon ami, je serai là à l'heure confenue.

Les deux associés se séparèrent après s'être serré la main.

CHAPITRE XXV

La nuit fut orageuse. Le vallon retentissait du bruit du vent, du tonnerre et du craquement des arbres. Lorsque la lune disparaissait sous les nuages, les ruines prenaient un aspect sombre qui prêtait aux terreurs superstitieuses.

— Plus d'une fois, se dit Ochiltrie, j'ai monté la garde aux avant-postes en Allemagne ou en Amérique par des nuits semblables, quand je savais qu'il pouvait y avoir à peu de distance des tirailleurs ennemis. Mais j'ai toujours été ferme, et nul ne peut se vanter d'avoir jamais trouvé Edie endormi à son poste.

Et entendant quelqu'un marcher, le vieil Édie s'écria :
— Halte! qui va là?
— Diaple! bon Édie, pourquoi vous parler aussi haut que si être un factionnaire?
— Parce que je m'imaginais être une sentinelle en faction. Quelle nuit! Avez-vous apporté une lanterne et un grand sac pour l'argent?
— Oui, mon pon ami. Voici une pesace, un côté pour fous, et l'autre pour moi. Quand elle sera pleine, moi la mettre sur mon chefal.
— Vous avez donc un cheval?
— Oui, mon fieil ami, moi l'afoir lié près d'ici à un arpre.
— Votre cheval ne portera pas mon argent.
— Non? de quoi afoir fous peur?
— Seulement de perdre de vue le cheval, le cavalier et l'argent.
— Diaple! fous traiter un gentilhomme comme si lui être un coquin.
— A quoi bon se quereller? Voulez-vous que notre marché tienne? Si vous ne vous en souciez plus, je retourne sur la bonne paille du fermier Ringan, et je remporte pelle et pioche.
— Mon pon ami, je ferai comme fous fouloir.
— Eh bien! marchons, dit Ochiltrie; prenez garde à vos pieds au milieu de toutes ces pierres. Je ne sais si nous pourrons par ce vent, conserver la lanterne allumée. Mais heureusement la lune éclaire de temps en temps. Monsieur Troussediable, vous qui êtes un savant, croyez-vous que l'esprit de Baltard, qui revient, dit-on, la nuit dans ces ruines, serait content de nous voir dévalisant sa tombe?
— Fous avoir grand tort de parler ainsi, après ce que moi a fu et entendu à cette place.
— Quant à moi, dit Ochiltrie, je ne me donnerais pas la peine de faire claquer mon pouce pour l'empêcher de paraître. Après tout, ce n'est qu'un esprit sans corps, et nous avons un corps et un esprit.

— Paix ! pour l'amour du ciel ! Quel pesoin de parler ainsi ?

— Eh bien ! dit le mendiant, nous voici arrivés ; esprit ou non, je creuserai plus avant dans le tombeau.

Mais au bout de quelques instants, feignant d'être fatigué, il remit la pioche à Dousterswivel, qui le remplaça, et se mit à travailler avec toute l'ardeur que lui inspiraient la cupidité et le désir de quitter promptement les ruines.

Édie, assis fort à l'aise sur le bord du tombeau, se bornait à encourager son associé.

— Sur ma foi, disait-il, peu de gens ont jamais travaillé pour de si bons gages. Quand nous ne trouverions qu'une caisse dix fois moins grande que le n° 1, elle vaudrait plus du double : car elle serait, sans nul doute, pleine d'or. Vous maniez la pioche comme si vous n'aviez jamais fait que cela toute votre vie ! Vous seriez en état de gagner une demi-couronne par jour. Prenez garde à cette pierre.

Et, feignant d'aider Dousterswivel à faire sortir une grosse pierre du trou, il la lui fit retomber sur les jambes. L'Allemand lâcha un juron :

— Ne jurez pas ! gardez-vous-en bien ! Eh ! mon Dieu ! que vois-je là-bas ? Rien. C'est une branche de lierre ; mais quand la lune y donnait, on aurait cru voir le bras d'un mort tenant un cierge. J'ai pensé un moment à Baltard. Allons ! courage ! jetez la terre au bord du trou. Savez-vous que vous seriez un aussi beau fossoyeur que Will-Winnett ? et ce n'est pas peu dire. Eh bien ! pourquoi vous arrêtez-vous ?

— Pourquoi ? parce que moi afoir trouvé le roc sur lequel ces maudites ruines afoir été construites.

— Vous perdez courage au bon moment ; c'est sans doute la pierre qui couvre le trésor. Frappez fort, quelques bons coups encore. A la bonne heure ! vous y allez avec la force de Wallace. Ah ! mon Dieu ! vous avez brisé la pioche de Ringan. N'est-ce pas honteux qu'on vende de si mauvais outils à Fairport! Eh bien! prenez la pelle.

Dousterswivel sortit de la fosse, qui n'avait pas moins de six pieds de profondeur, et s'écria d'une voix tremblante de colère :

— Monsieur Édie, moi vous apprendre à fouloir rire à mes dépens; moi fous faire connaître Hermann Dousterswivel.

— Je vous connais depuis longtemps, Monsieur Dousterdiable, mais il ne s'agit pas de rire; notre besace devrait déjà être remplie...

— Misérable mendiant! Si fous lâchez un quolipet, moi fous fendre le crâne avec cette pelle!

— Et où seraient mes mains et mon bâton ferré pendant ce temps? Allons, Monsieur Troussediable, passez-moi la pelle; je vais travailler à mon tour. Ne vous emportez pas avec les amis, et je parie que dans une minute j'aurai trouvé un trésor.

— Moi vous jurer, M. Édie, s'écria Dousterswivel, que si fous avoir foulu prendre fotre divertissement à mes dépens, moi fous priser les os.

— Écoutez-le, dit Édie en riant; il sait la manière de s'y prendre pour forcer les gens à trouver un trésor!

Dousterswivel, perdant patience, ramassa le manche de la pioche brisée pour en décharger un coup sur la tête du mendiant, quand celui-ci s'écria d'une voix ferme et imposante :

— Croyez-vous que le ciel souffrirait que vous assassiniez un vieillard sans défense? Regardez derrière vous.

L'Allemand se retourna et aperçut avec effroi un grand fantôme noir, qui, sans lui laisser le temps de se reconnaître, l'accabla d'une grêle de coups si bien appliqués, qu'il tomba sans connaissance.

Quand il revint à lui, il était seul, étendu sur la terre tirée de la tombe de Malcolm Baltard. Il se releva avec une sensation de douleur physique, de colère et de terreur, et au bout de quelques minutes ses idées devinrent assez nettes pour qu'il reconnût le tour que lui avait joué Ochiltrie en l'attirant par l'appât du trésor à trouver. Mais quel était le personnage qui servait de second au mendiant? Les soupçons se portèrent sur Monkbarns, qui n'avait jamais caché son mépris pour tout ce qui sentait la sorcellerie.

Pendant que le malheureux, roué de coups et n'ayant plus de lanterne, réfléchissait à tout cela, le vent avait fait place à une grosse pluie; la lune avait disparu, et il s'était mis à marcher le long des murs du chœur. Tout à coup il entendit des chants qu'il reconnut pour des chants lugubres de l'Église romaine; il vit à l'extrémité du chœur une lueur rougeâtre sortir à travers des barreaux qui fermaient un souterrain pratiqué à l'extrémité du chœur. Dousterswivel, malgré son extrême frayeur, s'avança doucement et aperçut un spectacle extraordinaire. Derrière la grille, une fosse profonde contenait une bière ouverte, dans laquelle on voyait un cadavre les bras croisés, un prêtre, en chape, tenant en main le livre d'office divin, puis un autre ecclésiastique en surplis, et deux enfants de chœur portant un bénitier et un goupillon; un homme, dont on ne pouvait distinguer les traits, se tenait courbé. A quelque distance étaient rangées plusieurs personnes en deuil ayant un cierge de cire noire à la main. Le prêtre lut à haute voix les prières solennelles que l'Église catholique a consacrées aux morts. Pendant que Dousterswivel se demandait s'il attendrait la fin de cette cérémonie, dont il avait fini par soupçonner le caractère, le personnage courbé près du cercueil, ayant levé la tête, aperçut Dousterswivel; il fit un signe, et deux des assistants vinrent droit à lui et le tinrent immobile jusqu'à ce que les chants funèbres fussent terminés.

—Eh! mon Dieu, est-ce bien vous, M. Dousterswivel? dit alors l'un des deux gardiens; que ne m'avez-vous fait savoir que vous désiriez voir la cérémonie, au lieu d'avoir l'air de venir espionner milord?

— Mais qui êtes-fous, au nom du ciel?

— Mais je suis Ringan Aikwood, fermier à Knockwinnock. Et que faites-vous donc ici, si vous n'y venez pour assister à l'enterrement de la comtesse de Glenallan?

— Moi fous déclarer, mon pon Ringan, que moi afoir été cette nuit assassiné, volé par ce fieux chien d'Édie Ochiltrie.

— C'est ce que je ne croirai jamais! Je connais Édie, comme mon père l'a connu; c'est un homme franc et loyal. D'ailleurs il dort en ce moment dans notre grange.

— Et moi fous répondre que fotre ami m'a folé cette nuit cinquante lifres avec mon portefeuille, et qu'il n'est pas plus dans votre grange que moi dans le royaume des cieux.

— Eh bien! M. Dousterswivel, maintenant que le service est terminé, venez à la maison, et l'on verra bien qu'Édie est dans la grange. Il est certain que, tandis que nous apportions le corps, nous avons vu rôder deux garnements dans les ruines, et deux des nôtres se sont mis à leur poursuite, car le prêtre n'aime pas que des hérétiques assistent à nos cérémonies. Nous aurons donc des nouvelles des deux fuyards.

— Moi m'atresser demain aux magistrats.

Pendant que l'Allemand faisait ses projets de vengeance, il sortit appuyé sur Ringan et son fils, et il aperçut de loin la procession qui s'éloignait avec ses cierges allumés. Tout d'un coup on ne vit plus rien.

— En pareille circonstance, dit le fermier, nous avons coutume d'éteindre les cierges au puits de la sainte croix.

CHAPITRE XXVI

La chaumière habitée par la famille Saunders Mucklebackit, bien qu'il y régnât un air d'aisance, semblait prouver la vérité de ce proverbe : « Les pourceaux ne s'engraissent pas d'eau propre. » On n'y voyait que confusion, désordre et saleté. Un grand feu brillait dans la cheminée, quoiqu'on fût en été ; il éclairait la chambre et servait à faire la cuisine. La pêche avait été heureuse, et depuis le débarquement la famille, avec son imprévoyance habituelle, n'avait cessé de faire frire, griller ou bouillir du poisson. Les assiettes de bois, remplies d'arêtes, de restes de poisson et de croûtes de pain d'orge, figuraient à côté de cruches de bière à moitié vides. La vigoureuse Maggie, toujours affairée, courant au milieu d'une demi-douzaine d'enfants à moitié vêtus, formait un contraste frappant avec la mère de son mari, la vieille Elspeth, qui était arrivée au dernier terme de la caducité. Elle filait, suivant l'ancien usage des Écossaises, sa quenouille attachée à sa bavette, et assise dans son fauteuil, au coin du feu, dans une sorte d'assoupissement dont elle ne sortait que pour sourire aux petits-enfants qui tiraient son tablier ou voulaient arrêter son fuseau. Quoiqu'il fût plus de minuit, toute la famille était sur pied. Maggie faisait griller des gâteaux d'avoine, et la fille aînée préparait une pyramide de harengs de Findhord (fumés et séchés à la fumée de bois vert).

Une voix de femme se fit entendre au dehors :

— Est-on encore levé?

— Oui! oui! entrez, répondit-on, et la porte s'ouvrant, on vit apparaître Jenny Rintherout, la servante de l'Antiquaire.

— Est-ce bien vous, Jenny? C'est une grande rareté de vous voir.

— Ne m'en parlez pas ! la blessure du capitaine Hector nous a donné tant d'occupations, que depuis quinze jours je n'ai pas mis le pied dehors. Mais il va mieux. Caxon couche dans sa chambre, et quand j'ai vu les maîtres couchés, je suis bien vite partie, ne fermant la porte qu'au loquet, pour voir ce qu'il y a de nouveau chez vous.

— Oui, répondit Maggie, je vois que vous avez mis vos beaux atours ; mais Steenie n'est pas ici ; et puis, voyez-vous, ma fille, vous n'êtes pas faite pour Steenie ; vous n'êtes pas assez forte pour maintenir un homme.

— C'est Steenie qui n'est pas fait pour moi, riposta Jenny ; il me faut un homme qui puisse maintenir sa femme, et vous n'êtes que de pauvres souffre-douleurs ; car dès que la quille de sa barque a touché le sable, le fainéant de marin ne fait plus rien ; il faut que la femme retrousse ses jupons, entre dans l'eau jusqu'aux genoux, vienne chercher le poisson et aille le vendre, pendant que le mari, au coin du feu, fume sa pipe et hume sa pinte d'eau-de-vie. Vous êtes de vraies esclaves.

— Esclaves, dites-vous, Jenny ? Appelez-vous esclave celle qui est maîtresse au logis ? Quand avez-vous jamais vu Saunders se mêler de rien au logis ? Qui vend la marchandise tient l'argent, et qui tient la bourse est maître. Montrez-moi un de vos fermiers qui laisse sa femme conduire son bétail au marché et en toucher le prix !

— Eh bien ! Maggie, chaque pays a ses usages ; mais où est votre homme et Steenie ?

— J'ai fait coucher mon homme, qui était fatigué, et Steenie est allé je ne sais où avec le vieil Édie.

— Je ne puis rester longtemps, Maggie ; mais il faut que je vous conte quelque chose, dit Jenny en s'asseyant. Avez-vous entendu parler de cette caisse pleine d'or que sir Arthur a trouvée à Sainte-Ruth ? C'est à présent qu'il va lever haut la tête !

— Tout le pays sait cela, répondit Maggie ; mais Édie prétend qu'on en dit dix fois plus qu'il n'y en a ; il était là quand on a tiré la caisse de terre. Il se passera du temps avant qu'un pauvre homme fasse une telle trouvaille !

— C'est bien sûr. Savez-vous que l'on enterre cette nuit la comtesse de Glenallan ? Tous les papistes des environs, ainsi que Ringan-Aikwood, y sont. On dit que ce sera beau. Mais pourquoi enterre-t-on la vieille comtesse la nuit ? Votre mère doit le savoir.

— Ma mère, ma mère ! cria Maggie. Mais la vieille sibylle n'entendit rien, ou ne voulut pas répondre par apathie.

— Grand'mère ! dit l'aînée des filles d'une voix aigre, ma mère demande pourquoi on enterre les Glenallan la nuit.

La vieille arrêta son fuseau, et, levant la main :

— Est-ce qu'il est mort quelque Glenallan ?

— C'est la vieille comtesse, cria Maggie.

Alors les yeux bleu pâle d'Elspeth brillèrent d'un feu étrange.

— Est-elle donc allée rendre son compte à Dieu, après sa longue carrière d'orgueil ?

— Mais, ma mère, cria la jeune fille, vous demande pourquoi on enterre les Glenallan la nuit.

— C'est ce qui s'est toujours fait depuis que le grand comte fut tué à la bataille du Harlaw, après laquelle on entendit le coronach (1) depuis l'embouchure du Tay jusqu'au Buck de Cabrach (2), et partout c'étaient des lamentations pour ceux qui avaient péri. Or, la mère du grand comte vivait encore ; elle ne voulut pas qu'il y eût de coronach pour son fils ; elle le fit enterrer silencieusement à minuit, sans que personne bût dans la coupe funéraire ou poussât les cris d'usage. Elle dit qu'il avait tué assez de montagnards le jour de sa mort pour que le coronach de leurs veuves et de leurs enfants servît pour eux et pour lui ; elle le vit mettre dans le tombeau d'un

(1) Chant de mort.
(2) Dans le comté d'Aberdeen.

œil sec. Or, la famille s'est fait gloire de cette conduite et l'a imitée depuis. Ensuite, parce que, étant papiste, on fait les cérémonies de sa religion pendant la nuit et non le jour, du moins de mon temps, où les habitants de Fairport s'y seraient opposés. Peut-être n'est-ce plus de même; le monde est renversé; je ne sais si je suis debout ou assise, morte ou vivante.

— Je ne sais où j'en suis, dit Jenny, quand j'entends votre mère parler ainsi : c'est comme la voix des morts qui s'adresse aux vivants.

— Vous avez raison; elle ne s'occupe de rien de ce qui se passe aujourd'hui; mais mettez-la sur l'ancien temps : elle parle comme un livre, elle en sait long sur les Glenallan; car son mari, le père de Saunders, était le pêcheur de la famille. Les papistes se font un devoir de manger du poisson, ce qui est un très bon usage de leur religion. J'étais toujours sûre de vendre mes plus beaux poissons à bon prix pour la table de la comtesse, que Dieu ait son âme! Mais voyez comme ma mère remue les lèvres! On dirait qu'elle se parle à elle-même.

— Je vous dis, Mistress Mucklebackit, que c'est une femme qui m'impose. Ne croyez-vous pas qu'elle est un peu sorcière?

— Quelle simplicité! pas plus que les autres vieilles femmes, si ce n'est Alison Breck; car, pour elle, je l'ai vue revenir avec son panier plein de crabes quand les autres...

— Paix! Maggie, paix! elle va encore parler.

— Quelqu'un ne vient-il pas de dire, reprit la vieille Elspeth, que Josselinde Glenallan est morte et enterrée? L'ai-je rêvé?

— Oui, ma mère, cria Maggie, elle est morte.

— Ce n'est pas un grand malheur; elle a fait bien du mal pendant sa vie, jusqu'à son propre fils; est-il encore vivant?

— Oui, mais le sera-t-il longtemps, c'est une autre

question. Ne vous souvient-il pas qu'il est venu vous voir au printemps dernier et vous a laissé de l'argent ?

— Cela se peut, Maggie ; je ne me le rappelle pas. C'était un beau garçon dans sa jeunesse. Ah ! si son père avait vécu, il aurait été heureux ! Mais le comte était mort et la mère avait tout pouvoir sur lui. Elle lui fit croire ce qu'il n'aurait jamais dû croire, et lui fit faire ce qu'il n'aurait jamais dû faire, ce dont il s'est repenti, et ce dont il se repentira toujours, quand il vivrait aussi vieux que la vieille Elspeth.

— Quoi donc, ma mère? quoi donc, grand'mère ? s'écrièrent Maggie, Jenny et l'aînée des filles.

— Ne le demandez pas ; mais priez Dieu qu'il ne vous abandonne pas à l'orgueil : cela peut se trouver dans une cabane comme dans un château. Je puis vous en rendre témoignage. Oh ! cette nuit terrible ! Jamais le souvenir n'en sortira de ma tête !... La voir là, étendue sur le sable !... l'eau de la mer dégouttant de ses longs cheveux !... La vengeance du ciel poursuivra ceux qui s'en sont mêlés !... Est-ce que mon fils est en mer par ce temps?

— Non, ma mère ; il n'est pas de barque qui puisse tenir par cette tempête.

— Et Steenie?

— Non, grand'mère, dit l'aînée des filles ; il est sorti avec Ochiltrie, sans doute pour aller voir l'enterrement.

— Cela ne se peut pas, répondit Maggie ; nous avons appris depuis leur départ seulement que l'enterrement aurait lieu cette nuit. C'est John Rand qui nous l'a dit. Il paraît que la vieille comtesse est depuis dix jours exposée sur un lit de parade dans sa chambre tendue de noir et éclairée par des cierges noirs.

— Que le ciel lui fasse miséricorde ! reprit Elspeth ; elle avait le cœur bien dur ; mais elle est allée rendre compte à Celui dont la miséricorde est infinie. Puisse-t-elle en trouver près de lui !

— Je ne comprends pas ce que ce vieux mendiant et Steenie peuvent faire à cette heure, dit Maggie.

En ce moment on entendit un bruit de pas; le mendiant et Steenie se précipitèrent dans la chambre hors d'haleine.

— Nous avons été poursuivis, s'écria Steenie, par un esprit.

— Je vous dis que c'était un homme à cheval, répondit Ochiltrie; et il nous aurait attrapés si son cheval ne se fût enfoncé les pieds dans le terrain marécageux.

— Vous êtes deux fous! dit Maggie, c'est sûrement quelqu'un qui revenait de l'enterrement de la comtesse.

— On a donc enterré la comtesse de Glenallan cette nuit à Sainte-Ruth? s'écria Édie; voilà donc la cause du bruit et des lumières qui nous ont effrayés!... Mais, Steenie, vous avez frappé trop fort; je ne sais si notre homme s'en relèvera.

— N'ayez pas peur! il a de bonnes épaules; et rappelez-vous que si je ne l'eusse prévenu, il n'y aurait pas été de main-morte sur votre tête.

— Enfin, reprit Édie, si je me retire de cette bagarre, je ne tenterai plus la Providence. Pourtant il n'y a pas grand mal, il me semble, à avoir joué ce tour à ce brigand.

— Eh! qu'allons-nous faire de ceci? dit Steenie en tirant de sa poche un portefeuille. Savez-vous que ça pourrait nous perdre si on le trouvait sur nous?

— Ma foi! je l'ai ramassé à mes pieds, et je suppose qu'il est tombé de la poche de notre homme. Je voulais le lui rendre, quand je vous ai entendu crier: Partons! Partons! Nous tâcherons de le lui remettre d'une manière ou de l'autre. Ringan s'en chargera.

— Il me paraît, dit Jenny, que vous avez bien employé votre temps en courant les champs comme un vagabond, et vous faisant poursuivre par un esprit, au lieu d'être dans votre lit comme votre honnête homme de père.

Le jeune pêcheur riposta avec la raillerie rustique de

son état, et l'on commença une attaque générale contre les gâteaux de farine d'avoine et les harengs fumés, le tout arrosé de petite bière. Le repas terminé, le mendiant alla se jeter sur une botte de paille dans une hutte attenant à la maison, et le jeune marin reconduisit Jenny Rintherout jusqu'à Monkbarns.

CHAPITRE XXVII

Le vieux mendiant se leva avec l'alouette; mais Steenie avait été obligé de partir avant le jour avec son père et avait fait dire par sa mère à Édie qu'aussitôt revenu il porterait à Ringan Aikwood le portefeuille, qu'il avait soigneusement enveloppé dans un morceau de toile à voile et mis dans un lieu sûr.

Édie, ayant arrangé sa besace, voulut avant de partir faire ses adieux à Elspeth.

— Je vous souhaite le bonjour, grand'mère; je reviendrai vers la moisson, et j'espère vous retrouver en bonne santé.

— Priez plutôt pour me retrouver dans mon tombeau, répondit Elspeth d'une voix sépulcrale.

— Nous sommes vieux tous les deux, Elspeth; et nous devons attendre sans murmurer la volonté de Celui qui ne nous oubliera pas quand le temps sera venu.

— Et qui n'oubliera pas non plus nos actions. L'âme est responsable de ce que fait le corps. Mais, à propos, quelqu'un ne disait-il pas hier que Jocelinde, comtesse de Glenallan, avait quitté la vie?

— C'est bien vrai; elle a été enterrée cette nuit dans les ruines de Sainte-Ruth, à la lueur des torches.

— C'est l'usage de la famille, répondit la vieille; c'est sans doute par orgueil, pour montrer qu'ils ne doivent ni mourir ni être enterrés comme les autres. Mais est-il bien vrai qu'elle soit allée rendre son dernier compte?

— Aussi vrai que nous rendrons le nôtre un jour.

— Eh bien! je déchargerai ma conscience.

Elspeth prononça ces mots avec vivacité; elle se leva, redressa sa grande taille, ordinairement courbée par l'âge et les infirmités, et elle parut au mendiant comme une momie rendue momentanément à la vie. Ses yeux erraient de côté et d'autre; elle semblait chercher dans sa mémoire, et enfin elle prit dans sa poche une petite boîte dans laquelle était renfermée une bague ornée d'une tresse de cheveux noirs et châtain clair, entourés de riches brillants; elle la regarda pensivement et dit à Ochiltrie:

— Brave homme, si vous désirez obtenir merci du ciel, il faut que vous alliez pour moi au château de Glenallan. Demandez le comte, et dites-lui qu'Elspeth de Craigburnsfoot (il me connaîtra mieux par ce nom) a besoin de le voir avant de mourir, et qu'elle lui envoie cette bague pour qu'il sache ce dont il s'agit.

Ochiltrie regarda la bague avec admiration, la replaça dans la boîte, qu'il mit dans sa poche après l'avoir enveloppée dans un vieux mouchoir.

— Eh bien! grand'mère, je ferai votre commission; mais à coup sûr jamais pareil présent n'a été envoyé à un comte de la part de la veuve d'un pêcheur, par les mains d'un mendiant.

Édie prit alors son chapeau et son bâton, et s'éloigna. La vieille Elspeth resta quelques instants immobile, les yeux fixés sur le chemin qu'avait pris son ambassadeur. Puis, toute émotion disparaissant de ses traits, elle retomba sur son fauteuil et se remit à son fuseau avec son apathie habituelle.

Cependant Ochiltrie avait dix milles à faire pour arriver au château de Glenallan. Tout en cheminant il chercha à se rappeler ce qu'il avait entendu dire de la famille de Glenallan; il savait que tous les biens et les titres de cette puissante famille étaient échus à la comtesse qui venait de mourir. Comme ses ancêtres, elle était catholique romaine. Elle avait épousé lord Geraldin, gentilhomme anglais, dont la fortune était considérable ; mais il mourut au bout de trois ans de mariage, et la comtesse eut ainsi l'administration des biens de ses deux fils. L'aîné devait succéder au titre de comte de Glenallan et à toute la fortune de sa mère ; mais il dépendait entièrement d'elle tant qu'elle vivrait. Le second prit le nom et le titre de son père, et entra en possession de la fortune paternelle à sa majorité. Après cette époque, il fixa sa résidence en Angleterre où il embrassa la religion réformée; mais avant d'avoir fait cette insulte mortelle à sa mère, il ne faisait que de courtes visites au château, dont le séjour offrait peu d'attraits à un jeune homme vif et dissipé tel qu'était Édouard Geraldin Neville.

L'aîné, le comte de Glenallan, était un jeune homme accompli qui donnait les plus belles espérances. Mais on vit son caractère changer et devenir sombre et mélancolique, sans que l'on pût en deviner la raison. Exclu des fonctions publiques à cause de sa religion, sa société se composait principalement d'ecclésiastiques, et ce n'était que fort rarement qu'on recevait au château quelques familles catholiques, lesquelles, du reste, après avoir été traitées avec magnificence, s'en retournaient aussi surprises de l'air fier de la comtesse que du profond accablement de son fils. Un peu avant sa mort, la comtesse avait appris celle de son second fils, le lord Geraldin, qui avait succombé en Angleterre à une maladie de langueur. Lorsqu'Édie fut arrivé devant le château, il se demanda comment il obtiendrait l'accès près du comte. Après avoir bien réfléchi, il se résolut à envoyer la bague par un domestique. En approchant de la porte ouverte, il vit une multitude de pauvres rangés dans la cour et attendant la distribution d'aumônes qui suivait les funérailles des grands. Ochiltrie prit rang parmi ce régiment déguenillé.

— Êtes-vous donc à triple ration, l'ami, que vous poussez si fort? Je n'en crois rien car on n'accorde cette plaque qu'aux protestants.

— Non, dit Édie, je ne suis pas romain.

— Eh bien! rangez-vous là-bas avec les épiscopaux ou les presbytériens.

Mais Édie fut également repoussé par ces différentes sectes de protestants, et il se tint à l'écart, attendant que chacun fût servi pour se présenter. Un aumônier à l'air grave faisait la distribution aux catholiques en leur recommandant de prier pour l'âme de feu Jocelinde, comtesse de Glenallan. Le portier répartissait les aumônes aux autres pauvres, aidé d'un vieux domestique qu'Édie reconnut sur-le-champ.

— Francis Macraw, s'écria notre mendiant, vous souvenez-vous de Fontenoi? Avez-vous oublié *en avant!* et *bataillon carré?*

— Oh! s'écria Macraw, c'est mon ancien serre-file Ochiltrie. Je suis fâché de vous voir si misérable, mon vieux camarade.

— Pas si misérable que vous pouvez le croire, répondit Ochiltrie; mais je voudrais causer un moment avec vous.

— Eh bien! venez avec moi, répondit Macraw. Lorsque l'aumônier fut parti, Macraw dit quelques mots à l'oreille du portier, qui laissa passer le mendiant. Ce dernier suivit le domestique, qui l'introduisit dans sa chambre, où il lui offrit une collation réconfortante, après laquelle notre ambassadeur mendiant exposa à Macraw qu'il avait quelque chose à dire au comte de Glenallan.

— Le comte ne reçoit personne, mon vieux; mais je puis vous faire parler à l'aumônier.

— Non. Je ne puis parler qu'au comte lui-même, dit Ochiltrie; car il s'agit d'un secret de famille. Il faut absolument que vous remettiez ce petit paquet au comte.

— Je vais le faire, mon vieux camarade.

Macraw se rendit chez le comte, d'où il revint au bout d'une minute en donnant les marques d'un grand étonnement.

— Je n'ai jamais vu, dit-il, le comte dans un tel état!

Après avoir ouvert le petit paquet que vous m'avez remis, il a été pendant un instant comme un homme hors de lui. J'ai cru qu'il allait s'évanouir... Enfin il m'a demandé qui avait apporté ce paquet. Je lui ai répondu que c'était un vieillard à longue barbe blanche, peut-être un capucin... Le comte va sonner quand il aura la force de vous recevoir.

— Je voudrais être débarrassé de cette affaire, pensa le mendiant. Qui sait dans quelle colère sera le comte s'il croit que j'ai voulu me faire passer pour ce que je ne suis pas ?

Mais la retraite était impossible, car la sonnette se fit entendre, et Macraw dit : « Suivez-moi, Édie. » Ce dernier traversa avec son guide un long corridor, et ils montèrent un escalier dérobé qui les conduisit dans les appartements du comte. Ce qui faisait le plus bel ornement de ces appartements somptueux, c'était une collection précieuse de tableaux des plus grands maîtres. Mais, à l'exception de quelques portraits dus à Van Dyck, les autres tableaux du Dominiquin, de Vélasquez, de Murillo, ne représentaient que des martyrs et des saints. Macraw introduisit le mendiant dans une petite antichambre tendue de noir, où ils trouvèrent l'aumônier, qui demanda quel était cet homme.

— Milord vient de sonner pour le demander, dit Macraw, évitant de répondre à la demande.

En ce moment, le comte sonna de nouveau et Macraw fit entrer Édie chez le comte de Glenallan.

CHAPITRE XXVIII

Les anciennes étiquettes de deuil étaient exactement suivies au château de Glenallan. Malgré l'apparente dureté avec laquelle la vieille comtesse avait reçu l'annonce de la mort de son fils, l'attaque d'apoplexie qui suivit cette nouvelle parut à son entourage le résultat de l'effort qu'elle fit pour réprimer l'émotion causée par la mort de ce fils, son préféré. Le comte de Glenallan était assis dans une grande chambre tendue de drap noir, qui tombait en plis épais le long des murs. Un paravent noir interceptait le jour des croisées. Sur la table, couverte d'un tapis noir, deux lampes d'argent répandaient une faible clarté, et l'on voyait sur cette table deux livres couverts en parchemin, fermés par des agrafes, et un crucifix d'argent.

Le comte de Glenallan était un homme d'une cinquantaine d'années, mais tellement maigre et courbé par la souffrance qu'il paraissait un vieillard arrivé au terme de la vie. Quand il se leva de son fauteuil pour s'avancer vers Édie, dont le visage vermeil, la démarche assurée, la taille droite, l'œil vif, indiquaient la santé et le contentement, le contraste fut frappant avec le noble lord. Les joues pâles et les jambes chancelantes de ce dernier prouvaient que la richesse et le rang ne suffisent pas toujours à procurer la paix à l'esprit et la vigueur au corps.

Le comte ordonna à Macraw de sortir et de ne laisser entrer personne, et s'adressant à Édie avec agitation :

— Au nom de tout ce que notre religion a de plus sacré, dites-moi, mon Révérend Père, ce que je dois attendre d'une visite annoncée par l'envoi d'un objet qui me rappelle d'aussi horribles souvenirs ? N'ai-je pas assez expié mon crime involontaire ? Faut-il des pénitences plus sévères ? Parlez !

Édie eut assez de présence d'esprit pour sentir qu'il fallait se hâter d'interrompre le noble comte, et il dit :

— Votre Seigneurie se trompe. Je ne suis, sauf votre respect, qu'Édie Ochiltrie, mendiant du roi et de Votre Honneur.

Le comte fit deux ou trois fois le tour de la chambre, et, s'approchant du mendiant, il lui demanda d'un ton sévère et imposant par quel hasard il se trouvait en possession de la bague qu'il venait de lui faire remettre.

— Elle m'a été remise par une personne que Votre Seigneurie connaît mieux que moi.

— Expliquez-vous, dit le comte. Que voulez-vous dire ? Expliquez-vous clairement, ou je vous ferai repentir de vous être introduit chez un homme plongé dans l'affliction.

— C'est la vieille Elspeth Mucklebackit qui m'a chargé de vous remettre cette bague et qui m'a dit que vous la reconnaîtriez mieux sous le nom d'Elspeth Craigburnsfoot, qu'elle portait quand elle était chez votre honorable mère : Dieu fasse paix à son âme !

— Oui, dit le comte, dont la pâleur devint cadavéreuse ; oui, ce nom est écrit dans la page la plus tragique d'une déplorable histoire. Mais elle vit donc encore ? Que me veut-elle ?

— Oui, milord ; elle désire voir Votre Seigneurie avant de mourir. Elle a quelque chose à vous communiquer qui lui pèse sur la conscience, et elle ne peut, dit-elle, mourir en paix sans vous avoir parlé.

— Que signifie cela ? J'ai été la voir il y a environ un an, parce qu'on m'avait dit qu'elle était dans la misère ; elle ne m'a pas reconnu. J'irai néanmoins. Demeure-t-elle toujours sur le bord de la mer, au sud de Fairport ?

— Entre Monkbarns et le château de Knockwinnock, mais plus près de Monkbarns. Votre Honneur connaît sans doute le laird de Monkbarns et sir Arthur ?

Lord Glenallan ne répondit pas ; son esprit était ailleurs.

— Êtes-vous catholique ? demanda-t-il à Ochiltrie.

— Non, Milord, Dieu merci, je suis bon protestant, répondit le mendiant.

— Celui à qui sa conscience permet de se donner le nom de *bon* doit remercier le ciel, quelle que soit sa croyance religieuse. Qu'étiez-vous dans votre jeunesse ?

— Soldat, Milord, et j'ai rudement travaillé. J'aurais été fait sergent, mais...

— Soldat ! vous avez pillé, volé, incendié, tué ?

— Je ne dirai pas, Milord, que j'aie mieux valu qu'un autre ; la guerre est un rude métier ; il ne paraît doux qu'à ceux qui ne le connaissent pas.

— Et maintenant vous êtes vieux, misérable, obtenant d'une charité précaire votre pain de chaque jour. Eh bien ! vieillard, malgré votre âge, votre pauvreté, vos souffrances, ne portez jamais envie au seigneur du château de Glenallan, ni quand il veille, ni quand il repose. Allez, retirez-vous. Voici quelque chose pour vous.

Le comte sonna, et Macraw parut.

— Conduisez ce vieillard à la porte du château, et veillez à ce que personne ne l'interroge. Et vous, retirez-vous, vieillard, et oubliez le chemin qui conduit chez moi.

— Ce serait difficile, dit Édie en s'en allant et en regardant l'argent qu'il avait dans la main, Son Honneur m'a donné de trop bonnes raisons pour cela.

CHAPITRE XXIX

Conformément aux ordres de son maître, Francis Macraw conduisit Ochiltrie hors du château sans lui permettre d'avoir aucun rapport avec les domestiques, et il employa toute sa diplomatie à tâcher de connaître les détails de son entrevue avec le comte. Mais Édie fut impénétrable. Les secrets des grands seigneurs, se dit-il, sont comme des bêtes féroces qu'on tient enchaînées dans des cages bien grillées ; tant qu'elles sont sous les verrous, ça va bien ; mais ouvrez-leur la porte, elles se retournent contre vous et vous déchirent. Je me souviens de ce qu'il en a coûté à Dugald Gunn pour avoir lâché la bride à sa langue à propos de la femme du major et du capitaine Bandilier.

— Ainsi, mon vieux camarade, vous soutenez que vous n'avez parlé à Milord que de vos propres affaires ?

— Sans doute, et de quelques babioles que j'ai rapportées des pays étrangers. Je savais que vous autres, papistes, vous attachez du prix aux reliques qui viennent de loin.

— C'est vrai ; mais il faut que Milord soit fou si quelques brimborions que vous avez pu lui apporter l'ont mis hors de lui.

— N'a-t-il pas eu, Francis, des contrariétés dans sa jeunesse ?

— Oui, Édie, vous pouvez le dire, Milord a eu le cœur tellement brisé, que c'est un miracle qu'il ait pu y résister si longtemps.

— Oui-da! et je suppose qu'il s'agissait d'une femme !

— Vous l'avez deviné, mon vieux, une de ses cousines, Miss Éveline Neville. On a parlé de cette affaire dans le pays, mais tout bas, parce qu'il s'agissait de grands seigneurs. Il y a maintenant vingt-trois ans, Milord aimait sa cousine et voulait l'épouser ; mais sa mère, qui ne le voulait pas, éventa la mine, et alors le diable s'en mêla ; la pauvre jeune fille se jeta du haut de Craigburnsfoot dans la mer, et ce fut la fin de l'histoire.

— La fin pour elle, dit le mendiant, mais pas pour le comte, à ce qu'il me semble.

— Oh ! elle n'aura de fin pour lui qu'avec sa vie.

— Mais pourquoi la vieille comtesse s'opposait-elle au mariage ?

— Pourquoi ? Elle n'en savait peut-être rien elle-même, mais il n'en fallait pas moins lui obéir. Cependant, on disait dans le pays que la jeune miss penchait vers la religion réformée ; et puis elle était plus proche parente de milord qu'il ne le fallait, selon les règles de notre Église, pour pouvoir l'épouser. Quoi qu'il en soit, elle se laissa aller à cet acte de désespoir, et, depuis lors, le comte n'a plus porté sa tête avec l'assurance d'un homme.

Mais adieu, mon vieux camarade; il faut que je rentre pour l'office du soir.

Les deux amis s'étant séparés avec tous les témoignages d'une affection mutuelle, Édie continua sa route vers Fairport et il résolut d'aller à Monkbarns; mais c'était un peu loin, il se décida de s'arrêter au cabaret d'Aylie Sim.

Comme il descendait la colline au bas de laquelle se trouvait le cabaret, il entendit les rires et les exclamations des joueurs de boules, et il hâta le pas pour les rejoindre. La première personne qui vit notre voyageur s'écria :

— Ah! voici le vieil Édie; personne ne connaît mieux les règles du jeu; il faut qu'il décide du coup.

Il s'agissait d'un coup contesté entre le meunier et le maître d'école. Édie, s'étant fait expliquer l'affaire et ayant écouté le pour et le contre, décida judicieusement que le coup était nul. On se remit à faire aller les boules en poussant de nouveaux cris de joie. Mais la gaîté générale fut soudain interrompue par une funeste nouvelle. La barque de Saunders Mucklebackit avait coulé à fond, et on disait que les quatre hommes qui la montaient avaient péri. La vérité était que le pauvre Steenie était la seule victime.

Cette affreuse nouvelle frappa le mendiant comme un coup de tonnerre; il se reprochait d'avoir engagé le jeune homme dans une action qui, si elle n'était pas des plus coupables, était au moins blâmable.

Tandis qu'appuyé sur son bâton, Édie joignait tristement ses regrets à ceux des villageois, un officier de paix lui mit la main sur l'épaule en disant :

— Je vous arrête, au nom du roi.

Tous les spectateurs protestèrent avec indignation qu'on n'avait pas le droit d'arrêter comme vagabond un mendiant du roi, que son manteau bleu mettait à l'abri de toute poursuite.

— Mais son manteau bleu, dit le constable, ne lui permet ni le vol ni le meurtre, et je suis porteur d'un mandat d'arrêt contre lui pour ces deux crimes.

— Et qui donc ai-je assassiné? s'écria Édie.

— M. Herman Dousterswivel, agent des mines de Glenwithershun.

— Tousterchivel? Bon! bon! il est vivant et se porte bien.

— S'il vit encore, dit le constable, ce n'est pas votre faute; car si on doit le croire, il l'a échappé belle. Mais vous répondrez à la justice.

Les défenseurs d'Ochiltrie se turent devant cette accusation; mais plus d'une main compatissante lui apporta du pain, de la viande et quelques sous pour se nourrir en prison.

— Grand merci, mes enfants, dit le mendiant; que le Ciel vous bénisse! Je me suis tiré de plus d'une passe où je ne méritais pas si bien ma délivrance. Ne vous inquiétez pas de moi; la mort du pauvre Steenie me cause plus de chagrin que tout ce qu'on peut me faire.

Édie se laissa emmener sans la moindre résistance, et monta avec le constable dans la charrette qui devait le conduire devant le magistrat à Fairport.

La mort du malheureux Steenie et l'arrestation d'Édie Ochiltrie interrompirent les jeux du village. Dousterwivel étant généralement détesté, on se flatta que l'accusation portée par lui contre Édie était calomnieuse, et que, dans tous les cas, si l'accusation était fondée, il était bien fâcheux que l'entrepreneur de la mine n'eût pas été tué.

CHAPITRE XXX

— C'est donc ce matin qu'on doit enterrer ce pauvre jeune pêcheur, Steenie Mucklebackit? Je présume que la famille s'attend à nous voir assister aux funérailles, dit l'Antiquaire, en quittant sa robe de chambre pour prendre un habit noir taillé à l'ancienne mode.

— Hélas! répondit le fidèle Caxon en brossant l'habit, son corps a été tellement brisé contre les rochers qu'il a fallu presser l'enterrement. La mer est un élément perfide, c'est ce que je dis à ma fille; la mer est un métier aussi incertain...

— Que celui d'un vieux perruquier alors que la taxe sur la poudre et la mode de se faire tondre l'ont privé de ses pratiques. Mais, Caxon, qu'ai-je de commun avec vos races de femelles? J'en ai bien assez des miennes. Je vous demande encore une fois si ces pauvres gens s'attendent à me voir aux funérailles de leur fils?

— Sans doute! sans doute, Monsieur, ils s'y attendent; vous savez que dans ce pays tout propriétaire est assez civil pour suivre le corps jusqu'à la limite de ses domaines; mais vous n'aurez besoin que de sortir dans la rue. *Ce n'est qu'un convoi de Kelso, un pas et demi au-delà du seuil de la porte.*

— Un convoi de Kelso? Et pourquoi un convoi de Kelso?

— Je n'en sais rien; c'est un proverbe.

— Vous n'êtes qu'un faiseur de perruques, Caxon; si j'avais fait cette question à Ochiltrie, il aurait eu une légende toute prête à me raconter.

Il prit son agenda et écrivit: « Convoi de Kelso, un pas et demi au-delà du seuil de la porte. Autorité Caxon. Écrire au docteur Graysteel à ce sujet. »

— Quant à cet usage où est le seigneur de suivre le corps du paysan, continua Oldenbuck après avoir écrit sa note, je l'approuve complétement. Il vient des anciens temps ; il tire son origine de ces principes d'assistance mutuelle entre le maître du sol et celui qui le cultive, et je dois ajouter que le système féodal, qui, soit dit en passant, a porté à l'excès la courtoisie envers les femelles de la race humaine, a mitigé et adouci à cet égard la sévérité des siècles classiques. Personne, Caxon, n'a jamais avancé qu'un Spartiate ait suivi les funérailles d'un ilote. Je gagerais qu'il ne mourait pas sur les domaines de l'abbaye un *Kolb* ou *Kerl*, un paysan, un serf *ascriptus glebæ* (1), sans que John de Girnell le fît enterrer décemment. Mais à quoi bon vous parler de tout cela ? Où est mon neveu Hector ?

— Dans la salle à manger avec ces dames, Monsieur.

— Fort bien, je vais l'y joindre.

— Mon frère, s'écria Miss Griselda dès qu'elle aperçut notre Antiquaire, n'allez pas vous mettre en colère...

— Mon cher oncle, dit Miss Mac Intyre.

— Que veut dire ceci ? demanda Oldenbuck avec inquiétude ; que signifie cette exhortation à la patience?

— Rien de bien important, j'espère, mon oncle ; mais, quel qu'il soit, je prends le dommage à ma charge !

— Mais quel nouveau malheur est donc arrivé ?

— Ma chienne a malheureusement renversé...

— Grand Dieu ! s'écria l'Antiquaire, serait-ce mon urne lacrymatoire de Clochnaben ?

— En vérité, mon oncle, répondit Miss Mac Intyre, je crains... c'est ce vase qui est sur le buffet. La pauvre chienne ne voulait que prendre le beurre frais qui était sur l'assiette.

— Elle y a réussi ! mais ce n'est rien. C'est mon urne lacrymatoire que je regrette ! la pierre fondamentale de ma théorie, la preuve incontestable sur laquelle je

(1) Attaché à la glèbe.

comptais pour convaincre l'opiniâtre ignorance de Mac Crib, que les Romains ont réellement passé dans les défilés de ces montagnes, et qu'ils y ont laissé des armes et des produits de leur industrie. Qu'est devenue cette urne précieuse ? La voilà anéantie, réduite en fragments qu'on pourrait prendre pour ceux d'un vil pot à fleur. Vous ne pouvez imaginer combien je suis ennuyé de cette bête ! Ne s'est-elle pas introduite dans la cuisine, dont les portes étaient fermées, et n'y a-t-elle pas dévoré une épaule de mouton ? Elle a sans doute sauté par la fenêtre, c'est à n'y pas croire !

Si nos lecteurs se rappellent que Jenny Rintherout avait laissé les portes ouvertes quand elle était sortie pour aller chez Maggie, ils ne seront pas surpris que la chienne ait pu entrer dans la cuisine sans effraction.

— Mon oncle, répondit Hector, je suis désolé que Junon ait commis un tel méfait ; elle ne pouvait connaître la valeur de ce misérable pot cassé.

— Ah ! mon frère ! s'écria Miss Mac Intyre, désespérée de l'entendre parler avec tant de légèreté d'une urne antique.

— Que voulez-vous que je dise ? reprit Hector ; c'est dans des pots de terre semblables qu'on fait rafraîchir, en Égypte, l'eau et le vin. J'en ai rapporté deux.

— Quoi ! s'écria l'Antiquaire, de même forme que l'urne lacrymatoire que votre chienne vient de briser ?

— Presque absolument semblable, mon oncle. Je les ai dans mon logement de Fairport ; nous nous en sommes servis pendant la traversée pour faire rafraîchir notre vin. Si cela peut vous faire plaisir, je les enverrai chercher.

— Bien certainement ; je serai enchanté de les posséder, répondit l'Antiquaire. Établir la connexion des peuples par la similitude de leurs usages et des ustensiles dont ils se servaient est depuis longtemps mon étude favorite, et tout ce qui tend à ce but ne peut que m'être infiniment précieux.

— Eh bien ! mon oncle, je vous prierai d'accepter quelques bagatelles du même genre. Puis-je espérer que vous me pardonnez?

— Mon cher enfant, il n'est pas question de pardon ! Je ne vous reproche que de l'étourderie.

— Mais la pauvre Junon n'est aussi qu'étourdie ; elle n'est ni vicieuse ni entêtée.

— Eh bien ! j'accorde un plein pardon à Junon, mais à condition qu'elle sera bannie des appartements que j'occupe.

— Maintenant, mon oncle, permettez à votre neveu, pour lequel vous avez été un véritable père, de vous prier d'acepter cet objet qui m'a été donné à Alexandrie par un savant français à qui j'avais rendu quelques services. Ma sotte blessure m'a empêché de songer à vous l'offrir plus tôt.

En parlant ainsi, le capitaine remit à son oncle un écrin qui contenait une bague antique en or, ornée d'un camée supérieurement gravé et représentant la tête de Cléopâtre.

A cette vue, l'Antiquaire se livra à l'admiration la plus complète ; il serra vivement la main de son neveu, le remercia avec effusion, et fit remarquer à sa sœur et à sa nièce tous les détails de ce travail précieux.

— C'est un joli joyau, dit Miss Griselda en soupesant la bague; elle pèse lourd.

— C'est tout Fairport qui parle par sa bouche ! s'écria Oldenbuck ; l'esprit de cette ville nous infecte tous ! Depuis deux jours que le vent est fixé au nord-est, je ne cesse d'en sentir la fumée, et la contagion morale s'étend encore plus loin. Croyez-moi, mon cher Hector, si je parcourais la grande rue de Fairport, montrant cette bague inappréciable à tous ceux que je rencontrerais, pas une créature depuis le prévôt jusqu'au crieur de la ville ne s'arrêterait pour m'en demander l'origine ; mais si j'avais sous le bras une balle de toile, je ne ferais pas trois pas sans être accablé de questions sur sa finesse et son prix.

Pendant que l'Antiquaire discourait sur l'ignorance des habitants de Fairport, Junon s'était avancée doucement, et, s'emparant d'une rôtie beurrée posée sur une assiette devant le feu et destinée à notre Antiquaire, l'avait dévorée silencieusement.

— Eh bien! eh bien! qu'est devenue ma rôtie? Ah! je vois ce que c'est! Junon, type de la race femelle que Jupiter n'a jamais pu morigéner dans le ciel, je vois qu'il faut renoncer à te discipliner.

Le ton de ce reproche fit juger à Hector que son oncle avait pardonné à Junon, et toute la famille déjeuna gaîment.

Le repas terminé, l'Antiquaire proposa à son neveu de l'accompagner aux funérailles de Steenie. Le capitaine objecta qu'il n'avait pas d'habit de deuil.

— Qu'importe! votre présence suffira. Vous verrez là des choses qui vous intéresseront et je vous ferai apercevoir des traits de ressemblance entre les coutumes des anciens et celles du peuple de ce pays. Il est certain, mon cher Hector, qu'il y a bien des choses que vous devriez connaître ; en présence d'une guerre qui embrase en ce moment l'Europe, qui peut savoir où vous pouvez être envoyé ? Or, si c'était en Norwège ou en Danemarck, ou dans toute autre partie de l'ancienne Scanie, que nous appelons Scandinavie, combien il vous serait utile de savoir l'histoire de cette ancienne contrée, de connaître les antiquités de cette mère de l'Europe moderne, la pépinière de ces héros:

Fermes dans les dangers, si grands dans les combats,
Et qui par un sourire accueillaient le trépas.

Comme vous vous sentiriez animé, si, après une marche fatigante, vous vous trouviez dans le voisinage d'un monument runique, et que vous découvrissiez que votre tente est à côté de la tombe d'un héros!

— Je crois, mon oncle, que je préférerais qu'elle fût à peu de distance d'une basse-cour bien garnie.

— Est-il possible que vous parliez ainsi? Il n'est pas étonnant que les journées de Crécy et d'Azincourt ne se renouvellent plus, quand le respect pour l'ancienne valeur est éteint dans le cœur d'un soldat.

— Mais non, mon oncle, vous vous trompez; mais je pense qu'Édouard, Henry et tous les héros pensaient à dîner avant d'examiner un vieux tombeau. Au reste, je suis loin d'être insensible à la renommée de nos ancêtres, et j'ai quelquefois passé des soirées entières avec mes camarades à entendre le vieux Rory Mac Alpin nous chanter des vers d'Ossian sur les batailles entre Fingal et Lamon-Mor.

— Et croyez-vous réellement, dit l'Antiquaire en fronçant le sourcil, que les fadaises publiées par Mac Pherson soient réellement antiques? Vous rappelez-vous quelques-uns de ces vers que vous trouviez si beaux?

— Ma foi, mon oncle, je n'ai pas de prétention à la science; mais je préfère les anciens héros de mon pays aux Harold, aux Harfager et autres Goths.

— Mais, mon neveu, ces Goths puissants et invincibles sont vos ancêtres; les Celtes à jambes nues, qu'ils laissèrent subsister dans les crevasses de leurs rochers, n'étaient que leurs serfs, leurs *mancipia*...

Hector devint rouge de colère.

— Je comprends, Monsieur, ce que vous voulez dire par les termes de serfs et de *mancipia*; mais de telles expressions ne doivent pas s'appliquer aux montagnards écossais, et le frère de ma mère est le seul homme qui ait pu, sans que je l'en fasse repentir, dire de telles choses devant moi. Mes ancêtres...

— Étaient des chefs nobles et vaillants, Hector, je n'en doute nullement, et je ne m'attendais guère, en traitant un point d'antiquité si reculée, à vous offenser; mais vous êtes vif et bouillant comme si vous aviez en vous l'âme d'Hector, celle d'Achille et celle d'Agamemnon.

— Je suis fâché, mon oncle, de m'être emporté. Je n'oublie pas certainement vos bontés, votre générosité; mais mes ancêtres...

— N'en parlons plus, mon enfant; je n'ai pas eu la pensée d'en insulter aucun.

— J'en suis bien charmé, car la maison Mac Intyre...

— Que la paix du ciel soit avec elle et avec tous ceux qui ont porté son nom. Mais partons.

Un peu avant d'arriver près de la famille Mucklebackit, l'Antiquaire s'écria :

— Que vois-je au bord de la mer, Hector? N'est-ce pas un membre du troupeau de Protée? Oui, oui, c'est un *phoca*, vulgairement appelé veau marin.

A ces mots, Mac Intyre, saisissant avec vivacité la canne de son oncle au risque de le faire tomber, s'élança pour se placer entre la mer et le *phoca*, et lui couper toute retraite.

— Il a le diable au corps! s'écria l'Antiquaire; aller troubler cette bête, qui ne nous fait aucun mal! Hector, mon neveu, laissez là le *phoca*, laissez-le tranquille, vous dis-je; ces animaux mordent comme des enragés. Allons! l'y voilà! Bon! le *phoca* a le dessus. J'en suis bien aise; oui, j'en suis enchanté, répéta-t-il, quoique au fond du cœur il fût alarmé pour son neveu.

Dans le fait, le veau marin, voyant sa retraite coupée par notre militaire, se retourna courageusement, et, ayant reçu sur la tête un coup de canne qui ne le blessa nullement, il se rida le front, signe de colère, saisit la canne avec une de ses pattes et gagna la mer, après avoir renversé le capitaine en passant. Celui-ci, fort décontenancé, rejoignit son oncle, qui le félicita ironiquement de son exploit, digne d'être célébré par Ossian.

— Sur ma foi, mon neveu, votre ennemi s'est éloigné avec l'air majestueux d'un triomphateur, en emportant ma canne en guise de *spolia opima*, ma canne, que j'avais coupée dans les bois d'Hawthornden, dans un temps où je ne croyais pas mourir garçon. Je ne l'aurais pas donnée pour tous les *phoca* de l'Océan. O Hector, Hector ! le héros dont tu portes le nom était né pour être le soutien de Troie, mais tu es né, je le crains, pour être la ruine de Monkbarns.

Hector, en tombant, avait perdu le mouchoir avec lequel il soutenait, par précaution, son bras en écharpe. Ce lui fut un prétexte pour retourner à Monkbarns et éviter la continuation des quolibets de son oncle sur son aventure.

CHAPITRE XXXI

L'Antiquaire doubla le pas et arriva bientôt en face de la cabane des pauvres pêcheurs. Partout régnait le silence de la désolation. Les barques étaient tirées sur le sable. Les enfants ne jouaient pas. Quelques pêcheurs, couverts d'habits de deuil, étaient rassemblés autour de la cabane en attendant que le corps en sortît. Ils se rangèrent avec respect pour faire place au laird de Monkbarns.

Dans l'intérieur, le corps de l'infortuné Steenie était déposé, dans un cercueil, sur le lit qu'il avait occupé toute sa trop courte vie. Le père, qui avait fait des efforts surhumains pour sauver son fils, était debout, regardant le cercueil avec la fixité du désespoir. Il ne répondait pas aux paroles de consolation que chacun croyait devoir lui adresser. Il avait refusé toute nourriture, malgré les supplications de sa femme, qui lui cachait sa propre douleur, et avait eu recours au plus jeune de ses enfants pour persuader au pauvre père, dont il était le favori, de prendre quelque aliment. Saunders avait serré l'enfant dans ses bras.

— Vous serez un brave garçon, Patie, avait-il dit, si vous vivez; mais vous ne serez jamais ce qu'il était pour moi. Depuis l'âge de dix ans, il montait la barque avec moi, et nul ne tirait mieux un filet que lui. On dit qu'il faut se résigner; j'essaierai. »

Et, depuis ce moment, le pêcheur gardait le silence.

Dans un coin de la chaumière, Maggie était assise, la tête couverte de son tablier, et l'on devinait, par l'agitation convulsive qui la secouait, la violence de sa douleur.

L'affliction des enfants était mêlée de surprise à la vue des préparatifs qui se faisaient devant eux, et surtout à l'abondance du pain de froment et du vin, que les plus pauvres pêcheurs ne manquent pas d'offrir à ceux qui viennent rendre les derniers devoirs à leurs morts.

Mais la personne la plus extraordinaire, au milieu de ces affligés, était Elspeth. Assise dans son grand fauteuil, elle regardait avec étonnement l'assemblée; elle paraissait se demander pourquoi elle avait une robe noire, pourquoi on lui avait retiré sa quenouille et son fuseau. Par instants, elle jetait un regard sinistre sur le cercueil, comme si elle sentait l'infortune qui pesait sur la famille; puis ses traits redevenaient impassibles. Elle avait l'air d'un être en qui la lumière de l'existence est obscurcie par les ombres de la mort.

Quand Oldenbuck entra, il fut accueilli avec respect, et, suivant la coutume, on offrit à chacun le pain de froment, le vin et l'eau-de-vie. La vieille Elspeth, se levant tout à coup, saisit un verre, et dit d'une voix creuse et tremblante :

« A votre santé, Messieurs, et puissions-nous avoir souvent une fête semblable! »

Ces sinistres paroles firent frémir tout le monde. Mais à peine la vieille femme eut-elle porté le verre à ses lèvres qu'elle s'écria : « Ah! que veut dire ceci ? Du vin dans la maison de mon fils. J'en devine la cause, » dit-elle en regardant le cercueil; et, se laissant tomber sur son siège, elle se couvrit la figure de sa main desséchée.

Le ministre arriva, et, après quelques mots de consolation aux parents, on procéda au départ; le cercueil, couvert d'un drap, fut porté par les plus proches parents, et l'on n'attendait plus que le père, qui devait, selon l'usage, soutenir le côté de la tête; mais l'infortuné père ne put se résoudre à un tel effort.

L'Antiquaire, s'avançant alors, réclama, comme seigneur du défunt, cette charge à la place du père. Bien que la douleur de la famille fût immense, un sentiment de satisfaction et d'orgueil remplit leurs cœurs en recevant du laird une semblable distinction. Tel est le caractère du peuple écossais, qu'on sut plus de gré au laird de Monkbarns de cet acte que de tout l'argent qu'il distribuait dans toute l'année aux pauvres. On se rendit au cimetière, situé à un demi-mille de distance. Le corps fut rendu à la terre, et toute l'assemblée se dispersa; mais Oldenbuck avait été tellement frappé de la douleur des pauvres parents qu'il résolut de leur faire encore une visite avant de regagner Monkbarns.

CHAPITRE XXXII

Quand le cercueil fut sorti de la cabane, les femmes, qui n'assistaient jamais aux convois, emmenèrent les enfants, afin qu'ils ne tourmentassent pas leurs malheureux parents, dont ils ne pouvaient, vu leur jeune âge, comprendre la douleur. A peine la porte de la cabane était-elle fermée, que le père joignit les mains en poussant des cris de désespoir; il se jeta sur le lit d'où l'on venait d'enlever le cercueil, et se livra sans réserve à toute sa douleur. Ce fut en vain que la malheureuse Maggie, épouvantée de la violence du chagrin de son mari, chagrin qui devient plus dangereux quand il s'empare d'un homme de mœurs rudes et d'une constitution robuste, retint ses sanglots et le conjura de se lever, le supplia de se souvenir qu'il lui restait une femme et des enfants. Le pêcheur resta étendu sur le lit, montrant par la violence de ses sanglots et par les mouvements convulsifs de tous ses membres combien sa douleur était profonde et terrible.

— Ah! quelle journée! s'écria la pauvre Magie; quelle journée! Ah! ma mère, ne pouvez-vous lui dire un mot pour l'engager à se consoler?

Au grand étonnement de Maggie, et sa frayeur en redoubla, la vieille Elspeth se leva, traversa la chambre d'un pas ferme, et, s'approchant du lit sur lequel son fils s'était jeté, lui dit :

— Levez-vous, mon fils, et ne pleurez pas celui qui est maintenant à l'abri de la tentation et du péché; moi, qui ne puis pleurer sur personne, j'ai besoin que vous pleuriez sur moi.

La voix de sa mère, qui depuis tant d'années ne se faisait plus entendre pour prendre part aux affaires de la famille, produisit son effet sur Saunders. Il se leva, s'assit à côté du lit, et le silence de l'abattement succéda à l'égarement du désespoir. Elspeth retourna à son fauteuil et retomba dans son apathie habituelle. On entendit frapper à la porte.

— Mon Dieu! dit la pauvre mère, qui peut venir en ce moment?

On frappa une seconde fois. Elle se leva et alla ouvrir la porte en disant :

— Qui est-ce qui vient troubler une famille dans la douleur?

Un grand homme en habit noir parut devant Maggie, et elle reconnut lord Glenallan.

— Est-ce ici, demanda-t-il, que je trouverai une vieille femme, nommée Elspeth, qui a demeuré longtemps à Craigburnstoof, près de Glenallan?

— Oui, Milord, c'est ma mère; mais elle ne peut voir

personne à présent. Hélas! nous sommes dans un grand chagrin, un affreux chagrin!

— A Dieu ne plaise, ma bonne femme, que je trouble votre affliction sans un motif puissant. Mais mes jours sont comptés; votre mère est arrivée à un grand âge, et, si je ne la vois pas aujourd'hui, il est possible que nous ne nous rencontrions plus ici-bas.

— Et quelle affaire avez-vous avec une vieille femme accablée par l'âge? Ni seigneur, ni paysan, n'entrera dans ma maison le jour où mon fils en est sorti dans un cercueil.

— Maggie, s'écria le pauvre pêcheur, pourquoi empêchez-vous d'entrer? Je ne donnerais pas la moitié d'un vieux câble pour empêcher quelqu'un d'entrer dans cette maison ou d'en sortir.

Lord Glenallan entra. Le chagrin avait laissé sur son visage décharné et sur son corps amaigri de profondes traces. Il s'approcha de l'aïeule et lui demanda:

— Vous êtes bien Elspeth de Craigburnsfoot?

— Qui est-ce qui me demande la demeure de cette méchante femme?

— Moi, le comte de Glenallan.

— Comte de Glenallan! s'écria la vieille femme.

— Oui, celui qu'on appelait William.

— Ouvrez le volet, commanda Elspeth à sa bru. Ouvrez-le vite, que je sache si c'est bien là le fils de ma maîtresse, celui que j'ai tenu dans mes bras une heure après sa naissance, et qui doit me maudire pour ne pas l'avoir étouffé avant qu'une autre heure se fût écoulée!

Maggie entr'ouvrit le volet, qui avait été fermé pour la solennité des funérailles. Un rayon de soleil vint éclairer les traits du malheureux lord et ceux de la vieille Elspeth, qui, debout devant le comte, dont elle avait saisi la main, fixait sur lui ses yeux. Lorsqu'elle eut fini son examen:

— Quel changement! dit-elle avec un profond soupir; quel triste changement! et à qui en est la faute? C'est ce qui est écrit là où le souvenir doit rester, là où tout ce que fait la chair est écrit! Et que veut le comte de Glenallan, ajouta-t-elle après un moment de silence, à une pauvre vieille créature comme moi, qui sera bientôt parmi les morts?

— Mais, au nom du Ciel! dit le lord, c'est à vous de me dire pourquoi vous m'avez fait demander de venir en m'envoyant ce gage, auquel vous savez que je ne puis rien refuser.

Et, en parlant ainsi, le comte lui montra la bague qu'Édie lui avait remise.

Cette vue produisit sur Elspeth une impression terrible; elle trembla de tous ses membres, se mit à fouiller dans ses poches, et s'écria :

— Par quel hasard avez-vous cette bague? Comment vous l'êtes-vous procurée? que va dire la comtesse?

— Ne savez-vous pas que ma mère est morte?

— Morte! ne me trompez-vous pas? A-t-elle enfin laissé son château, ses seigneuries, ses terres?

— Oui, toutes les vanités auxquelles les mortels doivent renoncer tôt ou tard.

— Je me rappelle à présent l'avoir entendu dire; mais êtes-vous bien sûr que votre mère, la comtesse, est partie pour aller rejoindre ses pères?

Le comte l'assura de nouveau que son ancienne maîtresse n'existait plus.

— Eh bien! dit Elspeth, ce secret ne me pèsera pas plus longtemps. Pendant sa vie, qui aurait osé parler de ce qu'elle ne voulait pas qu'on sût? Mais la voilà partie, j'avouerai tout.

Se tournant alors vers son fils et sa bru, elle leur ordonna d'un ton mystérieux de la laisser seule avec le comte de Glenallan... Mais Maggie n'était nullement disposée à l'obéissance envers sa belle-mère. — C'est une chose étrange, dit-elle, que d'ordonner à une mère de sortir de sa maison après avoir vu emporter le corps de son fils aîné.

Le pêcheur ajouta d'un ton ferme :

— Ce n'est pas ce jour qu'il faut choisir pour écouter vos vieilles histoires, ma mère. Milord peut revenir un autre jour où il n'y a personne qui se soucie de vous écouter; mais ni pour lord, ni pour paysan, je ne sortirai de ma maison le jour où.....

Un nouvel accès de douleur l'empêcha de finir sa phrase, et il resta près du lit d'un air sombre et déterminé.

Mais la vieille Elspeth, se levant de son fauteuil, et s'avançant vers lui avec un air solennel, lui dit :

— Mon fils, si vous ne voulez pas entendre l'aveu des crimes de votre mère et être témoin de sa honte, si vous voulez en être béni, si vous craignez sa malédiction, si vous respectez celle qui vous a porté dans son sein et qui vous a nourri de son lait, je vous ordonne de me laisser dire au lord de Glenallan ce que ses oreilles seules doivent entendre. Obéissez à votre mère, afin que lorsque vous couvrirez sa tête de poussière (et plût au Ciel que le jour en fût arrivé !), vous puissiez vous rappeler cet instant où vous lui aurez obéi pour la dernière fois.

Ces mots, prononcés d'un air grave, réveillèrent dans le cœur du pêcheur l'habitude de l'obéissance à laquelle sa mère l'avait accoutumé et dont il ne s'était jamais écarté tant qu'elle avait conservé l'usage de sa raison. Un souvenir douloureux contribua à le déterminer à céder sans murmurer à la volonté de sa mère. Jetant un coup d'œil sur le lit de son fils : « Il ne m'a jamais désobéi, lui ! il n'a jamais examiné si j'avais tort ou raison quand je commandais. Pourquoi ma mère me trouverait-elle moins docile ? » Prenant alors sa femme par le bras, il l'entraîna hors de la cabane et ferma la porte au loquet.

Dès que les malheureux époux furent sortis, le comte de Glenallan pressa la vieille femme de lui apprendre pourquoi elle avait désiré le voir.

— Vous le saurez assez tôt, dit-elle. Je me souviens de tout, il n'y a pas de danger que j'oublie rien; ma chaumière de Craigburnsfoot est devant mes yeux; la petite prairie, le ruisseau qui la traverse avant d'aller se jeter dans la mer,... les deux petites barques avec leurs voiles déployées,... le rocher au bout du parc de Glenallan qui domine la mer..... Ah! oui, je puis oublier que j'ai eu un mari et qu'il est mort, qu'il ne me reste qu'un fils des quatre que j'ai portés, que ce matin j'ai vu sortir d'ici le corps de l'aîné de mes petits-fils; mais jamais je n'oublierai les jours que j'ai passés à Craigburnsfoot!

— Vous étiez la favorite de ma mère? dit le comte.

— Oui, je l'étais; elle m'a élevée au-dessus de mon état; elle m'a donné des connaissances que n'avaient pas mes pareilles. Mais de même que l'ancien Tentateur, elle y a ajouté la connaissance du mal.

— Pour l'amour du Ciel, Elspeth, expliquez-vous! Je sais que vous avez été mise dans l'épouvantable confidence d'un secret qui ferait crouler ces murailles si elles l'entendaient. Mais, de grâce, expliquez-vous!

— Je vais le faire, un moment de patience, dit-elle. Et gardant quelques instants le silence qui n'était plus le silence de l'apathie, elle allait soulager son cœur d'un poids qui l'oppressait depuis longtemps et dont le souvenir occupait ses facultés quand elle semblait morte à tout ce qui l'entourait.

CHAPITRE XXXIII

— Je n'ai pas à vous apprendre, dit Elspeth au comte de Glenallan, que j'étais la femme de confiance de votre mère, à qui Dieu fasse paix, et je conservai ses bonnes grâces pendant bien des années. J'y répondais par un sincère attachement. Je tombai en disgrâce pour un acte de désobéissance, pourtant bien léger, qui fut rapporté à votre mère par une personne qui me croyait chargée d'épier ses actions et les vôtres.

— Femme! s'écria le comte d'une voix émue et tremblante, ne prononcez pas ce nom devant moi!

— Il le faut, répondit-elle avec fermeté. Je vous disais donc que ma disgrâce avait été l'ouvrage de Miss Éveline Neville, fille d'un cousin de votre père et qu'on élevait au château de Glenallan. Il y avait du mystère dans son histoire; mais qui eût jamais osé demander à votre mère ce qu'elle ne voulait pas dire ? Tout le monde au château aimait Miss Éveline; tout le monde, excepté votre mère et moi : nous la haïssions.

— Juste ciel! dit le comte; et pour quelles raisons? Jamais on n'avait vu une créature si douce, si aimable et si digne d'inspirer l'affection.

— Cela peut être; votre mère détestait tout ce qui tenait à la famille de votre père, avec laquelle elle avait eu des querelles au moment de son veuvage. Sa haine contre Éveline Neville redoubla quand elle s'aperçut qu'il existait entre vous deux un commencement d'affection. La tempête éclata avec une telle violence que Miss Neville fut obligée de se réfugier pendant quelque temps au château de Knockwinnock, près de l'épouse de sir Arthur.

— Vous me déchirez le cœur, Elspeth, en me rappelant tous ces détails; mais continuez, et puisse le ciel accepter mes souffrances en expiation de mon crime involontaire!

— Un soir que j'attendais le retour de mon mari, qui était en mer, et que je versais des larmes amères que la fierté m'arrachait quand je pensais à ma disgrâce, la porte de ma cabane s'ouvrit, et je vis entrer votre mère ; elle était aussi pâle que si elle fût sortie du tombeau. Elle s'assit et secoua les gouttes d'eau qui tombaient de ses vêtements, car il faisait un brouillard épais. Je fus surprise de la voir; mais je n'osais parler comme si j'eusse vu un fantôme. Après un moment de silence :

— Elspeth Cheyne, me dit-elle, — car elle me donnait toujours mon nom de fille, — êtes-vous encore la fille de ce Réginald Cheyne qui sacrifia sa vie sur le champ de bataille de Scherifmuir pour sauver celle de son maître, le comte de Glenallan ?

— Oui, lui répondis-je avec fierté, aussi sûrement que vous êtes la fille de ce comte de Glenallan, dont mon père racheta la vie par sa mort.

Ici Elspeth s'arrêta.

— Continuez, au nom du ciel, s'écria le comte; parlez, je vous l'ordonne.

— Ah! je me soucierais peu des ordres que l'on peut me donner sur la terre si je n'avais entendu pendant mon sommeil, pendant mes veilles, la voix d'en haut qui me force à parler ! Eh bien, Milord, votre mère me dit :

— Miss Éveline Neville est revenue à Glenallan; elle est d'accord avec mon fils; ils se sont promis de s'épouser. Alors, je ne serai plus qu'une misérable douairière, au lieu d'être une comtesse, moi qui ai apporté à mon époux des terres, des vassaux et une ancienne renommée de vaillance. Si mon fils prenait une épouse partout ailleurs que dans cette odieuse famille des Neville, je prendrais patience; mais les voir, eux et leurs descendants, jouir du rang et des richesses de mes ancêtres, c'est sentir un poignard s'enfoncer dans mon cœur! Cette fille, d'ailleurs,... je la déteste!

— Moi aussi, répondis-je.

— Misérable! s'écria le comte; quel motif de haine pouviez-vous avoir contre tant d'innocence et de douceur?

— Je haïssais ce que ma maîtresse haïssait. C'était le devoir de tous les vassaux de la maison de Glenallan. Vous saurez, Milord, que jamais un de vos ancêtres ne se mit en campagne sans qu'un de mes aïeux portât son bouclier. Mais j'avais aussi des causes personnelles de haine contre Miss Éveline. J'étais allée la chercher en Angleterre; et, pendant le voyage, elle n'avait fait que de se moquer de mon costume et de mon accent écossais.

Quelque étrange que cela puisse paraître, Elspeth parlait à plus de vingt ans de distance du prétendu affront fait par une jeune fille sortant de pension avec une rancune mortelle.

— Oui, reprit-elle, Miss Éveline m'avait tournée en ridicule; mais ceux qui méprisent le tartan de l'Écossais apprennent à redouter son poignard !

— Elspeth Cheyne, continua la comtesse, je ne veux pas que mon fils se marie avec Éveline. Autrefois j'aurais jeté ce fils indocile dans les cachots de Glenallan; mais le temps n'est plus où les actes d'autorité m'auraient été permis. Écoutez-moi donc, Elspeth Cheyne; si vous êtes la fille de votre père, comme je le suis du mien, je vais vous indiquer le moyen de prévenir ce mariage. Éveline vient souvent se promener au bord de la mer; elle monte sur le rocher au pied duquel est votre cabane. Il faut qu'elle disparaisse!

Pourquoi me regarder avec cet air d'incrédulité, Milord? Ce que je vous dis est vrai... Cependant, il me répugnait de charger ma conscience d'un meurtre. — Ne pourrait-on, dis-je à votre mère, leur faire croire qu'ils sont trop proches parents pour s'épouser?

Ici le comte poussa un cri perçant.

— Ah! s'écria-t-il, Éveline n'était donc pas la fille de...?

— La fille de votre père? Non! elle n'était pas plus votre sœur que je ne la suis moi-même.

— Femme, ne me trompez pas; ne me faites pas maudire la mémoire de celle à laquelle je viens de rendre les derniers devoirs.

— Avant de maudire la mémoire de votre mère, voyez s'il n'y a pas quelqu'un encore vivant dont les fautes ont causé cette terrible catastrophe.

— Voulez-vous parler de mon frère? Il n'existe plus.

— Non, comte de Glenallan, c'est de vous que je parle. Si vous n'aviez pas manqué du respect que vous deviez à votre mère en épousant secrètement Miss Éveline pendant son séjour à Knockwinnock, notre mensonge vous aurait séparés, mais vous n'auriez pas été poursuivis par le remords. Si, ce malheureux mariage accompli, vous l'aviez proclamé, nous n'aurions pu ni voulu recourir au stratagème que nous avions employé pour le prévenir.

— Juste ciel! s'écria le malheureux comte, je comprends à présent les efforts indirects tentés par ma mère pour calmer mon désespoir en me faisant entrevoir la possibilité de douter de ce fait, dont, pourtant, elle m'avait garanti la certitude.

— Elle ne pouvait parler plus clairement sans avouer son mensonge; et elle se serait plutôt fait traîner par des chevaux indomptés que d'avouer. J'en ferais autant si elle vivait encore; toute la race des Glenallan a toujours eu une âme ferme et inébranlable. Il en était de même de ceux qui, à leur côté, poussaient leur cri de ralliement : *Clacnaben!* Pas un vassal n'aurait quitté son chef par intérêt; tous lui obéissaient sans examiner s'il avait tort ou raison. Les temps sont bien changés, à ce que l'on m'assure.

Le comte, en proie aux réflexions déchirantes que faisait naître dans son esprit tout ce qu'il venait d'apprendre, n'écoutait plus la vieille femme.

— Dieu tout-puissant! s'écria-t-il, je suis donc innocent du crime le plus horrible dont un homme puisse être souillé, de ce crime qui, quoique involontaire, m'a causé tant de remords, a détruit, avec la paix de mon cœur, ma santé, et a avancé le terme de ma vie. Mais, mon Dieu, ajouta-t-il avec ferveur, reçois mes humbles remercîments. Si je vis misérable, du moins je ne serai pas souillé d'un crime qui révolte la nature. Mais, dit-il, en s'adressant à Elspeth, quelles preuves pouvez-vous me donner de la vérité de votre confession, si différente de ce que vous avez affirmé autrefois ?

— Les preuves de la naissance de Miss Éveline Neville étaient en possession de la comtesse; elles sont encore, sans doute, dans le tiroir à gauche d'un secrétaire en ébène placé dans son cabinet de toilette. Elle les avait cachées jusqu'à votre départ pour le continent; elle se proposait pendant ce temps de marier Miss Éveline, ou de la renvoyer dans son pays.

— Mais quand vous apprîtes que nous étions mariés, pourquoi persistâtes-vous dans cet abominable artifice ? Pourquoi jurâtes-vous sur l'Évangile ce que vous saviez être faussement criminel ?

— Sans doute, j'aurais prêté un serment plus saint encore s'il en eût existé. Je n'ai pas songé à sauver mon âme quand il s'agissait de servir la maison de Glenallan.

— Misérable ! appelez-vous ce sacrilège serment, un service rendu à la maison de vos bienfaiteurs ?

— Sans doute, répondit Elspeth; je servais comme elle voulait être servie celle qui était le chef de la maison. Elle aura à répondre devant Dieu de l'ordre qu'elle m'a donné, comme j'aurai à répondre de la manière dont je l'ai exécuté. Elle est allée rendre son compte; je ne tarderai pas à la suivre. Est-ce tout ce que vous vouliez savoir ?

— Non; parlez-moi de cet ange, qui mourut persuadée qu'elle était souillée d'un crime affreux. Quelle est la vérité sur cette mort, qui fut peut-être causée par une nouvelle cruauté?

— Non, répondit Elspeth, nos témoignages la poussèrent au désespoir. et elle termina ses jours par sa volonté; devenue folle de douleur après la révélation du terrible secret, révélation qui causa votre départ du château, Miss Éveline fut mise sous bonne garde; votre mère ignorait à ce moment que vous fussiez mariés tous les deux depuis près d'un an; la gardienne, chargée de surveiller Miss Éveline, s'endormit une nuit que la fenêtre était ouverte. La malheureuse s'enfuit au bout du parc... le rocher qui le terminait était baigné par la mer... Oh ! quand oublierai-je cette nuit horrible ?... J'étais au bord de la mer, qui venait presque au pied de ma cabane, ce qui était commode pour le métier de mon mari... Qu'est-ce que je voulais dire ?... — Ah ! je vis, malgré l'obscurité, quelque chose de blanc s'élancer du haut du rocher et tomber lourdement dans l'eau ; c'était une créature humaine... Je me précipitai dans la mer, la chargeai sur mes épaules, et, la déposant sur mon lit, je reconnus avec effroi Miss Neville. Je fis immédiatement prévenir votre mère ; elle m'envoya sa servante Thérésa. Cette Espagnole était un vrai démon sous la figure d'une femme. La pauvre miss fut bientôt prise des douleurs de l'enfantement ; elle mourut en donnant le jour à un fils... Oui, elle mourut dans les bras de sa plus cruelle ennemie... Je laissai Thérésa près de la morte et du nouveau-né, et je courus prendre les ordres de votre mère. Quoique la nuit fût avancée, je parvins à la voir ; elle fit venir votre frère...

— Mon frère !

— Oui, lord Géraldin, votre frère, qu'elle désirait, dit-on, avoir pour héritier, et qui avait tous droits sur sa succession si vous mouriez sans enfants.

— Est-il possible, s'écria le comte, de croire que mon frère, par cupidité, se soit prêté à un crime honteux ?

— Il paraît que votre mère le crut, répondit Elspeth avec un sourire diabolique ; mais le complot n'eut pas lieu devant moi. Ils restèrent longtemps enfermés ; et quand votre frère passa devant moi, quittant votre mère, il avait dans les yeux tout le feu de l'enfer. Votre mère accourut à moi ; elle était hors d'elle.

— « Elspeth Cheyne ! me dit-elle, vous avez quelquefois arraché de sa tige un bouton près d'éclore. Eh bien ! vous comprenez ce que doit devenir le bâtard (votre mère ignorait encore votre mariage) que cette nuit a vu naître pour déshonorer la maison de mon père. Tenez ! » et elle arracha de ses cheveux une longue épingle d'or. « Prenez, dit-elle ; l'or seul doit répandre le sang des Glenallan. »

— Monstre ! s'écria le comte, avez-vous eu l'horrible courage...

— Je ne puis dire si je l'aurais eu oui ou non ; car

lorsque j'entrai dans ma cabane, je n'y trouvai plus que la malheureuse morte. Thérésa et l'enfant avaient disparu.

— Et n'apprîtes-vous jamais rien sur mon enfant?

— Jamais! Thérésa était un démon incarné, mais jamais on ne la revit en Écosse. J'ai entendu dire qu'elle était retournée dans son pays. Un voile épais couvrit tous ces événements, et ceux qui avaient pu soupçonner quelque chose n'y virent qu'une séduction et un suicide. Et maintenant, héritier des Glenallan, pouvez-vous me pardonner?

— Implorez le pardon de Dieu! répondit le comte, mais n'attendez pas le mien.

— Et comment demanderais-je à un être pur et sans souillure ce qui m'est refusé par un pêcheur comme moi? Si j'ai péché, j'ai souffert. Ai-je eu un seul jour de repos depuis que sa longue chevelure mouillée a reposé sur mon oreiller à Craigburnsfoot? Ma maison a été brûlée avec un de mes enfants au berceau; mes deux barques ont été englouties avec mon mari et deux de mes fils. Tout ce qui m'était cher a porté la peine de mon péché. Le feu, les vents, la mer, ont eu leur part de proie! Et plût à Dieu que la terre prît bientôt celle qui attend la mort depuis si longtemps!

Lord Glenallan, qui allait s'éloigner, se rapprocha de la vieille femme.

— Elspeth, dit-il, puisse Dieu vous pardonner comme je vous pardonne! Implorez Celui qui seul puisse faire miséricorde au pêcheur repentant. Je vous enverrai un ecclésiastique.

CHAPITRE XXXIV

L'Antiquaire, ainsi qu'il l'avait projeté en quittant l'enterrement du pauvre Steenie, se dirigea vers la cabane des malheureux parents. En s'approchant il vit sur le rivage que Mucklebackit était occupé à réparer sa barque.

— Je suis charmé, Saunders, que vous ayez la force de vous livrer à quelque occupation.

— Et que voulez-vous que je fasse? répondit le pêcheur avec humeur. Parce qu'un de mes enfants s'est noyé, faut-il que je laisse mourir les autres de faim? Vous autres riches êtes bien heureux ; vous pouvez, quand vous perdez un enfant, rester chez vous ; mais nous, il faut travailler, quand nos cœurs battraient aussi fort que le marteau sur la planche.

Et, sans faire plus d'attention à Oldenbuck, le pauvre pêcheur se remit au travail ; il boucha une voie d'eau, puis une autre ; mais il n'avait plus la force de donner à son ouvrage l'attention nécessaire. La planche qu'il s'apprêtait à scier était d'abord trop longue ; il la scia, elle se trouva trop courte ; il la jeta avec colère.

— Il y a une malédiction sur moi et sur cette chienne de barque ! dit-il d'une voix tremblante en essuyant ses yeux. Ne l'ai-je radoubée pendant tant d'années que pour qu'elle finisse par noyer mon pauvre Steenie ! Qu'elle aille au diable !

Et il lança contre elle son marteau. Revenant à lui :

— Pourquoi me mettre en colère contre ces vieilles planches? Elles n'ont ni sens ni âme. Il faut que la barque soit radoubée pour la marée de demain ; c'est nécessaire.

Il ramassa ses outils, et il allait se remettre à l'ouvrage, quand l'Antiquaire, le prenant par le bras, lui dit avec bonté :

— Saunders, vous n'êtes pas en état de travailler aujourd'hui. Je vais envoyer Schaving le charpentier faire à votre barque ce qui est nécessaire, et je me charge de le payer. Passez demain la journée avec votre famille. Tâchez de vous consoler ensemble. Je vous enverrai de Monkbarns des provisions.

— Je vous remercie, Monkbarns, répondit le pauvre père. Je n'ai pas la langue dorée et ne puis vous faire de beaux discours. Tout ce que je puis vous dire, c'est que je vous remercie bien. Vous avez toujours été charitable pour vos voisins. Dans le temps qu'on cherchait à ameuter les pauvres contre les riches, j'ai dit bien des fois que tant que Steenie et moi pourrions remuer un doigt, on n'arracherait jamais un cheveu de la tête de Monkbarns ; et Steenie en disait autant. Quand vous avez porté sa tête, et je vous dois bien des remercîments pour l'honneur que vous lui avez fait, vous avez vu couvrir de terre un garçon honnête, et qui vous était attaché, quoiqu'il n'en fît pas grand bruit.

Oldenbuck, malgré son stoïcisme affecté, sentit de grosses larmes lui monter aux yeux, tandis qu'il écoutait le malheureux père rappeler les sentiments généreux de son fils. Enfin, prenant le pauvre père par le bras, il l'entraîna vers sa cabane, et la première personne qu'il vit en y entrant fut le lord Glenallan.

— Lord Glenallan, je crois ? dit l'Antiquaire avec froideur.

— Oui, mais bien différent de ce qu'il était quand il fit votre connaissance.

— Je me retire, Milord. Je ne m'attendais guère à trouver Votre Seigneurie ici. Je venais voir une famille affligée.

— Et vous y trouvez, Monsieur, quelqu'un qui a encore de plus grands droits à votre compassion.

— A ma compassion ! Lord Glenallan ne peut avoir

besoin de ma compassion ; et quand cela serait, je doute qu'il voulût me la demander.

— Notre ancienne connaissance, monsieur Oldenbuck...

— Elle se rattache, Milord, à des circonstances si pénibles, que nous pouvons nous dispenser de la renouveler.

A ces mots, l'Antiquaire sortit de la chambre en saluant lord Glenallan. Mais celui-ci, en dépit de cette froideur, suivit l'Antiquaire et lui demanda quelques minutes d'entretien pour avoir son avis sur un sujet important.

— Vous trouverez, Milord, des gens plus en état que moi de vous donner leur avis, quand Votre Seigneurie leur fera l'honneur de les consulter. Quant à moi, je ne me soucie nullement de fouiller dans le passé pour me rappeler les événements d'une vie inutile ; et pardonnez-moi, Milord, si j'ajoute qu'il me serait surtout bien pénible de revenir sur une époque où nous agîmes, moi comme un fou, et vous...

Il s'arrêta.

— Comme un scélérat... Je dois vous avoir paru tel ; mais je puis vous démontrer que j'ai été le plus malheureux des hommes, et non le plus coupable. Oui, vous avez devant les yeux un homme à qui la tombe seule donnera le repos. Vous ne refuserez pas d'écouter celui qui regarde le hasard qui vous a conduit ici comme une manifestation des volontés du ciel.

— Assurément, Milord, il m'est impossible de refuser cet entretien extraordinaire.

— Je vous rappellerai donc que nous nous rencontrâmes au château de Knockwinnock il y a bien longtemps, et vous n'avez pas oublié, je présume, la jeune dame qui y demeurait et pour laquelle vous aviez conçu des sentiments...

— Fort différents de ceux que j'ai voués depuis à tout son sexe. Sa douceur, sa sensibilité, le plaisir qu'elle semblait prendre aux études que je lui enseignais, m'inspirèrent une affection qui ne convenait sans doute pas à ma gravité. Je n'ai pas besoin de vous rappeler toutes les occasions où Votre Seigneurie se divertit aux dépens d'un homme qu'une vie studieuse et retirée rendait gauche et embarrassé pour exprimer ses sentiments, et je ne doute pas que la jeune dame ne trouvât quelque plaisir à me tourner en ridicule : c'est l'usage de toute la race femelle. Je croyais Miss Neville dans un pénible état de dépendance qui pouvait lui faire accepter sans se dégrader la main d'un honnête homme jouissant d'une fortune honorable. Je voudrais pouvoir dire que les vues d'un autre étaient aussi droites que les miennes.

— Monsieur Oldenbuck, vous me jugez sévèrement.

— Ce n'est pas sans cause, Milord. Lorsque j'entamai l'enquête sur la mort de Miss Neville, j'eus toutes les raisons de croire qu'elle avait été la victime de quelque trame infernale, que l'on avait pris toutes les mesures pour anéantir les preuves d'une union légale, et que cette cruauté, soit qu'elle fût l'effet de votre volonté ou de celle de votre mère, poussa la malheureuse à se détruire.

— Asseyons-nous sur ce gazon, Monsieur Oldenbuck, car je ne puis plus me tenir debout.

Lord Glenallan raconta ce qu'il venait d'apprendre de la vieille Espeth :

— Je quittai la maison paternelle, ajouta-t-il, après la confidence de ma mère, comme si j'avais été poursuivi par les Furies. Je ne sais ni où j'allai ni ce que je devins jusqu'au moment où mon frère me découvrit ; il m'apprit la mort de l'infortunée Éveline sans me dire qu'elle eût donné le jour à un enfant. Je fus plongé dans une sorte de stupeur, d'où je sortis seulement en apprenant que vous faisiez une enquête sur cette cruelle affaire. Vous ne pouvez guère être surpris que, ne mettant pas en doute les paroles de ma mère et de mon frère m'affirmant qu'Éveline était la fille naturelle de mon père, j'ai tout fait pour arrêter la procédure que vous aviez commencée, et que, de concert avec eux, j'ai détruit les preuves de mon mariage secret. Mais, Monsieur Oldenbuck, si, depuis plus de vingt ans, un être digne de votre pitié a rampé sur la terre, c'est celui qui est devant vous. Mes aliments ne m'ont pas nourri; mon sommeil ne m'a procuré aucun repos, ma piété aucune consolation. Il y avait des moments où je songeais à m'exposer aux dangers de la guerre, d'autres où je voulais entrer dans un couvent; mais pour mettre à exécution l'un ou l'autre de ces projets, il fallait une volonté; je n'en avais plus! Imagination, jugement, santé, tout subissait en moi une décadence successive... Me refuserez-vous à présent votre compassion et un pardon que j'implore?

— Non, Milord, non, répondit l'Antiquaire d'un ton ému; votre déplorable histoire m'explique ce qu'il y eut de mystérieux dans votre conduite. Elle forcerait aux larmes vos plus cruels ennemis, et, Dieu merci! je n'ai jamais été de ce nombre. Mais permettez-moi de vous demander ce que vous comptez faire.

— Monsieur Oldenbuck, répliqua le comte, je suis sans amis, étranger aux affaires, et, par suite de la retraite où j'ai vécu si longtemps dans la pénitence, étranger également aux lois de mon pays. Vous êtes un homme plein de sagesse et d'intelligence; vous avez un esprit ferme et indépendant; enfin, vous avez rendu hommage aux vertus et aux qualités de l'infortunée Éveline, et vous ne me refuserez pas vos conseils et votre appui dans les démarches que je vais tenter pour m'assurer du sort de mon fils et pour rétablir l'honneur d'Éveline.

— Rien ne vous sera refusé, Milord, du moins en tant que mes faibles moyens me le permettront. Mais c'est une affaire qui demande de mûres réflexions. Et la mémoire de votre mère?

— Elle supportera le poids de ses fautes, s'il le faut, répondit le comte. Je préfère qu'elle soit convaincue d'imposture, plutôt que de nous laisser accuser, Éveline et moi, de crimes épouvantables, qui retomberaient sur la tête de mon enfant, s'il vit encore.

— Alors, Milord, notre premier soin doit être de prendre la déposition de la vieille Elspeth en forme régulière.

— Je crains que ce soit impossible aujourd'hui ; elle est épuisée et entourée d'une famille désolée. Demain, quand elle sera seule, elle voudra peut-être parler devant tout autre que moi. Je suis moi-même si fatigué...

— Alors, Milord, dit l'Antiquaire, au lieu de retourner à votre château, veuillez accepter l'hospitalité à Monkbarns pour cette nuit. Demain matin, nous irons trouver la vieille femme pendant que ses enfants seront à leurs occupations, et nous pourrons recevoir légalement sa déposition.

Lord Glenallan se défendit d'abord sur l'embarras qu'il craignait de causer à Monkbarns, et finit par accepter cette proposition.

L'arrivée d'un hôte d'une telle importance, suivi d'un domestique en grand deuil, conduisant deux chevaux de selle, sur les harnais desquels brillait une couronne de comte, produisit une véritable commotion. Jenny Rintherout, à peine remise d'une attaque de nerfs qu'elle avait éprouvée en apprenant la mort de Steenie, se mit à poursuivre à grands cris ses poulets. Elle perdait la tête en recevant les recommandations de Miss Griselda relativement aux soins à prendre pour ne pas laisser tourner la sauce blanche, ne pas faire brûler le rôti, veiller à ce que Junon n'entrât pas dans la cuisine, et mille autres ordres dont quelques-uns contradictoires. Miss Mac Intyre était curieuse de voir le grand seigneur sur lequel on avait fait tant d'histoires.

Le seul habitant qui conservât sa tranquillité au milieu de l'agitation universelle était le capitaine Mac Intyre, qui n'était pas plus ému de l'arrivée du comte de Glenallan qu'il ne l'eût été de celle d'un simple roturier.

L'Antiquaire présenta sa famille à lord Glenallan, qui écouta avec la complaisance d'un homme bien élevé les doléances de Miss Griselda, regrettant, vu la brièveté du

11.

temps, de ne pouvoir recevoir Sa Seigneurie comme elle l'eût fait si elle eût été prévenue.

Le comte demanda à se retirer quelques instants dans sa chambre, et Oldenbuck le conduisit dans la chambre verte.

Le comte regarda autour de lui avec émotion.

— Je suis déjà venu dans cette chambre, Monsieur Oldenbuck, dit-il.

— Oui, Milord, répondit l'Antiquaire, vous y êtes venu du château de Knockwinnock; vous vous rappelez peut-être quelle est la personne dont le goût a choisi les vers de Chancerc qui sont brodés sur la tapisserie?

— Je ne m'en souviens pas, dit le comte, mais je le devine! C'est un mystère des voies de la Providence qu'une créature si parfaite, douée de tant de grâce, de talents et de vertus, ait été retirée du monde d'une manière si cruelle par suite de son attachement pour un être aussi indigne d'elle que je l'étais.

M. Oldenbuck pressa les mains du comte de Glenallan entre les siennes et s'éloigna.

CHAPITRE XXXV

Le dîner qui causait tant d'inquiétudes à Miss Griselda fut enfin servi, et lord Glenallan, pour la première fois depuis bien longtemps, s'assit à une table étrangère. Par moments il se croyait dans le délire d'un rêve. Délivré ce jour-là de l'image du crime qui avait épouvanté sa vie, il sentait que le poids de ses chagrins était plus supportable; mais il était hors d'état de prendre part à la conversation; il est vrai qu'elle n'était pas de nature à l'intéresser. La brusque franchise d'Oldenbuck, les ennuyeuses harangues de Miss Griselda, et la vivacité du capitaine Mac Intyre, qui connaissait mieux les camps que la cour, tout cela était complètement nouveau pour un seigneur qui avait passé dans la retraite un si grand nombre d'années. Miss Mac Intyre, par sa politesse et sa simplicité, était la seule qui parût appartenir à la classe de la société qu'il avait fréquentée pendant sa jeunesse. En vain, on servit un dîner excellent, quoique simple ; en vain l'Antiquaire vanta son vieux porto et le compara au falerne d'Horace ; lord Glenallan fut à l'épreuve de la tentation. Son domestique plaça devant lui un plat de légumes arrangé avec la plus scrupuleuse propreté, et un verre d'eau compléta son repas. Telle était sa nourriture depuis de longues années.

Notre Antiquaire, qui avait l'habitude de dire tout haut ce qu'il pensait, attaqua son noble convive sur la sévérité de son régime.

— Des pommes de terre, des choux cuits à l'eau, un verre d'eau à la glace pour les faire passer ! l'antiquité n'offre rien de comparable à une telle diète. Votre régime est celui d'un pythagoricien.

— Vous n'ignorez pas que je suis catholique, dit lord Glenallan, et notre Église...

— Établit des règles de mortification, oui ! mais je ne sache pas qu'elles aient été jamais si rigoureusement mises en pratique. — Oldenbuck parla de John de Girnell, puis d'Ossian, et enfin de la Révolution française, évènement politique que le comte ne regardait qu'avec horreur. L'Antiquaire ne portait pas si loin la haine des principes révolutionnaires.

— Il se trouvait, dit-il, dans l'Assemblée constituante, des hommes qui professaient la doctrine des Wighs et qui voulaient établir un gouvernement protecteur de la liberté du peuple. Mais une bande de furieux et de scélérats se sont emparés du pouvoir. C'est comme un orage qui, passant sur une contrée, y répand momentanément la désolation, mais qui, entraînant les vapeurs malfaisantes, l'en dédommage ensuite par une plus grande fertilité.

Le comte secoua la tête ; mais il n'avait ni la force

ni le désir de soutenir une discussion politique, et il laissa passer sans y répondre les arguments de l'Antiquaire.

Ce sujet de conversation permit à Hector de parler de ses campagnes ; il le fit avec modestie, mais avec un enthousiasme qui enchanta le comte ; car, comme ses ancêtres, il avait été élevé dans la croyance que le métier des armes était la seule noble occupation pour l'homme, et dans son esprit, avoir porté les armes contre la France, c'était s'être sanctifié par une sorte de croisade.

— Que ne donnerais-je pas, dit-il à Oldenbuck en quittant la table, pour avoir un fils semblable à votre neveu ! Il lui manque peut-être ce poli que l'usage du monde et de la bonne société lui donnerait bientôt ; mais avec quelle ardeur il s'exprime ! Comme il aime sa profession ! Avec quel feu il fait l'éloge des autres, et comme il parle modestement de lui-même !

— Hector vous aurait, s'il vous entendait, beaucoup d'obligation, Milord. C'est à la vérité un brave garçon ; mais je ne le tiens pas aussi parfait que vous voulez bien le supposer, et je fais plus de cas de la bonté de son cœur que de son enthousiasme. Il vous parlera avec autant de feu des talents de sa chienne Junon pour la chasse que du plan de campagne le mieux combiné.

— Puisqu'il aime la chasse, dit le comte, il peut, quand bon lui semblera, se livrer à ce plaisir sur toute l'étendue de mes domaines.

— Vous voulez donc, Milord, l'attacher à vous corps et âme ? Je vais l'enchanter en lui apprenant cette nouvelle. Mais, Milord, si vous aviez pu voir mon phénix, Lovel ! le prince, le roi des jeunes gens de ce siècle ! Et ne croyez pas pourtant que le sang ne bouillonne pas dans ses veines. Je vous réponds qu'il a su river le clou à mon neveu : *A bon chat, bon rat!*

Et tout en causant, l'Antiquaire emmena lord Glenallan dans son cabinet, pour causer plus à l'aise des affaires sérieuses qui les préoccupaient.

— Il faut, dit le comte, que vous me serviez de guide. Vous connaissez le monde, et moi je m'en suis banni depuis longtemps ; le château de Glenallan est ma prison volontaire, et je n'ai pas le courage d'en sortir. C'est à vous de me tracer ma conduite, ainsi que je vous l'ai déjà demandé.

— *Suum cuique tributo*, Milord ; il faut rendre à chacun ce qui lui est dû. Il faut donc songer à justifier Miss Neville ; mais on peut, ce me semble, le faire sans compromettre directement votre mère. On peut se borner à dire qu'elle s'était positivement opposée à ce mariage.

— Mais vous oubliez, Monsieur Oldenbuck, cette circonstance horrible de la disparition de l'enfant avec la confidente de ma mère et les affreuses conséquences qu'on peut tirer des aveux d'Elspeth ?

— Si vous voulez, Milord, savoir mon opinion et me promettre de ne pas saisir trop vivement l'espérance qu'elle vous donnera, je vous dirai qu'il me semble fort possible que votre fils vive encore. L'enquête que je fis sur ce déplorable événement m'apprit que dans la nuit où il arriva, votre frère Édouard Géraldin Neville partit accompagné d'une femme et d'un enfant au maillot. La calèche, attelée de quatre chevaux, se dirigea vers l'Angleterre, et je suivis ses traces jusqu'à la frontière. Je crus alors que le projet de la famille était d'éloigner un enfant dont vous vouliez déclarer la naissance et qui eût pu faire valoir ses droits plus tard. Mais, aujourd'hui, je crois que votre frère, trompé par votre mère, a voulu faire disparaître cet enfant par égard pour l'honneur de la famille, et pour le soustraire à la cruauté de la comtesse.

La lumière inattendue que l'Antiquaire avait jetée sur cette histoire douloureuse frappa si vivement le malheureux comte, qu'il se laissa tomber dans son fauteuil et perdit connaissance. Oldenbuck se précipita pour demander un flacon de sel à sa sœur, tout en pestant contre les divers incidents qui avaient transformé sa maison en hôpital, pour un duelliste blessé, puis pour un grand seigneur mourant de faiblesse. Lorsqu'il revint avec le flacon, lord Glenallan se trouvait mieux.

— Vous pensez donc, Monsieur Oldenbuck, car, pour moi, je ne suis pas en état de penser, qu'il n'est pas impossible que mon fils existe encore ?

— Je pense qu'il est impossible que votre frère ait commis un crime. Il était léger, mais il avait des sentiments d'honneur; et il n'est pas supposable que s'il eût eu le dessein de faire périr l'enfant, il eût été assez imprudent pour l'emmener dans sa voiture, comme je vais vous prouver qu'il l'a fait.

A ces mots, l'Antiquaire ouvrit un tiroir de la grande armoire d'Aldobran, et y prit une liasse de papiers attachés avec un ruban noir et sur laquelle on lisait : « Enquête faite par Jonathan Oldenbuck, laird de Monkbarns, juge de paix, le 18 février 17.. » et au-dessous, en petits caractères : *Eheu Evelina!*

De grosses larmes tombaient des yeux du comte, tandis que sa main tremblante cherchait à dénouer le ruban.

— Ne lisez pas à présent, dit l'Antiquaire. N'épuisez pas vos forces, dont vous avez besoin dans une affaire aussi importante. Je présume que, votre frère mort, il vous sera possible d'interroger ses domestiques. S'il est absurde de conclure qu'après un laps de plus de vingt ans votre fils vit sûrement, parce qu'on ne l'a pas fait périr dans son enfance, il faut néanmoins s'occuper sur-le-champ de faire une enquête à ce sujet.

— C'est ce que je ferai. Je vais écrire à l'intendant de mon frère, vieillard dévoué, qui avait rempli les mêmes fonctions près de mon père ; mais je dois vous apprendre, Monsieur Oldenbuck, que je ne suis pas l'héritier de mon frère.

— Vraiment ! j'en suis fâché, Milord, car il possédait de beaux domaines, et les ruines du vieux château de Neville-Burg sont les restes les plus splendides d'architecture anglo-normande qu'on puisse trouver dans le nord de l'Angleterre. Je vous croyais l'héritier de votre frère.

— Cela devait être ; mais nous étions divisés d'opinions depuis longtemps. Mon frère avait adopté des idées religieuses différentes de celles de notre maison ; de là sa brouille avec ma mère. Il avait le droit de disposer de ses biens au cas où je n'aurais pas de fils légitime, et il les a légués à un étranger.

— Et vous pensez, Milord, que l'intendant de feu votre frère était encore au service de ce dernier lorsqu'il est mort ?

— Je le crois ; mais, comme il est protestant, je ne sais trop jusqu'à quel point on peut se fier à lui.

— Il me semble, Milord, qu'un protestant peut mériter autant de confiance qu'un catholique. Je prends un double intérêt à la foi protestante, Milord ; car, indépendamment de ce que je la professe, un de mes ancêtres, Aldobrand Oldenbuck, a imprimé la célèbre *Confession d'Augsbourg*, comme je puis le prouver à Votre Seigneurie par un exemplaire de l'édition originale en ma possession.

— Ce que je viens de dire, Monsieur, ne m'est pas inspiré par l'esprit d'intolérance ; mais ne peut-on supposer que l'intendant protestant favorisera l'héritier protestant plutôt que l'héritier catholique, si toutefois mon fils a été élevé dans la religion de ses pères ?

— Eh bien ! Milord, nous prendrons nos précautions. J'ai à York un ami avec lequel je suis en correspondance depuis six ans relativement à la coupe saxonne que l'on conserve dans la cathédrale de cette ville, et nous ne sommes d'accord que sur la première ligne de l'inscription qui y est gravée. Je vais lui écrire pour avoir des renseignements circonstanciés sur le testament de votre frère et sur ses légataires. De votre côté, cherchez à réunir les preuves de votre mariage.

— J'espère m'en procurer, dit le comte ; car l'ecclésiastique qui l'a célébré, et qui était passé en France, où nous lui avions fait avoir un bénéfice, en a été chassé par la persécution. Il est revenu, ici victime de son zèle pour la royauté et la religion.

— Vous conviendrez, Milord, que voilà une heureuse conséquence de la Révolution française ; mais soyez sans inquiétude, j'agirai pour vous comme pour moi. Et faites attention, quand vous voudrez qu'une affaire importante marche bien, chargez-en un antiquaire. Et pourquoi ? C'est qu'habitués à avoir l'esprit tendu pour s'occuper de minuties, ils ne laissent rien échapper dans une affaire sérieuse. Et à présent, Milord, si cela pouvait vous intéresser, je vous lirais quelque chose avant la soupe.

— Je vous prie, Monsieur Oldenbuck, de ne rien changer pour moi à vos habitudes de famille ; mais je ne prends jamais rien le soir.

— Je vous en livre autant, Milord ; et pourtant ce n'était pas l'usage des anciens ; il est vrai que je dîne autrement que Votre Seigneurie, et que par conséquent je serais en état de me passer des rafraîchissements que mes femelles placent le soir sur ma table. Malgré cela je prends volontiers une côtelette ou un hareng grillé, une douzaine d'huîtres, une tranche de jambon, uniquement pour boucher l'orifice de l'estomac avant de me mettre au lit. Vous en ferez bien autant, Milord ?

— C'est littéralement, Monsieur Oldenbuck, que je vous dis que je ne prends rien ; mais j'assisterai avec plaisir à votre souper.

— Eh bien ! Milord, en attendant je vais vous lire un travail de moi qui vous intéressera, j'ose le dire : c'est mon essai sur la *Castramétation*, dont la lecture a été accueillie avec indulgence dans diverses sociétés d'antiquaires. Le sujet est les ruines du fort antique qui se trouve dans votre baronnie de Clochnaben.

Lord Glenallan, qui eût mille fois préféré s'entretenir du seul sujet qui l'intéressât, eut la patience d'écouter jusqu'au bout l'interminable dissertation de l'Antiquaire sur l'étymologie des noms en usage dans le pays pour désigner les plantes et les objets usuels, et le malheureux comte dut boire jusqu'à la lie le calice que sa politesse lui avait fait accepter.

CHAPITRE XXXVI

Le lendemain matin notre Antiquaire fut éveillé plus tôt qu'à l'ordinaire par Caxon.

— Eh bien! qu'y a-t-il donc, Caxon, dit-il? est-il huit heures?

— Non, Monsieur; mais le domestique du comte m'a cherché, car il me prend pour le valet de chambre de Votre Honneur, et, de fait, je le suis, et de sir Arthur; du moins ni vous ni lui n'en avez d'autres.

— Fort bien, n'importe; mais pourquoi me troubler si matin?

— Oh! Monsieur, le grand seigneur est levé depuis la pointe du jour; il a envoyé un exprès à Fairport afin de demander sa voiture, et il ne veut pas partir sans avoir vu Votre Honneur.

— Fort bien! il faut que je me lève; donnez-moi ma robe de chambre. Et quelles nouvelles y a-t-il à Fairport?

— Il n'est bruit que de la grande nouvelle de ce seigneur, qui, depuis tant d'années, dit-on, n'avait pas passé le seuil de votre porte, et qui est venu faire une visite à Votre Honneur.

— Ah! ah! Eh bien! Caxon, que dit-on à ce sujet?

— Il y a plus d'une opinion, Monsieur; ces coquins qu'on appelle démocrates, qui sont contre les rois, les lois et les cheveux poudrés, disent que le comte est venu proposer à Votre Honneur d'amener à Fairport ses montagnards pour empêcher les assemblées des amis du peuple. Quand je leur dis que Votre Honneur ne se mêlera jamais d'affaires où il y a des coups à recevoir, ils me répondent que votre neveu, qui est soldat du roi, se battrait dans le sang jusqu'aux jarrets; enfin que vous êtes la tête, lui le bras, et que le lord doit fournir l'argent.

— Fort bien. Je suis charmé que la guerre ne doive me coûter que des conseils à donner. Et que disent les autres gens de Fairport?

— Pour ne vous rien cacher, ce qu'ils disent ne vaut guère mieux. Le capitaine Coquet, capitaine des volontaires, celui qui doit être le nouveau collecteur des taxes, et quelques autres membres du Club royal des Bleus, disaient tout à l'heure qu'on ne devrait pas souffrir qu'un papiste comme le comte de Glenallan, qui passe pour avoir des amis en France, coure le pays et que..... Votre Honneur va peut-être se fâcher?

— Non, Caxon, non ; faites feu contre moi aussi bravement que si vous composiez vous tout seul le peloton du capitaine Coquet.

— Eh bien ! Monsieur, ils disent qu'on devrait avoir les yeux sur vous, et qu'il ne serait pas mal de vous loger avec le comte de Glenallan au château d'Édimbourg.

— Sur ma parole, j'ai grande obligation à mes compatriotes de la bonne opinion qu'ils ont de moi et du soin qu'ils prennent de me trouver un logement dans le château d'Édimbourg... Donnez-moi mon habit, Caxon. Et avez-vous quelques nouvelles de Taffril et de son brick?

— Non, Monsieur, répondit tristement Caxon, nous avons eu des vents d'est terribles, et il ne fait pas bon s'approcher de la côte hérissée de rochers, qui s'avancent tellement en mer, qu'un vaisseau s'y trouverait brisé en éclats comme la poudre que je secoue de ma houppe.

— Donnez-moi un col blanc, Caxon. Croyez-vous que je descendrai avec un mouchoir autour du cou quand j'ai de la compagnie?

— Le capitaine dit qu'un mouchoir à trois pointes est ce qu'il y a de plus à la mode, et que les cols ne sont bons que pour Votre Honneur et ceux de l'ancien monde,

— Le capitaine est un fat, et vous un oison, Caxon.

Avant le déjeuner, lord Glenallan discuta avec l'Antiquaire les diverses déclarations que celui-ci avait reçues lors de l'enquête commencée sur la mort de Miss Neville, et il lui annonça qu'il allait immédiatement vérifier si les preuves relatives à la naissance de l'infortunée jeune fille étaient encore, ainsi que lui avait affirmé Elspeth, dans l'armoire de la comtesse.

— Par instants, dit le comte, je me sens comme un homme qui s'éveille d'un songe. Je me demande si je n'ai pas ajouté foi trop vite aux déclarations de cette femme, quand tout ce qu'elle m'apprenait était diamétralement opposé à ses anciennes affirmations.

— Non, Milord, répondit l'Antiquaire avec fermeté, non, vous n'avez aucune raison de douter d'une déclaration qu'elle vous a faite sous l'empire des remords de sa conscience. Il faut chercher sans délai les pièces dont elle vous a parlé, et il faut obtenir sa déclaration sous une forme légale. Nous devions y aller ensemble; mais ce sera un soulagement pour Votre Seigneurie si je me charge seul, en qualité de magistrat, de provoquer ses aveux.

— Je ne puis vous exprimer, dit lord Glenallan, en joignant les mains et en les élevant vers le Ciel, toute ma gratitude pour votre coopération dans cette triste affaire. Quoi qu'il arrive, vous aurez droit à mon éternelle reconnaissance.

— Milord, j'ai le plus grand respect pour la famille de Votre Seigneurie, qui compte parmi les plus anciennes d'Écosse. D'après une tradition plausible, elle remonte jusqu'à Marmor de Clochnaben; mais, malgré ma vénération pour l'antiquité de votre maison, je vous affirme que ce qui me porte à vous offrir le secours de mes faibles talents, c'est le sentiment de compassion pour vos chagrins et l'indignation profonde que j'éprouve contre les impostures dont vous avez été si longtemps la victime. Maintenant, Milord, le déjeuner est prêt; j'espère que vous allez vous dédommager de la sévérité du régime que vous avez observé hier.

Ceci n'entrait nullement dans les projets du comte. Il prit une tranche de pain grillé et un verre d'eau que lui présenta son domestique, ce qui était son déjeuner ordinaire ; et il avait à peine fini ce repas d'anachorète, qu'on entendit une voiture s'arrêter à la porte.

— C'est la voiture de Votre Seigneurie, dit Oldenbuck en regardant par la fenêtre ; c'est un superbe *quadriga*, tel est le nom donné par les Romains aux chars attelés de quatre chevaux.

— Jamais, dit Hector, jamais quatre plus beaux chevaux bais, quatre coursiers mieux assortis, n'ont été attelés à une berline. Quels beaux poitrails ! Quels superbes chevaux de bataille on aurait pu en faire ! Oserai-je vous demander, Milord, si ce sont vos élèves ?

— Je... je le crois, répondit lord Glenallan ; mais j'attache si peu d'importance à mes affaires domestiques, qu'il faut que j'aie recours à Clavert pour le savoir ; — et il se tourna vers son domestique.

— Ils sortent de votre haras, Milord, dit Clavert. Ils ont pour père Mad Tom, et leurs mères sont Jemina et Jarico, vos deux plus belles juments.

— En avons-nous quelques autres de la même race ?

— Deux, Milord : l'un qui vient d'avoir quatre ans, et l'autre qui en a cinq, deux bêtes magnifiques.

— Eh bien ! que Dawkins les amène ici demain matin. Le capitaine Mac Intyre voudra bien, s'il les trouve à son goût, les accepter.

Tandis qu'Hector, l'œil étincelant de plaisir, remerciait le comte, l'Antiquaire cherchait à réprimer une libéralité qui lui semblait de sinistre augure pour son foin et son avoine.

— Milord, Milord, je vous suis très obligé ; mais Hector est un piéton ; il sert dans l'infanterie. D'ailleurs, c'est un Highlander, et son costume ne convient pas au service de la cavalerie.

— Vous avez le droit de me donner des ordres, Monsieur, répondit le comte avec politesse; mais j'espère que vous ne défendrez pas d'offrir à mon jeune ami quelque chose qui lui soit agréable.

— Lui être utile, Milord, à la bonne heure, mais point de *curriculum*. Et pendant que j'y songe, qui a donc fait venir de Fairport cette vieille chaise de poste que j'aperçois?

— C'est moi, mon oncle. Je vous dirai que je vais à Fairport, parce que Caxon m'a appris que l'on doit ce matin interroger le vieil Ochiltrie pour voir s'il y a lieu d'instruire son procès. J'y vais pour veiller à ce que justice soit rendue à ce pauvre diable, qui a servi dans le régiment de mon père.

— Hector, j'irai avec vous. Je suis convaincu que le vieil Édie n'est pas coupable, et, dans l'embarras où il se trouve, j'espère pouvoir lui être utile.

Lord Glenallan, quand on lui eut expliqué quelle était l'accusation portée contre le mendiant, demanda si ce mendiant n'avait pas une espèce de manteau bleu, la barbe blanche, une haute taille, et un parler vif et indépendant.

— C'est bien là, Milord, le signalement d'Ochiltrie.

— C'est donc à lui, dit le comte, que je suis redevable des révélations d'Elspeth, puisqu'il est venu à moi envoyé par elle. Je n'oublierai jamais cela; qu'y a-t-il à faire pour lui?

— Je ne sais trop, Milord, mais je suis bien peiné de le savoir retenu en prison pour les calomnies de Dousterwivel. Je vais aviser aux moyens de le faire sortir, car cette réclusion doit lui briser le cœur.

Lord Glenallan, ayant fait ses adieux aux dames, assura au capitaine que les deux chevaux seraient le lendemain à Monkbarns et l'invita à chasser sur ses domaines. — J'ajouterai, dit-il, que si la société d'un vieillard mélancolique ne vous effraie pas, le château de Glenallan vous sera toujours ouvert.

Hector, transporté de joie à la pensée de pouvoir chasser dans la réserve de Gleuallan et dans les bruyères de Clochnaben, exprima toute sa reconnaissance, et M. Oldenbuck remercia le comte de l'honneur qu'il faisait à son neveu.

Dès que le comte fut monté dans son équipage, ses magnifiques chevaux partirent au grand galop pour Glenallan, et l'Antiquaire, avec Hector, monta dans la vieille chaise de poste traînée par deux chevaux, dont l'un trottait pendant que l'autre galopait, et qui néanmoins les conduisit assez promptement à Fairport.

CHAPITRE XXXVII

Grâce aux provisions qu'il avait reçues, Édie passa deux jours en prison sans trop d'impatience, et il regretta d'autant moins sa liberté que le temps fut mauvais.

— Une prison, disait-il, n'est pas un aussi mauvais gîte qu'on le prétend. Vous avez un bon toit pour vous abriter de la pluie ; on y trouve à qui parler ; ma besace est bien remplie : qu'ai-je à m'inquiéter du reste ?

Mais la philosophie du mendiant diminua quand les rayons du soleil pénétrèrent à travers les barreaux, et qu'une linotte, dont la cage était attachée près de la fenêtre, commença à saluer l'astre du jour par ses chants.

— Vous êtes plus gaie que moi, dit-il à l'oiseau ; car je ne saurais chanter en pensant aux collines et aux vallons où je serais à rôder par un si beau temps. Ce n'est pas votre faute si vous êtes en cage, pauvre petite ; au lieu que si je m'y trouve, je ne puis m'en prendre qu'à moi.

Le soliloque d'Ochiltrie fut interrompu par le gardien, qui vint le chercher pour le conduire devant le magistrat.

— Faites entrer le prisonnier, s'écria le vénérable bailli

Petit-Jean, magistrat plein de zèle, ultra-loyaliste, absolu dans l'exercice de ses fonctions ; du reste honnête citoyen.

— Faites-le entrer ! Dans quel temps vivons-nous ? Les mendiants du roi sont les premiers à contrevenir à ses lois ! Voici un vieux Manteau-Bleu qui a commis un vol.

Édie salua le magistrat en redressant sa haute taille ; les premières questions qui lui furent faites ne concernant que son nom, son âge, sa profession, il y répondit avec exactitude ; mais quand le bailli lui demanda où il avait passé la nuit pendant laquelle Dousterswivel prétendait avoir été battu et volé, il répondit :

— Pouvez-vous me dire, Monsieur le bailli, vous qui connaissez les lois, ce qu'il m'en reviendra de répondre à vos questions ?

— Rien, si ce n'est qu'en me disant la vérité et en me prouvant votre innocence, vous me mettrez à même de vous rendre la liberté.

— Mais il me semble, Monsieur le bailli, qu'il serait plus juste que mes accusateurs prouvassent que je suis coupable, au lieu d'exiger de moi de prouver mon innocence.

— Je ne siège pas ici pour discuter avec vous des points de droit. Je vous demande si, oui ou non, vous avez couché chez Raingan Aikwood la nuit dont je parle. Répondez si vous voulez.

— Eh bien ! Monsieur le bailli, je ne vous ferai pas perdre de temps. Vous pouvez écrire qu'Édie Ochiltrie maintient la liberté... non, un moment, je ne suis pas un enfant de la liberté, je l'ai combattue lors de la révolte de Dublin. D'ailleurs, j'ai mangé le pain du roi pendant bien des années. Écrivez qu'Édie Ochiltrie le Manteau-Bleu maintient sa prérogative de sujet du roi, et refuse de répondre aux questions qui lui seront adressées, à moins qu'il ne voie quelques raisons de le faire.

— En ce cas, Édie, il faut, dit le magistrat, que je vous renvoie en prison, où vous resterez jusqu'à ce que vous soyez mis en jugement.

— Eh! bien, Monsieur le bailli, si telle est votre volonté, je m'y soumets. Si vous consentiez cependant à me laisser sortir, je vous donnerais ma parole de me présenter au jour indiqué par vous.

— La garantie serait légère dans une affaire où votre cou est en question. Si vous pouviez fournir une caution suffisante, je ne dis pas...

En ce moment l'Antiquaire entra avec le capitaine Mac Intyre.

— Bonjour, Messieurs, dit le magistrat après avoir donné l'ordre d'éloigner Ochiltrie; vous me voyez occupé des iniquités du peuple, travaillant *pro republicâ*, Monsieur Oldenbuck, servant la loi. Capitaine Mac Intyre, vous savez que j'ai aussi pris l'épée?

— C'est un des emblèmes de la justice, répondit l'Antiquaire; mais j'aurais cru que la balance vous aurait mieux convenu, d'autant plus, bailli, que vous en avez dans votre boutique.

— La remarque est juste, Monsieur Oldenbuck; mais c'est comme soldat que j'ai pris l'épée. Je me ressens encore de ma dernière attaque de goutte; cependant je parviens à me tenir sur mes jambes pendant que le sergent m'apprend la manœuvre. Je voudrais savoir s'il s'y prend bien, capitaine. Et le bailli alla en boitant prendre ses armes déposées sur son fauteuil, afin de mettre Hector en état de juger de son instruction militaire.

— Mon cher bailli, dit l'Antiquaire, je vous garantis qu'Hector se fera un plaisir de vous donner son opinion; mais c'est au juge de paix que j'ai affaire. Vous avez là une de mes vieilles connaissances claquemuré en prison d'après la plainte du coquin de Dousterswivel.

Ici le magistrat prit un air grave.

— Vous êtes juge de paix, Monsieur Oldenbuck; je ne fais donc nulle difficulté de vous communiquer le commencement d'information. Et il remit une liasse de papiers entre les mains de l'Antiquaire, qui, prenant ses lunettes, se mit à les parcourir. L'accusation portée par Dousterswivel était appuyée par la déclaration des deux Aikwood sur l'état dans lequel ils avaient trouvé l'Allemand ; ils affirmaient qu'Édie Ochiltrie, ayant demandé à passer la nuit dans leur grange vers dix heures, n'y était plus à leur retour des funérailles; de plus, deux assistants avaient déclaré avoir poursuivi deux personnages suspects qui fuyaient des ruines de Sainte-Ruth au moment où le convoi y pénétrait, qu'ils les avaient vus entrer dans la cabane de Saunders Mucklebackit, et que Steenie avait montré à Édie un portefeuille qu'il tenait en mains. Or, Dousterswivel réclamait son portefeuille, volé, disait-il, pendant cette nuit malencontreuse.

— Que dites-vous de ces charges contre votre protégé? demanda le magistrat quand l'Antiquaire eut cessé de lire.

— Je dis que s'il s'agissait d'un autre que de ce damné Dousterswivel, je regarderais l'affaire comme mauvaise *primâ facie ;* mais je ne puis me résoudre à condamner celui qui aurait bastonné Dousterswivel. Il y a longtemps que si j'avais eu, bailli, une étincelle de votre ardeur militaire, j'aurais fait moi-même la besogne ; car c'est un impudent coquin, dont les mensonges me coûtent cent livres sterling, et Dieu sait combien à mon ami sir Arthur. D'ailleurs, bailli, je sais qu'il n'est pas ami du gouvernement.

— Vraiment ? Oh ! mais cela changerait considérablement l'affaire.

— Sans contredit ; qui sait si le voyage de cet intrigant aux ruines de Sainte-Ruth à une pareille heure n'avait pas un but politique ? Qui sait si toute cette histoire de trésors cachés n'est pas concertée avec nos ennemis de l'autre côté de l'eau ?

— C'est précisément ce que je pense, mon cher Monsieur. Que je m'estimerais heureux de pouvoir devenir l'instrument d'une telle découverte ! Ne pensez-vous pas qu'il serait à propos de faire mettre les volontaires sous les armes ?

— Non, pas encore, non, pas tandis que la goutte les prive de leur chef. Mais me permettez-vous d'interroger Ochiltrie ?

— Certainement, Monkbarns ; mais vous n'en tirerez rien. J'entends le sergent en bas qui vient pour me donner ma leçon de manœuvre. Baby, descendez mes armes en bas.

Et le martial magistrat partit, suivi de sa bonne, portant les armes.

— Voilà un excellent écuyer pour un champion goutteux, dit l'Antiquaire. Hector, mon garçon, suivez-le, et tâchez de l'occuper pendant une demi-heure environ. Donnez quelques éloges à sa tournure militaire, et amusez-le par quelques termes guerriers.

Le capitaine, malgré son profond mépris pour les citoyens-soldats, consentit à rejoindre le vieux boutiquier goutteux, afin de laisser à son oncle le temps de causer avec Édie.

CHAPITRE XXXVIII

L'Antiquaire passa dans la chambre où l'on avait fait retirer Ochiltrie après son interrogatoire. Il trouva le vieillard assis près d'une fenêtre qui donnait sur la mer. Ses traits étaient calmes, et cependant de grosses larmes tombaient sur ses joues et le long de sa barbe. Oldenbuck le tira de sa rêverie en lui disant avec bonté :

— Je suis fâché, Édie, de vous voir si affecté de cette affaire.

Le vieillard tressaillit, et, s'essuyant les yeux, répondit :

— J'espère, Monkbarns, que vous me connaissez trop bien pour croire que c'est le moment d'embarras où je me trouve qui tire des larmes de mes vieux yeux. Non, non ; mais je viens de voir passer cette pauvre jeunesse, la fille de Caxon, qui regardait la mer comme pour y trouver des motifs d'espérance ; et l'on n'a pas de nouvelles du brick de Taffril ; on dit même qu'un bâtiment du roi s'est brisé sur le rocher de Haltray et y a péri corps et biens ! A Dieu ne plaise, Monkbarns ! car le pauvre jeune Lovel, que vous aimez tant, aurait bu à la grande tasse comme les autres !

— Oh ! oui, vraiment, à Dieu ne plaise ! J'aimerais mieux que le feu fût à Monkbarns ! Mon pauvre jeune ami ! mon coadjuteur ! Cela ne peut être ! Taffril est excellent marin, et Lovel, mon pauvre Lovel, a toutes les qualités qui rendent un voyage sûr et agréable. Non, Édie, les éléments ne sauraient en vouloir à un jeune homme tel que lui ! C'est un conte de cette fainéante la Renommée, que je voudrais voir pendue, avec sa trompette autour du cou, cette trompette dont les sons, semblables aux cris du hibou, ne sont bons qu'à faire perdre l'esprit aux honnêtes gens ! Mais contez-moi vos affaires ; dites-moi la vérité sur les motifs de votre emprisonnement.

— Votre Honneur me fait-elle cette question comme magistrat ou comme ami ?

— Comme ami, mon vieux.

— Eh bien ! remettez votre crayon dans votre poche. Je ne vous dirai rien si je vous vois écrire. Diable ! il y a dans la chambre à côté un clerc qui mettrait en noir et en blanc de quoi vous faire pendre avant que vous sussiez seulement ce que vous voulez dire.

Oldenbuck s'étant conformé aux désirs du vieillard, ce dernier lui raconta comment il n'avait pu résister au désir d'administrer au fourbe Dousterswivel une punition sévère, et comment il avait déterminé Steenie à venir avec lui. Quant au portefeuille, il avait été ramassé avec la ferme intention de le renvoyer à Dousterswivel. Malheureusement, la mort du pauvre Steenie avait empêché que cette restitution eût eu lieu, mais cela se ferait sûrement.

— Maintenant, expliquez-moi, Édie, comment il se fait

que ce fût vous qui nous engageâtes à ouvrir la tombe de Malcolm Baltard devant Dousterswivel et sir Arthur, et comment il se trouva dedans un trésor. Vous connaissiez la caisse aux lingots ?

— Quelle apparence que si un vieux pauvre comme moi eût connu ce trésor, il n'eût pas voulu se l'approprier ? Qu'est-ce que j'ai de commun avec cette affaire ?

— C'est précisément ce que je vous demande de m'expliquer.

— Si c'était un secret qui m'appartînt, je vous le dirais de suite, car j'ai toujours dit en face de vous ce que je dirais en arrière, et, à cela près des lubies qui vous passent par la tête pour les vieilles médailles et les vieux pots, je vous regarde comme l'homme le plus discret et le plus prudent de tout le comté ; mais ce que vous me demandez est le secret d'un ami, et, plutôt que de le dire, je me ferais écarteler. Tout ce que je vous affirme, c'est qu'on avait de bonnes intentions. On voulait rendre service à des gens qui valent deux mille fois mieux que moi.

— Cette histoire, Ochiltrie, dit l'Antiquaire après avoir réfléchi, est une énigme pour moi ; il faudrait un second Œdipe pour l'expliquer. Une autre fois, je vous dirai qui était Œdipe. Au reste, soit par suite de ma prudence ou des lubies que vous m'attribuez, je suis porté à croire que vous m'avez dit la vérité, d'autant plus que vous n'avez employé aucune de ces protestations en usage parmi ceux qui veulent tromper. Je vous ferai donc mettre en liberté si vous voulez répondre à cette question : Dousterswivel savait-il qu'il y avait une caisse de lingots d'argent dans le tombeau de Baltard ?

— Mais, s'il l'eût su, le fourbe, vous n'en auriez jamais eu de nouvelles. C'eût été du beurre dans la loge d'un chien.

— C'est ce que je pensais. Eh bien ! Édie, si je vous fais sortir de prison sous ma caution, je pense que vous serez exact à vous présenter devant le tribunal au jour dit pour me faire décharger de mon cautionnement.

— Soyez tranquille, Monkbarns, je paraîtrai au tribunal quand il le faudra. Je vais être bien heureux d'être en liberté par un si beau temps, et j'aurai l'espoir d'apprendre des nouvelles de mes amis.

— Comme je n'entends plus de bruit au-dessous de nous, dit l'Antiquaire, je présume que le bailli Petit-Jean a congédié son précepteur militaire, et qu'il va faire succéder les travaux de Thémis à ceux de Mars. Je vais le rejoindre et m'occuper de vous. Nous irons ensemble nous informer de nos amis. Je ne veux pas croire les mauvaises nouvelles que vous m'avez apprises.

— Dieu veuille que vous ayez raison ! répondit le mendiant.

Oldenbuck trouva le magistrat épuisé des fatigues de l'exercice, assis dans son grand fauteuil et fredonnant :

> Ah ! la joyeuse vie
> Que mènent les soldats !

Et, entre chaque mesure, il avalait une cuillerée de mock-turtle (ou soupe à la tortue) ; il en offrit à notre Antiquaire, qui lui dit que, n'étant pas militaire, il ne se souciait pas de rien changer à la régularité de ses repas.

— Des soldats comme vous, ajouta-t-il, doivent prendre leur nourriture quand ils en trouvent le temps. Mais, à propos, on débite de mauvaises nouvelles relativement à Taffril.

— Pauvre diable ! dit le bailli ; c'était l'honneur de Fairport ! Il se distingua le 1er juin.

— Je suis fâché, bailli, de vous entendre parler de lui au prétérit.

— Je crains qu'il n'y ait que trop de raisons pour cela, Monsieur Oldenbuck. On dit que l'accident est arrivé sur les récifs de Haltray, du côté du nord, près de la baie de Dirtenalan. J'ai envoyé aux informations, et votre neveu m'a quitté pour en aller chercher lui-même.

En ce moment, Hector entra précipitamment en s'écriant :

— Dieu soit loué ! tout est faux ; ce n'est qu'un bruit d'enfer !

— Et je vous prie, dites-moi, Monsieur Hector, lui dit son oncle, si ce bruit se vérifiait, qui faudrait-il accuser de la présence de Lovel à bord ? Mais qui comptez-vous atteindre maintenant, grâce à ce sac de cuir sur lequel je lis : poudre à tirer ?

— Mon oncle, je fais mes préparatifs pour aller à la chasse le 12 dans les marais de Glenallan.

— Ah ! Hector ! puissiez-vous trouver le 12 un vaillant *phoca* au lieu d'un timide coq de bruyère.

— Au diable soit le veau marin, ou *phoca*, puisqu'il vous plaît de le nommer ainsi. Pour une petite folie que j'ai faite, il est dur de se l'entendre reprocher sans cesse.

— Je déteste la race des Nemrod, et je voudrais que, comme vous, Hector, ils trouvassent à qui parler. Mais tout est dit, quoique je sois sûr que le bailli pourrait nous dire au juste le prix actuel des peaux de veaux marins.

— Fort cher, répondit le magistrat. Elles sont en hausse ; la chasse n'a pas été heureuse depuis un certain temps.

— C'est ce dont nous pouvons vous rendre témoignage, dit l'Antiquaire. Maintenant, bailli, parlons d'affaires. Il faut que vous mettiez Édie en liberté, sous cautionnement.

— Songez-vous à ce que vous me demandez ? répondit le magistrat ; il s'agit de vol, et de vol à main armée.

— Pas un mot de vrai, bailli. Avez-vous oublié ce que je vous ai donné à entendre ? Vous ne tarderez pas à en savoir davantage.

— Mais, Monsieur Oldenbuck, s'il s'agit d'une affaire qui concerne l'État...

— Paix ! paix ! dit l'Antiquaire ; vous serez chargé de conduire l'affaire quand la poire sera mûre ; mais il faut de la prudence. Nous avons à traiter avec un vieux drôle obstiné, qui ne veut pas confier son secret à deux personnes, et il ne m'a pas encore développé suffisamment le fil des intrigues de Dousterswivel.

— Et si nous appliquions à cet Allemand la loi sur les étrangers?

— A vous dire vrai, ce serait mon avis.

— Eh bien ! je ferai mon rapport ; il sera banni *tanquam suspect* ; voilà, je crois, une de vos phrases, Monkbarns.

— Phrase classique, bailli. Vous vous perfectionnez.

— Les affaires politiques me donnent beaucoup d'occupations. J'ai eu deux correspondances importantes avec le sous-secrétaire d'État : l'une relativement à la taxe proposée sur la graine de chanvre de Riga ; l'autre sur les moyens de supprimer les sociétés politiques. Vous voyez que vous pouvez me communiquer ce que ce vieux mendiant a découvert d'un complot contre l'État.

— C'est ce que je ferai, bailli, dès que j'en connaîtrai les détails. Souvenez-vous cependant que je ne vous ai pas positivement assuré qu'il y eût complot contre l'État, mais seulement que j'étais certain de découvrir un complot par le moyen d'Édie.

— Mais s'il y a complot, il s'agit de trahison ou au moins de sédition. J'attendrai, Monkbarns. Eh bien ! le cautionnement, le mettrons-nous de quatre cents marcs?

— Quatre cents marcs ! Y pensez-vous, bailli ? Songez à l'acte de 1701 qui règle le montant des cautionnements ; effacez un zéro de la somme. J'accepte un cautionnement de quarante marcs.

— Soit, Monsieur Oldenbuck ; il n'y a personne dans Fairport qui ne désire vous obliger. D'ailleurs, vous êtes un homme prudent, et je sais que vous ne voudriez pas vous exposer à perdre quarante marcs. J'accepte le cautionnement offert par vous *meo periculo*. Que dites-vous de cette phrase? Je l'ai recueillie de la bouche d'un célèbre avocat, qui disait : « Milord, je vous garantis cela *meo periculo*. »

— Et moi, bailli, je vous garantis de même Édie Ochiltrie *meo periculo*.

L'Antiquaire alla annoncer au vieux mendiant l'heureuse nouvelle de sa mise en liberté; il lui enjoignit de venir le retrouver à Monkbarns, et en reprit lui-même le chemin avec son neveu, satisfaits tous les deux de la manière dont les choses avaient tourné.

CHAPITRE XXXIX

— Pour l'amour du ciel, Hector! dit l'Antiquaire, ménagez un peu plus mes nerfs, et ne déchargez pas à chaque instant votre arquebuse.

— Je suis fâché, mon oncle, que ce bruit vous ait incommodé, mais c'est un fusil de première qualité; il m'a coûté quarante guinées.

— Un fou et son argent ne sont pas longtemps ensemble; mais je suis charmé d'apprendre que vous ayez tant de guinées à jeter par les fenêtres.

— Chacun a sa fantaisie, mon oncle.

— Oui; je crois que si ma collection de livres vous appartenait, le prix en passerait bien vite entre les mains de l'armurier et du maquignon.

— Vos livres me seraient inutiles, mon cher oncle, et vous ferez bien de les placer en de meilleures mains; mais ne rendez pas mon cœur responsable des fautes de ma tête; je ne donnerais pas un livre qui aurait appartenu à un ami pour un attelage de chevaux semblable à celui de lord Glenallan.

— Je vous crois, mon garçon, je vous crois; je vous rends justice; mais j'aime à vous tourmenter un peu, cela entretient l'esprit de discipline; je vous tiens lieu de capitaine, de colonel; et, si vous ne trouvez pas ici pour ennemis les Français, du moins

> Les phoques en dormant attendent sur la rive
> Que pour les attaquer le brave Hector arrive.

Allons, allons ! si vous vous fâchez, je ne dis plus rien. Je vois le vieil Édie dans la cour, et j'ai à lui parler.

L'Antiquaire sortit.

— Mon oncle est le meilleur des hommes, s'écria le capitaine ; mais vraiment, plutôt que d'être perpétuellement en butte à ses sarcasmes ennuyeux sur ce maudit *phoca*, je demanderais à servir dans un régiment en garnison aux Indes !

Miss Mac Intyre, très attachée à son oncle et aimant passionnément son frère, jouait toujours le rôle de conciliatrice. Aussi, en entendant revenir son oncle, elle courut au-devant de lui.

— Eh bien ! Miss femelle, que veut dire votre air suppliant ? Junon a-t-elle encore fait quelque malheur ?

— Non, mon oncle ; mais Hector est vexé de vos railleries sur le veau marin ! Il est plus sensible que vous ne le croyez ; c'est une faiblesse ; mais vous savez si bien tourner les gens en ridicule !

— Eh bien ! ma chère, je mettrai un frein à mon humeur satirique, et je ne parlerai plus de *phoca*. Dieu le sait, je suis une bonne pâte d'homme, dont une sœur, une nièce et un neveu font tout ce qu'ils veulent.

L'Antiquaire, après ce panégyrique de sa docilité, entra et proposa à son neveu de faire une promenade avec lui jusqu'à Mussel-Craig.

— J'ai, dit-il, quelques questions à faire à la vieille Elspeth Mucklebackit, et il me faut un témoin sensé. Faute de mieux, Hector, je me contenterai de vous.

— Mais, mon oncle, vous avez le vieil Édie et Caxon ; ne pourraient-ils pas mieux vous convenir que moi ?

— En vérité, Hector, vous me proposez d'aimables compagnons, et je suis sensible à votre politesse. Oui, j'ai le dessein d'emmener Édie Ochiltrie ; mais ce ne peut être en qualité de témoin, puisqu'il est en ce moment, comme le dit le savant bailli de Fairport, *tanquam suspectus*, au lieu que vous êtes, aux termes de la loi, *suspicione major*.

— Plût au ciel que je fusse major! s'écria le capitaine, attachant au dernier mot de son oncle un sens plein d'attrait pour ses oreilles militaires; mais, sans protection, il est difficile d'arriver à ce grade.

— Laissez-vous guider par vos amis, illustre fils de Priam, et vous ne savez ce qui peut vous arriver. En attendant, venez avec moi, et vous verrez ce qui pourra vous être utile, si jamais vous siégez dans une cour martiale.

— J'y ai siégé plus d'une fois. Mais, mon oncle, voici une canne que je vous prie d'accepter; je l'ai achetée du tambour-major de notre régiment, qui avait servi dans l'armée du Bengale; il l'a coupée sur les bords de l'Indus.

— Sur ma parole, c'est un superbe jonc, digne de remplacer celle que le *ph...* Ah! qu'allais-je dire?

L'Antiquaire, son neveu et le vieux mendiant se mirent bientôt en route pour Mussel-Craig.

— Ainsi vous pensez, Édie, que le trésor trouvé dans la tombe de Malcolm Baltard ne sera pas suffisant pour tirer d'affaire sir Arthur?

— A moins qu'il n'en trouve dix fois autant, ce qui, malheureusement, est fort douteux, répondit le mendiant. J'ai entendu deux coquins d'officiers de justice parler sans se gêner de sir Arthur, et je crains qu'il ne soit bientôt logé entre quatre murs!

— Vous ne savez ce que vous dites, Édie. C'est une chose remarquable, mon neveu, que, dans cet heureux pays, nul ne peut être mis en prison pour dettes.

— En vérité, mon oncle? Voilà une loi qui conviendrait à quelques-uns de mes camarades.

— Mais, dit Ochiltrie, qu'est-ce qui oblige donc tant de pauvres gens à rester dans la prison de Fairport, où ils disent que leurs créanciers les ont fait enfermer?

— Votre observation, Édie, est fondée sur une ignorance complète du système féodal. Écoutez-moi, Hector, à moins que vous ne cherchiez à voir sur le bord de la mer un autre... hein! hein!...

Je vous disais que personne ne pouvait être arrêté pour dettes ; il fallait donc une compulsion au paiement attendu ; c'est une chose que je sais par expérience, que nul débiteur n'est enclin à payer. Nous avons alors quatre formes de lettre : d'abord, une exhortation paternelle de notre seigneur souverain, le roi, qui, s'intéressant aux affaires de ses sujets, les invite à payer ; 2º une lettre plus sévère ; 3º des ordres rigoureux, et 4º la prison pour avoir désobéi aux ordres du souverain.

— Mais, mon oncle, si j'avais besoin d'argent, je saurais meilleur gré au roi de m'en envoyer, que de me faire toutes ces exhortations.

— Et quand, continua l'Antiquaire, la loi soupçonne quelqu'un de vouloir se soustraire à son empire, elle emploie moins de cérémonies, et elle a, dans ce cas, des mandats de fuite qui permettent d'arrêter immédiatement des gens qui ne méritent pas de ménagements. Mais quelle est cette femme qui porte un panier sur son dos ? C'est la pauvre Maggie.

La douleur de la malheureuse mère n'était pas diminuée, mais elle avait cédé à la nécessité impérieuse du travail.

— Comment va votre santé, Monsieur Oldenbuck ? Je n'ai pas encore eu le courage d'aller vous remercier de l'honneur que vous avez fait à mon pauvre Steenie !

Ici, elle essuya ses yeux.

Mais la pêche n'a pas été trop mal. Mon pauvre Saunders n'a pas encore eu le cœur d'aller lui-même à la mer. J'avais envie de l'y engager ; mais j'ai presque peur de lui parler, et Dieu sait que ce n'est pas mon habitude. J'ai de superbes harengs frais ; je ne les vends que trois shillings la douzaine.

— Eh bien ! mon oncle, il faut donner à cette pauvre femme ce qu'elle demande, dit Hector en présentant les trois shillings à Maggie.

Mais celle-ci les refusa.

— Non, capitaine, vous êtes trop jeune et trop prodigue de votre argent. Il ne faut jamais prendre au mot une marchande de poissons. Je vais aller à Monkbarns ; une petite dispute avec Miss Grizzy me fera du bien ; et puis, je verrai Jenny Rintherout ; on m'a dit qu'elle était malade ; elle s'était mis dans la tête mon Steenie.

A ces mots, Maggie continua son chemin.

— A présent, dit Ochiltrie, nous voici arrivés à la porte de la cabane des Mucklebackit. Je vous avoue que je n'aime guère à y entrer en pensant que l'ouragan a renversé le jeune arbre, tandis qu'il a laissé sur pied un vieux tronc mutilé !

— La vieille Elspeth, dit l'Antiquaire, vous a donné un message pour le comte de Glenallan ; c'est de ce dernier que je le sais ; et, comme il désire que je reçoive la déclaration d'Elspeth sur des affaires le concernant, je vous ai amené avec moi, pensant que votre présence et votre voix réveilleraient en elle des souvenirs que je ne pourrais moi seul faire renaître dans son cerveau. L'esprit humain ressemble souvent à un écheveau embrouillé ; il faut tenir le bout du fil afin de pouvoir le démêler.

— Je n'entends rien à cela, répondit Édie ; mais si je puis vous aider à débrouiller quelque chose, je le ferai. Elspeth a dix ans de plus que moi ; mais je me souviens encore qu'on disait qu'elle s'était mésalliée en épousant Simon Mucklebackit, comme si elle était sortie de la côte d'Adam. Elle avait eu les bonnes grâces de la comtesse, elle les perdit ; elle les regagna, et en reçut beaucoup d'argent ; mais rien ne lui a réussi. A la mort de son mari, elle est venue s'établir ici avec son fils, Saunders Mucklebackit. Quoi qu'il en soit, c'est une femme qui a été bien éduquée ; elle parle comme un livre ; mais si elle se le met en tête, elle nous donnera du fil à retordre.

CHAPITRE XL

Comme l'Antiquaire mettait la main sur le loquet de la porte, il fut surpris d'entendre la voix aigre et tremblante d'Elspeth chanter une ancienne chanson sur un ton lent et mélancolique de récitatif :

> Les harengs suivent la marée ;
> Le turbot obéit au vent ;
> Au rocher l'huître est amarrée,
> Modèle de l'amour constant.

Amateur de ces anciens chants populaires, Oldenbuck abandonna le loquet et saisit son portefeuille et son crayon. De temps en temps, la vieille femme l'interrompait, comme si elle se fût adressée à des enfants.

— Silence ! disait-elle ; silence, mes enfants ! Je vais vous en chanter une bien plus belle encore :

> Grands et petits, faites silence,
> Pour prêter l'oreille à mes chants.
> Je vais célébrer la vaillance
> Du plus fameux des Glenallans.
>
> Quels flots de sang et quel carnage,
> Aux champs d'Harlaw, quand il périt !
> De nos deux mers jusqu'au rivage
> Le Coronach en retentit.

— Je ne me souviens pas du couplet suivant, dit-elle ; ma mémoire est si mauvaise, et il me passe de telles pensées dans la tête ! Dieu nous préserve de la tentation !

Et elle se mit à fredonner pour se rappeler la suite de la ballade.

— C'est une ballade historique, dit l'Antiquaire, un fragment incontestable des poésies chantées par les anciens ménestrels. Percy en admirerait la simplicité; nul ne pourrait en contester l'authenticité.

— C'est possible, répondit Ochiltrie, mais c'est triste de voir la nature humaine dégradée au point de chanter après un malheur comme celui qui vient de frapper cette famille.

— Paix ! silence ! s'écria l'Antiquaire; elle a retrouvé le fil de sa ballade.

Et Elspeth continua :

> Chaque guerrier de haut parage
> Montait un superbe coursier.
> Chaque coursier, plein de courage,
> Portait un beau *chafron* d'acier.

— Chafron ! s'écria l'Antiquaire, c'est bien certainement de ce mot qu'est dérivé celui de chanfrein. Ce mot-là vaut un dollar.

> Devant eux marchait l'épouvante,
> Tout cédait à leurs étendards,
> Quand Donald enfin se présente
> Avec vingt mille montagnards.
>
> Pour voir cette troupe ennemie
> Se levant sur ses étriers,
> Le Comte craignit pour la vie
> De tant de braves chevaliers.
>
> Combattre semble une folie ;
> Reculer, c'est s'humilier.
> Entre la mort et l'infamie,
> Il s'adresse à son écuyer.
>
> « Dis-moi : si j'étais Roland Cheyne,
> Et que tu fusses Glenallan,
> Leur disputerais-tu la plaine ?
> Fuirais-tu ? Quel serait ton plan ?

— Il faut que vous sachiez, mes enfants, dit Elspeth, que, toute vieille et toute pauvre que vous me voyez assise au coin du feu, ce Roland Cheyne était l'un de mes ancêtres, et il fit des prouesses sans nombre dans cette bataille, surtout après que le comte eut été tué ; car il se reprocha de lui avoir conseillé de combattre avant l'arrivée de Mar, de Mearns, d'Aberdeen et d'Angus.

Sa voix s'anima et devint plus ferme en chantant la réponse de son ancêtre :

« — Si vous n'étiez que Roland Cheyne,
Et que je fusse Glenallan,
Je m'élancerais dans la plaine,
Et je m'écrirais : En avant !

« Ils sont cent contre un ; mais qu'importe ?
Le danger double la valeur.
Croit-on que le nombre l'emporte
Sur le courage et sur l'honneur ?

« En rangs serrés chargeons les traîtres,
Nous les mettrons en désarroi.
Les montagnards à nos ancêtres
N'inspirèrent jamais d'effroi. »

— Entendez-vous cela, mon neveu ? Vous voyez que les montagnards, vos ancêtres, ne paraissaient pas toujours si redoutables aux guerriers qui se préparaient à les combattre.

— J'entends une sotte ballade chantée par une sotte vieille femme... Dieu merci ! l'honneur de nos montagnes ne dépend pas d'un misérable rimailleur.

La vieille Elspeth entendit les voix, car elle ne continua pas sa ballade, et s'écria :

— Entrez, entrez ! des amis ne restent pas à la porte. Et quand ils furent entrés, elle ajouta : — Ils sont sortis ; mais si vous voulez attendre un instant, il va rentrer quelqu'un ; pour moi, je ne parle jamais d'affaires. Enfants, donnez des chaises. Eh bien, où sont-ils donc ? ajouta-t-elle en regardant autour d'elle ; je leur chantais une ballade pour qu'ils se tinssent tranquilles, et ils sont partis.

Et, faisant tourner son fuseau, elle se remit à filer en silence, sans s'inquiéter de la présence des étrangers.

— Je voudrais, dit l'Antiquaire, qu'elle continuât sa

ballade. J'ai toujours soupçonné qu'il y avait eu une escarmouche de cavalerie au début de la grande bataille de Harlaw.

— S'il plaît à Votre Honneur, répondit Édie, ne vaudrait-il pas mieux s'occuper de l'affaire qui nous amène ? Pour la ballade, je vous la donnerai quand vous voudrez.

— Je crois que vous avez raison, Édie; mais comment s'y prendre ?... Parlez-lui; voyez si elle se rappelle vous avoir envoyé à Glenallan.

Édie vint se placer près de la vieille et lui dit :

— Je suis bien aise de vous voir si bonne mine, commère, d'autant plus que le taureau noir vous a foulée aux pieds depuis que la poutre de votre toit m'a abrité.

— Oui, répondit Elspeth, je crois qu'il y a eu du chagrin parmi nous. Je ne sais trop lequel... Quand j'entends le vent siffler et la mer mugir, il me semble que je vois une barque couler à fond et quelqu'un qui lutte contre les vagues. Ce sont des songes fatigants qu'on fait sans savoir si l'on est endormi ou éveillé... Il y a des moments où je me figure que mon fils Saunders ou mon petit-fils Steenie est mort et que j'ai vu son enterrement. Pourquoi mourrait-il avant moi ? Ce n'est pas dans l'ordre de la nature.

— Vous ne tirerez rien de cette stupide vieille, dit Hector, et c'est perdre son temps que d'écouter ses bavardages.

— Hector, elle est dans cette dernière période de la vie que le poète latin a si bien décrite :

> . . . . *Omni*
> *Membrorum damno major dementia.*

— Qui parle latin ? s'écria Elspeth. Est-ce qu'un prêtre m'aurait trouvée ?... Je ne veux point de prêtre ! Je veux mourir comme j'ai vécu. Personne ne dira que j'ai trahi ma maîtresse, même pour sauver mon âme.

— Voilà, dit le mendiant, une conscience bien chargée ! et il lui adressa de nouveau la parole :

— Eh bien! bonne femme, j'ai fait votre commission au comte.

— Quel comte? Je ne connais pas de comte. J'ai connu autrefois une comtesse, et plût au ciel que je ne l'eusse jamais connue! car c'est grâce à elle que j'ai vu venir chez moi... voyons... et elle se mit à compter sur ses doigts longs et décharnés : d'abord l'orgueil, puis la méchanceté, la vengeance et le faux témoignage. Le meurtre n'est pas entré, mais il était sur le seuil. Ne sont-ce pas des hôtes dignes d'habiter le cœur d'une femme?

— Mais, Elspeth, je ne vous parle pas de la comtesse de Glenallan, mais de son fils, le comte de Glenallan.

— Ah! oui, je me souviens à présent. Il n'y a pas longtemps que je l'ai vu. Eh! eh! le beau jeune lord est devenu aussi vieux et aussi cassé que moi. On sait que les peines du cœur et un amour contrarié font de terribles ravages sur la jeunesse. Pourquoi sa mère n'y a-t-elle pas fait attention? Elle était ma maîtresse; je devais exécuter ses ordres. N'est-ce pas vrai? Je suis assurée que personne ne peut me blâmer. Il n'était pas mon fils, et elle était sa mère. D'ailleurs, il n'était qu'un demi-Glenallan; c'était en elle que coulait le vrai sang des Glenallan. Non, non, je ne regretterai jamais ce que j'ai fait, je ne regretterai jamais d'avoir souffert pour la comtesse Joscelinde, je ne le regretterai jamais! Et elle se remit à filer.

— J'ai entendu dire, reprit le mendiant, à qui Oldenbuck soufflait ce qu'il devait dire, qu'il y avait une mauvaise langue qui avait fait beaucoup de mal au comte et à sa jeune femme.

— Une mauvaise langue, répéta Elspeth d'un air alarmé, et qu'avait-elle à craindre des mauvaises langues? N'était-elle pas aussi bonne que belle? Du moins, c'est ce que tout le monde disait : si elle n'avait pas donné elle-même carrière à sa langue sur le compte des autres, qui sait si elle ne vivrait pas encore, si elle ne serait pas une grande dame aujourd'hui?

— Mais j'ai entendu dire, commère, ajouta Ochiltrie, que lorsqu'ils s'étaient mariés, le bruit avait couru dans le pays qu'ils étaient trop proches parents pour que le mariage fût permis.

— Qui ose parler ainsi? s'écria la vieille avec vivacité; qui ose dire qu'ils étaient mariés? Qui le savait? Ce n'était pas la comtesse, ce n'était pas moi. S'ils étaient mariés en secret, ce fut en secret qu'ils furent séparés. Ils ont bu à la source de leur propre imposture.

— Non, vieille scélérate, s'écria l'Antiquaire, ne pouvant se contenir plus longtemps; ils ont bu le poison que vous et votre coquine de maîtresse leur aviez préparé.

— Ah! ah! reprit Elspeth, j'ai toujours pensé que les choses en viendraient là. Eh bien! il ne s'agit plus que de garder le silence. Qu'on m'interroge. Il n'y a plus de torture aujourd'hui; mais, quand il y en aurait, on pourrait me déchirer! Malédiction sur la vassale dont la bouche trahit le maître dont elle mange le pain!

— Parlez-lui, Édie; elle connaît votre voix et répondra peut-être, dit l'Antiquaire.

— Nous n'en tirerons plus rien maintenant, répondit le mendiant. On dit qu'elle est des semaines entières sans prononcer un mot. D'ailleurs, ne trouvez-vous pas qu'elle a bien baissé depuis que nous lui parlons? Cependant, je vais encore essayer de lui parler pour satisfaire Votre Honneur.

Ainsi donc, Elspeth, vous ne pouvez vous mettre dans l'esprit que votre ancienne maîtresse a changé de demeure?

— Changé de demeure? s'écria-t-elle, — car le nom de la comtesse ne manquait jamais de produire un grand effet sur elle; — il faut donc que nous la suivions tous. Quand elle est en selle, il faut que chacun monte à cheval!

Qu'on dise à lord Édouard Geraldin que nous sommes en avant... Donnez-moi ma coiffe et mon fichu... Voulez-vous que je monte dans la voiture de Milady avec mes cheveux en désordre comme ils le sont?

Elle leva ses bras décharnés avec les gestes d'une personne qui s'habille à la hâte, et, la tête pleine de l'idée d'un voyage, elle débitait des phrases sans suite.

— Appelez Miss Neville... Que voulez-vous dire ?... lady Glenallan... Non, je vous dis Miss Évelinde Neville... Dites-lui de changer de robe; la sienne est toute mouillée... Qu'elle est pâle !... Son enfant ? Et que ferait-elle d'un enfant ? Lui serait-il tombé du ciel ? Thérésa ! Thérésa !... la comtesse nous appelle... Apportez une lumière... Je ne sais pourquoi le grand escalier est tout aussi noir qu'à minuit... Nous voilà, Milady,... nous voilà !

En prononçant ces derniers mots, elle tomba sur le plancher. Édie se précipita pour la relever; mais à peine la tenait-il dans ses bras qu'il s'écria :

— Elle a passé avec ses dernières paroles !

— Impossible ! s'écrièrent en même temps l'Antiquaire et son neveu. Mais rien n'était plus certain, il ne restait plus devant eux que la dépouille mortelle de la créature qui avait lutté si longtemps contre le remords de son crime secret.

— Fasse le ciel, dit le mendiant, qu'elle aille dans un monde meilleur et qu'elle y soit pardonnée ! Mais elle avait sur le cœur un poids bien lourd. J'ai vu bien des fois la mort sur le champ de bataille et sur un lit de paille, mais il n'en est pas dont je ne préférasse les dernières angoisses à celles de cette femme.

— Il faut appeler les voisins, dit Oldenbuck, revenant à peine de l'horreur que lui avait causée cette mort subite. Je regrette qu'elle ne vous ait fait aucun aveu. Mais que la volonté de Dieu s'accomplisse !

Édie sortit de la cabane et annonça la nouvelle aux voisins. L'Antiquaire promit aux vieilles femmes, qui, en l'absence des parents, s'empressèrent de venir garder le cadavre, qu'il pourvoirait aux frais de l'enterrement.

— Votre Honneur, dit Alison Bruk, devrait nous envoyer quelque chose pour nous soutenir pendant la *lyke-wake* (1), car tout le gin de Saunders a été bu aux funérailles du pauvre Steenie, et nous ne trouverons pas de gens voulant rester près d'un corps mort la bouche sèche.

— Vous aurez du whiskey, répondit l'Antiquaire, d'autant plus que vous avez conservé le mot propre pour désigner cette veillée des morts. Remarquez, Hector, que ce mot dérive du saxon *leichnam*, cadavre, et c'est mal à propos qu'on se sert de l'expression *late-wake*.

— Je crois, pensa Hector, que mon oncle donnerait son domaine de Monkbarns à celui qui le lui demanderait en bon saxon.

M. Oldenbuck s'apprêtait à rejoindre Monkbarns avec son neveu, quand un domestique à cheval, courant au galop, vint dire à l'Antiquaire qu'il était arrivé du nouveau à Knockwinnock, et que Miss Wardour priait M. Oldenbuck de s'y rendre immédiatement.

— Eh bien! dit Hector, mon oncle, montez sur ce cheval, et, en dix minutes, vous serez au château.

— Je crois bien, mon neveu, que vous êtes las de moi pour vouloir me placer sur le dos d'un pareil bucéphale ! Je vais aller à Knockwinnock, mais ce sera sur mes jambes. Le capitaine peut monter cet animal si bon lui semble.

— Je n'ai pas l'espoir d'être utile, mon oncle. Mais s'il est arrivé quelque malheur à sir Arthur, je lui prouverai l'intérêt que je lui porte, et j'annoncerai votre arrivée.

Hector, enfourchant le cheval du domestique, partit au galop.

— Il faut, se dit l'Antiquaire, qu'il y ait quelque nouveau grand tour de ce scélérat de Dousterswivel.

Et, hâtant le pas, il se dirigea vers Knockwinnock.

(1) La veillée des morts.

CHAPITRE XLI

Depuis la découverte du trésor dans le tombeau de Malcolm Baltard, sir Arthur était dans une sorte de délire ; sa fille craignit même un instant pour sa raison ; car, persuadé qu'il pouvait se procurer des richesses sans bornes, il parlait et agissait comme un homme qui aurait trouvé la pierre philosophale. Il voulait acheter des domaines contigus aux siens. Il avait écrit à un architecte célèbre pour le consulter sur le projet de reconstruction du château de Knockwinnock sur un plan qui égalerait en magnificence le palais de Windsor, et son imagination faisait briller à ses yeux la couronne de marquis et même celle de duc. Sa fille pourrait aspirer à une alliance avec le sang royal, et son fils devenir général. On peut se figurer l'inquiétude de Miss Wardour devant l'exaltation de sir Arthur ; mais elle fut sérieusement alarmée quand elle vit son père envoyer chercher Dousterswivel, le plaindre de ce qui lui était arrivé, et lui donner une forte somme pour l'indemniser de la perte de son portefeuille, que cet intrigant affirmait être rempli de valeurs.

D'autres symptômes fâcheux se succédèrent. Chaque courrier apportait des lettres que sir Arthur jetait au feu sans les lire après avoir reconnu l'écriture ; et Miss Wardour soupçonnait, avec raison, que c'étaient des réclamations de créanciers. Le secours qu'il avait trouvé dans la caisse Search n° 1 diminuait rapidement. La majeure partie avait servi à éteindre la dette de six cents livres, et à donner des à-compte à des créanciers fatigués de ne recevoir que des promesses.

Sir Arthur, naturellement impatient, reprocha à Dousterswivel de manquer à ses promesses de convertir son plomb en or. Dousterswivel répondit à sir Arthur :

— Depuis que moi m'occuper de pareilles matières,

jamais ne m'être troufé si près de l'*arcanum*, du grand mystère, du polychreste, du panchreste. Moi en savoir autant que Pelasco de Tarente ; et si moi ne pas vous procurer sous trois jours la caisse n° 2 de Pastard, fous pouvoir m'appeler un misérable, et moi renoncer à fous regarder jamais en face.

L'Allemand partit, et sir Arthur resta quelques jours partagé entre le doute et l'espérance ; mais le moment arriva où les visions de l'espoir s'évanouirent pour faire place à une agitation fébrile, avec la triste perspective d'une ruine prochaine. Sir Arthur devint fantasque et bourru. Le troisième jour après le départ de Dousterswivel, le domestique ayant apporté suivant l'usage les lettres et les journaux sur la table pendant qu'on déjeunait, sir Arthur entra dans une violente colère à propos des rôties, qui étaient un peu brûlées.

— Je vois ce que c'est, dit-il : mes domestiques ont profité de ma fortune, et ils commencent à croire qu'ils ont à présent peu de chose à attendre de moi à l'avenir. Mais tant que les drôles seront chez moi, je ne souffrirai pas la plus légère diminution de respect.

— Je suis prêt à partir sur-le-champ, dit le domestique, dès que Votre Honneur m'aura payé mes gages.

Sir Arthur tira de sa poche tout l'argent qui s'y trouvait, et vit qu'il était insuffisant pour payer le domestique ; il le jeta à sa fille en disant :

— Payez ce drôle, et qu'il sorte à l'instant du château. Et il quitta l'appartement, en proie à une violente colère.

— Certainement, Miss Wardour, dit le domestique, je regrette d'avoir fait à sir Arthur la réponse qui l'a fâché. Depuis si longtemps que je suis à son service, il a toujours été un bon maître. Je conviens que j'ai eu tort de lui parler de mes gages au moment où Son Honneur est tourmenté. Je ne pensais pas quitter la famille de cette manière.

— Descendez, Robert ; quelque chose a tourmenté mon père, descendez. S'il sonne, que ce soit Alick qui monte.

Sir Arthur, qui guettait le départ du domestique, rentra, et, s'asseyant, il prit d'une main tremblante la tasse de thé en jetant un regard inquiet vers les lettres éparpillées sur la table, comme s'il eût redouté de les ouvrir.

— Vous apprendrez avec plaisir, mon père, dit Miss Wardour en essayant de le distraire, que le brick du lieutenant Taffril, que l'on croyait perdu, est entré dans la rade de Leith.

— Qu'ai-je de commun avec Taffril et son brick? répondit sir Arthur avec impatience; qu'est-ce que cela me fait qu'ils soient perdus ou sauvés? Que m'en reviendra-t-il?

— Je croyais, mon père, que, M. Taffril étant un de nos concitoyens généralement estimés, vous seriez heureux d'apprendre...

— Oh! sans doute, je suis heureux, très heureux! et je vais vous apprendre aussi quelque bonne nouvelle en retour. Peu importe quelle lettre j'ouvrirai, ajouta-t-il en prenant une lettre au hasard.

Il rompit le cachet fiévreusement et dit:

— Oui, je ne pouvais tomber plus heureusement! Lisez! lisez! Ça vous familiarisera avec ce genre d'épîtres!

Isabelle lut d'une voix tremblante:

« Mon cher Monsieur...

— Mon cher Monsieur! un impudent clerc de procureur qui, il y a un an, se serait cru honoré de dîner avec mes gens!... Avant peu il m'appellera mon cher ami! Continuez.

« Ayant été récemment associé à M. Gilbert Greenhorn, fils de votre ancien homme d'affaires, et ayant eu dernièrement la faveur de votre dernière adressée à mon susdit associé, lequel est aux courses de Lamberton, j'ai l'honneur de répondre à votre dite lettre. Je suis fâché, tant pour mon compte que pour celui de mon associé, de ne pouvoir vous trouver la somme que vous désirez, ni de ne pouvoir solliciter un sursis aux poursuites de Goldiebird. Ce serait d'autant plus inconséquent de notre part que nous avons été chargés par ledit Goldiebird de lever contre vous un mandat d'arrêt, ce que vous devez savoir par la sommation qui vous a été faite de nous payer, comme procureurs et agents dudit Goldiebird, la somme de quatre mille sept cent cinquante-six livres cinq shillings six pence sterling et un quart, non compris les frais et accessoires, ce que nous espérons que vous ferez dans le délai voulu par la loi, afin d'éviter d'autres poursuites.

« Je me trouve, en même temps, dans la nécessité de vous rappeler que vous nous devez personnellement sept cent soixante-neuf livres dix shillings six pence, somme qu'il nous serait agréable de toucher. Mais comme nous sommes nantis de tous vos titres, papiers et documents, nous ne vous refusons pas un délai, c'est-à-dire jusqu'au terme prochain. Je suis fâché d'avoir à ajouter, tant en mon nom qu'au nom de mon associé, que nous avons reçu de Goldiebird l'ordre d'agir contre tous *peremptorie et sine mora*. Sur quoi je suis, pour moi et mon associé, mon cher Monsieur, votre très humble et dévoué serviteur.

« Gabriel GRINDERSON, pour GREENHORN et GRINDERSON. »

« *P.-S.* J'ai à ajouter, non de mon chef, mais de la part de mon associé M. Greenhorn, qu'il consentira à s'arranger avec vous pour prendre votre vaisselle d'argent et vos quatre chevaux bais s'ils sont en bon état, en déduction du montant de votre compte, et d'après une équitable estimation. »

— Que le ciel le confonde ! s'écria sir Arthur, qui avait écouté cette lecture avec les signes d'une irritation indignée. Son grand-père ferrait les chevaux de mon père, et ce misérable prétend s'approprier les miens ! Mais je vais lui répondre.

Et il se mit à écrire :

« M. Gilbert Greenhorn, en réponse à la dernière lettre que je vous ai écrite, j'en reçois une d'un nommé Grinderson, qui se dit votre associé. Quand j'écris à quelqu'un, je m'attends qu'il me réponde lui-même. Je crois avoir rendu plus d'un service à votre père, et m'être conduit envers vous avec affection ; j'ai donc lieu d'être surpris..... » Et pourquoi serais-je surpris ? dit sir Arthur en s'interrompant ; pourquoi écrirais-je à ce polisson ? Je ne resterai pas sans doute toujours en prison, et mon premier soin en sortant sera d'aller briser les os à ce misérable !

— En prison, mon père ! s'écria Miss Wardour en tressaillant.

— Oui, en prison ; pouvez-vous en douter après avoir lu cette belle épître ? à moins que vous n'ayez quatre mille et tant de cent livres avec l'appoint en shillings et en pence pour solder la créance de M. Goldiebird.

— Plût au ciel que je les eusse ! Mais où est donc mon frère ? Pourquoi ne vient-il pas ici ?

— Qui ? Réginald ? Il est peut-être aux courses de Lamberton avec M. Gilbert Greenhorn ou quelque autre personnage aussi respectable. Je l'attendais la semaine dernière ; mais rien ne me surprend : mes enfants peuvent me négliger comme les autres ! Pardon, ma chère Isabelle, jamais vous n'avez négligé ni offensé votre père.

Et sir Arthur embrassa sa fille avec tendresse. Cette dernière profita de ce retour de sensibilité pour essayer de calmer son père en lui rappelant qu'il avait des amis.

— Si j'envoyais à Monkbarns ? dit-elle.

— A quoi bon ? Oldenbuck ne peut me prêter une somme aussi considérable ; et, le pût-il, il ne le ferait pas, car il sait que je suis criblé de dettes. Je n'obtiendrais de lui que des sentences philosophiques et des citations latines.

— Mais il est sensé, intelligent, répondit Miss Wardour ; il se connaît en affaires, et il a toujours eu de l'amitié pour nous.

— Oui, Isabelle, je le crois. Où en sommes-nous, grand Dieu ! quand l'amitié d'un Oldenbuck semble importante à un Wardour ! Au surplus, si vous le jugez bon, je ne vois pas d'inconvénient à le prier de venir. Mais allez, Isabelle. Maintenant que vous êtes instruite de tout, j'ai l'esprit plus calme ; allez faire votre promenade habituelle ; je désire être seul.

Miss Wardour s'empressa d'envoyer un domestique à Monkbarns, et nous avons vu qu'il rencontra l'Antiquaire et son neveu.

Après qu'elle se fut acquittée de ce soin, Isabelle se dirigea vers une petite vallée ombragée qu'elle affectionnait. C'était là qu'elle avait eu, au début de notre histoire, avec Lovel une explication qui avait été entendue par Ochiltrie. Elle se rappelait avec attendrissement tout ce que le jeune homme lui avait dit pour la supplier d'être favorable à ses vœux. Mais en refusant d'écouter ses protestations de tendresse, elle avait sacrifié son cœur à son devoir filial, car elle savait que jamais son père n'eût consenti à son union avec un homme dont la naissance était entachée d'illégitimité. Pendant qu'en continuant sa promenade elle se complaisait à ces tristes souvenirs, elle se trouva au détour d'un chemin en face d'Ochiltrie. Prenant un air mystérieux, ce dernier lui dit en ôtant son chapeau :

— Je désirais bien vous rencontrer, Miss Wardour, et je n'aurais guère osé entrer au château, de peur d'y rencontrer Dousterswivel.

— Oui, dit Miss Wardour, j'ai appris que vous aviez fait une folie, pour ne rien dire de plus, et je l'ai appris avec peine, Édie.

— Une folie, ma bonne jeune dame!... Non! non! Ceux qui connaissent Dousterswivel savent qu'il n'a eu que ce qu'il méritait!

— C'est possible, Édie; mais vous n'en avez pas moins eu tort.

— Eh bien! eh bien! n'en parlons plus; c'est de ce qui vous regarde que je veux vous parler. Savez-vous ce qui menace la maison de Knockwinnock?

— De grands malheurs, Édie, je le crains du moins; mais je ne savais pas que le bruit s'en fût si vite répandu.

— L'huissier Sweep-Clean sera au château aujourd'hui avec toute sa séquelle. Je le tiens d'un de ses recors, qui doit le suivre. Il n'y a plus besoin de mettre les moutons dans le pré qu'ils ont fauché, car ils le tondent d'assez près.

— Je ne pensais pas, Édie, que le malheur fût si prochain.

— C'est comme je vous le dis, ma jeune dame. Cependant ne vous laissez pas abattre. Ne voyez-vous pas le ciel au-dessus de vous comme pendant cette nuit terrible que vous avez passée sur le rocher? Croyez-vous que celui qui vous a protégée contre la fureur de la tempête ne puisse vous protéger contre la méchanceté des hommes ?

— Il est vrai qu'il n'y a plus qu'en Dieu que nous devons avoir confiance.

— Ma bonne jeune dame, plus la nuit est obscure, plus l'aurore est proche. Si j'avais un bon cheval, tout ne serait pas encore perdu. J'espérais grimper sur l'impériale de la *Reine Charlotte*; mais elle a accroché une borne et est renversée, de sorte que je viens voir si vous pouvez me faire conduire à Tannonburgh; il faut que j'y aille sans délai à cause de vous.

— A cause de nous, Édie ! Hélas ! je vous sais gré de vos bonnes intentions ; mais...

— Il n'y a pas de mais, Miss Wardour. Il faut que j'y aille.

— Et qu'allez-vous faire à Tannonburgh ? Comment ce voyage peut-il être utile aux affaires de mon père ?

— C'est un secret qu'il faut laisser sous les cheveux blancs du vieux mendiant, Miss Wardour, sans lui faire de questions là-dessus. Si j'ai risqué ma vie pour vous certaine nuit, vous devez bien croire que je n'ai nulle envie de vous jouer un mauvais tour au moment de votre détresse.

— Eh bien ! suivez-moi, Édie ; je vais tâcher de vous faire conduire à Tannonburgh.

— Dépêchez-vous, Miss Wardour, au nom du ciel !

CHAPITRE XLII

Lorsque Miss Wardour rentra au château, elle vit que les agents de justice étaient déjà arrivés. La tristesse, la confusion, la curiosité, saisissaient les domestiques pendant que les officiers de justice allaient de chambre en chambre faire l'inventaire. Le capitaine Mac Intyre arriva au moment où, muette de désespoir en acquérant la preuve de la ruine de son père, la pauvre Isabelle s'arrêtait au seuil de la porte.

— Ma chère Miss Wardour, dit-il, ne désespérez pas; mon oncle va arriver, et je ne doute pas qu'il ne trouve moyen de chasser ces misérables.

— Hélas! capitaine, il est trop tard!

— Non! s'écria le vieux mendiant avec impatience, il n'est pas trop tard si je puis aller à Tannonburgh.

Au nom du ciel, capitaine, trouvez quelque moyen pour me faire partir de suite, et sir Arthur vous devra un grand service; car si les vieilles prédictions ne mentent pas, c'est présentement que le domaine de Knockwinnock sera perdu ou retrouvé. Vous vous rappelez la prédiction :

> Quand de Malcolm la tombe on trouvera,
> De Knockwinnock alors perte ou gain adviendra.

Robert, le domestique contre lequel le baronnet s'était mis en colère le matin, s'avançant alors, dit :

— Je vous en supplie, Miss Wardour, écoutez le vieil Ochiltrie; il sait plus de choses qu'on ne pense. S'il insiste pour aller à Tannonburgh, c'est qu'il a de bonnes raisons pour cela. Je puis, si vous le permettez, l'y conduire avec la charrette en une heure.

— Je vous remercie, Robert. Puisque vous croyez que ce voyage a quelque apparence d'utilité...

— Pour l'amour de Dieu, s'écria Édie, dépêchez-vous, Robert; attelez le cheval; et si le voyage ne sert de rien, je vous permets de me jeter par-dessus le pont de Kittlebrig en revenant. Mais le temps est précieux; dépêchons-nous!

Mais dès que Robert eut mis la main sur le cheval, un des officiers de justice, lui frappant sur l'épaule, lui dit :

— Mon ami, ne touchez pas à ce cheval; il est compris dans la saisie.

— Comment, diable ! s'écria Hector, auriez-vous l'impudence d'empêcher le domestique d'exécuter les ordres de sa maîtresse ?

En entendant le jeune officier et en voyant son geste impératif qui promettait un procès-verbal de rébellion à la loi, le représentant de Thémis leva d'une main tremblante la verge destinée à soutenir son autorité, et de l'autre main montra le petit bâton garni d'argent et orné d'un anneau mobile, signe officiel de sa dignité, et, s'adressant à Hector :

— Monsieur le capitaine Mac Intyre, je n'ai point affaire à vous; mais si vous m'interrompez dans mes fonctions, je me déclarerai violenté et je briserai la verge de paix.

— Déclarez tout ce que vous voudrez ! s'écria Hector, qui diable s'en soucie ? Brisez votre verge si bon vous semble ; moi, je vous briserai les os si vous empêchez ce garçon de suivre les ordres de sa maîtresse.

— Je prends à témoin tous ceux qui sont ici, dit l'officier de justice, que je me suis fait connaître au capitaine Mac Intyre en lui montrant les marques de ma dignité. Il ne peut prétexter cause d'ignorance.

En même temps, il fit couler l'anneau d'un bout à l'autre du bâton, forme usitée pour protester contre un acte de rébellion.

Hector, qui avait plus vécu sur les champs de bataille que dans le temple des lois, vit cette cérémonie avec indifférence, et Dieu sait ce qui allait arriver, quand, heureusement, notre Antiquaire entra avec précipitation.

— De quoi diable s'agit-il donc ici ? Je craignais, Hector, en vous suivant, que vous ne brisiez votre tête creuse contre quelque rocher, et je vous trouve vous disputant avec Sweep-Clean !

— Voudriez-vous, mon oncle, que je laissasse insulter cette jeune dame par ce coquin parce qu'il se dit messager du roi ?

— Hector, vous auriez dû conclure des détails que je vous ai donnés ce matin que ceux qui s'opposent à l'exécution d'un mandat d'arrêt dont est porteur un officier de justice sont *tanquam participes criminis rebellionis*, comme complices du crime de rébellion. Mais je vais vous tirer d'affaire.

Oldenbuck parla à l'officier de justice, auquel il donna l'assurance que lui-même, Oldenbuck, répondait du cheval et de la charrette, et il ajouta :

— Monsieur Sweep-Clean, vous allez avoir une autre aubaine, une affaire d'État, un crime punissable, *per legem Juliam*. Écoutez-moi un instant.

Après lui avoir parlé bas pendant cinq minutes, il lui remit un papier, et l'officier de justice, montant à cheval, s'éloigna au galop, suivi d'un de ses recors. Il en laissa un pour continuer ses opérations; mais ce dernier y mit une lenteur circonspecte, se sentant surveillé par un juge aussi sévère qu'habile.

L'Antiquaire, prenant son neveu par le bras, monta chez sir Arthur; ils le trouvèrent se promenant de long en large dans un désordre complet, agité par les craintes les plus graves et cherchant à cacher ses angoisses sous un air d'indifférence.

— Charmé de vous voir, Monsieur Oldenbuck, et vous aussi, capitaine. Je suis toujours charmé de voir mes amis, que le temps soit beau ou mauvais, dit le pauvre baronnet affectant un air de gaîté, démentie par ses regards. Je suis charmé de vous voir, dis-je; vous êtes venus à cheval? J'espère que, malgré la confusion qui règne ici, on aura eu soin de vos montures. Parbleu! on en aura tout le temps désormais; car vous voyez qu'on se dispose à prendre les miens! Ah! ah!

Cette tentative de plaisanterie fut suivie d'un rire forcé.

— Vous savez, sir Arthur, que je ne monte jamais à cheval.

— C'est vrai, je vous demande pardon. Mais je suis sûr d'avoir vu arriver le capitaine à cheval, un superbe cheval gris, un vrai cheval de bataille. Il faut que je sonne pour savoir si on en a eu soin.

— Mon neveu, sir Arthur, est venu sur votre cheval gris.

— En vérité! s'écria le pauvre baronnet, le soleil me donnait dans les yeux. Eh bien! vraiment, je ne mérite pas d'avoir un cheval, puisque je ne reconnais pas le mien!

— Juste ciel! pensa l'Antiquaire, comme cet homme est changé! Qu'est devenue sa gravité cérémonieuse? L'adversité lui inspire des plaisanteries.

— Sir Arthur, il faut pourtant que nous parlions d'affaires.

— Sans doute; mais il est si plaisant que je n'aie pas reconnu un cheval que j'ai depuis cinq ans! Ah! ah! ah!

— Ne perdons pas de temps, sir Arthur. Je soupçonne, je fais plus que soupçonner, que toute cette affaire est occasionnée par la scélératesse de Dousterswivel.

— Ne prononcez pas ce nom devant moi, Monsieur, s'écria sir Arthur; et il se fit une révolution subite dans sa physionomie; la fureur succéda à l'affectation de la gaîté; ses yeux étincelaient; sa bouche écumait; ses poings étaient serrés. Ne prononcez pas ce nom! répéta-t-il avec violence, à moins que vous ne vouliez me voir perdre la raison. Faut-il que j'aie été assez sot, assez crédule, et trois fois doué de la stupidité d'une bête, pour me laisser brider, bâter, sangler par un tel coquin, et sous des prétextes ridicules! Je me déchirerais de mes propres mains, quand j'y pense!

— Je voulais vous apprendre, sir Arthur, que le misérable va probablement être récompensé comme il le mérite; et je me flatte que la peur tirera de lui des aveux qui pourront vous être utiles. Il me paraît certain qu'il a des correspondances illégales de l'autre côté de l'eau.

— Bien vrai? bien sûr? En ce cas, au diable mon mobilier, mes chevaux, tous mes biens! J'irai en prison sans regret, Monsieur Oldenbuck. J'espère qu'il y aura de quoi le faire pendre.

— Je l'espère aussi, dit l'Antiquaire, voulant distraire

le malheureux baronnet des pensées qui pouvaient causer le naufrage de sa raison ; mais parlons de vos affaires : ne peut-on rien pour vous ? Montrez-moi la sommation.

Sir Arthur la lui remit. L'Antiquaire en commença la lecture, et, de plus en plus, son front devenant soucieux, Miss Wardour entra en ce moment, et, fixant le visage consterné d'Oldenbuck :

— Nous sommes donc ruinés sans ressource ? dit-elle.

— Sans ressource ? J'espère le contraire, Miss Wardour ; mais la demande est considérable, et je crains que d'autres ne la suivent.

— N'en doutez pas, dit sir Arthur ; partout où se trouve une proie, les vautours s'y rassemblent. Je suis comme un mouton que j'ai vu tomber dans un précipice : au bout de dix minutes, il était couvert de corbeaux qui lui arrachaient les yeux et lui déchiraient les entrailles avant même qu'il fût mort ; mais quant au maudit vautour qui m'a rongé si longtemps, vous lui avez, je l'espère, trouvé un bon logement.

— Je m'en flatte, répondit l'Antiquaire en se frottant les mains. Il avait voulu prendre l'essor ce matin, et avait commencé par s'enfermer dans la diligence, la *Reine-Charlotte ;* il aurait trouvé à Édimbourg de la glu qui ne lui eût pas permis de déployer ses ailes. Mais il n'a pas été si loin, car la voiture a versé. On dit qu'il est blessé grièvement ; on l'a transporté dans une chaumière, près de Kittlebrig, et, pour lui ôter toute possibilité d'évasion, j'ai envoyé notre ami, Sweep-Clean, que j'ai chargé de le faire conduire à Fairport *in nomine regis*, ou de lui donner un de ses recors comme garde-malade. A présent, sir Arthur, accordez-moi une conversation sérieuse sur l'état de vos affaires.

A ces mots, sir Arthur emmena Oldenbuck dans sa bibliothèque.

Ils étaient en conférence depuis près de deux heures quand Miss Wardour vint les interrompre ; elle avait mis son châle et son chapeau comme si elle se disposait à sortir. Elle était fort pâle.

— L'officier de justice est de retour, dit-elle en entrant.

— Comment diable? J'espère qu'il n'a pas laissé échapper notre drôle?

— Non, il dit qu'il l'a conduit en prison ; et maintenant il demande mon père.

En ce moment, on entendit le bruit d'une altercation sur l'escalier; la voix d'Hector retentissait par-dessus les autres.

— Dépêchez-vous, criait-il, de partir avec vos gens, ou je vous fais sauter par les fenêtres.

— Au diable soit Hector! s'écria l'Antiquaire en courant vers le lieu de la scène; voilà encore le sang montagnard qui bout dans ses veines. Allons, Monsieur Sweep-Clean, ayez, je vous prie, un peu de patience; je suis certain que vous avez dessein d'user de bons procédés avec sir Arthur.

— Sans contredit, Monsieur; mais votre neveu me tient des propos outrageants; je les ai vraiment soufferts trop longtemps. D'après mes instructions, je dois emmener sir Arthur à Fairport, à moins qu'il ne paie entre mes mains les sommes mentionnées au mandat dont je suis porteur.

Et, tenant d'une main la pièce fatale, il fit voir la redoutable armée de chiffres alignés.

Hector se tut par crainte de son oncle; mais il regardait l'officier de justice de l'air menaçant d'un montagnard.

— Suivez-moi, Hector, dit Oldenbuck; suivez-moi. Cet homme ne fait que son métier, quelque vil qu'il soit, et votre violence ne peut qu'aggraver les choses. Sir Arthur, je crois qu'il faut vous résigner à suivre cet homme à Fairport; je vous y accompagnerai, et nous nous concerterons ensemble pour savoir ce qu'il faut faire. Mon neveu conduira Miss Wardour à Monkbarns...

— Je ne quitterai pas mon père, interrompit Miss Wardour. J'ai préparé tout ce qui nous est nécessaire;

je pense qu'il nous sera permis de nous servir de la voiture.

— N'en doutez pas, dit l'Antiquaire. Allons, sir Arthur, il faut partir !

— Pour la prison ? ajouta le baronnet en soupirant. Et qu'importe ? ajouta-t-il avec un air de gaîté affecté. Qu'est-ce qu'une prison après tout ? Une maison dont on ne peut sortir. Supposez un accès de goutte, je serais en prison à Knockwinnock. Oui, Oldenbuck, nous appellerons cela un accès de goutte, et il sera exempt des douleurs qui l'accompagnent ordinairement.

Des larmes coulaient de ses yeux ; sa voix était tremblante. L'Antiquaire lui serra la main, et sir Arthur, par son étreinte, lui témoigna toute sa reconnaissance. Ils descendirent à pas lents le grand escalier. Arrivé sur le premier palier, sir Arthur, comme s'il ne pouvait se résoudre à quitter le séjour de ses ancêtres, regarda l'Antiquaire avec dignité et lui dit :

— Oui, Oldenbuck, le descendant d'une ancienne famille, le représentant de Richard Main Sanglante et de Gamelyn de Guardover, mérite quelque indulgence s'il ne peut s'empêcher de soupirer en quittant le château de ses pères escorté par un officier de loi. Quand je fus envoyé à la Tour de Londres avec feu mon père, en 1745, ce fut, Monsieur Oldenbuck, sur une accusation digne de notre naissance, une accusation de haute trahison. Le mandat d'arrêt était signé par un secrétaire d'État, et nous fûmes conduits à la Tour par une escouade de gardes-du-corps ; et, aujourd'hui, dans ma vieillesse, vous me voyez traîné hors de chez moi par un huissier pour une misérable affaire de livres shillings et de pence.

— Mais, du moins, dit Oldenbuck, vous avez aujourd'hui la compagnie d'une tendre fille et d'un ami sincère, et ce peut être une consolation ; sans parler que dans l'affaire présente il n'y aura ni pendaison, ni décapitation, ni écartèlement. Allons ! j'entends encore mon enragé de montagnard ! Il crie plus haut que jamais ! Fasse le ciel qu'il ne se soit pas fait de nouvelles querelles ! Maudit soit le hasard qui l'a conduit ici !

Dans le fait, un bruit confus de voix se faisait entendre, dans lequel on distinguait la voix du capitaine.

CHAPITRE XLIII

Le cri de triomphe d'Hector n'était pas facile à distinguer de son cri de guerre. Mais quand, en montant l'escalier un papier à la main, on l'entendit crier : « Vive le vieux soldat ! voici Édie qui arrive avec de bonnes nouvelles ! » on comprit que la cause du tumulte était heureuse.

Le capitaine remit le paquet à son oncle, serra fortement la main de sir Arthur, et dit à Miss Wardour qu'elle pouvait se livrer à l'espérance.

— Mais de quoi s'agit-il, capitaine ? dit sir Arthur.

— Demandez à Édie, répondit Hector ; je sais seulement que tout va bien.

— Que veut dire ceci, Édie ? demanda Miss Wardour.

— M. Oldenbuck va vous le dire. Vous voyez qu'il a en main toutes les paperasses, dit le mendiant.

— *God save the King!* s'écria l'Antiquaire après avoir parcouru les papiers ; et la joie l'emportant sur le décorum, la philosophie et le flegme qui lui était habituel, il jeta en l'air son chapeau.

Chacun demanda à grands cris à connaître la cause d'un transport si enthousiaste.

— Mes amis, dit l'Antiquaire, un peu honteux d'avoir ainsi dérogé au sang-froid philosophique, pour vous donner des détails, il faut d'abord, en bonne logique, que je les connaisse. Je vais, avec votre permission, me retirer dans la bibliothèque pour examiner ces papiers ; sir Arthur et Miss Wardour attendront dans le salon. Monsieur Sweep-Clean, accordez-nous, je vous prie, un sursis d'exécution de cinq minutes. Hector, enclouez votre artillerie, ou allez faire feu ailleurs. Édie, ne quittez pas le capitaine. Enfin soyez tous de bonne humeur jusqu'à mon retour.

Dans le paquet qui venait d'être remis à l'Antiquaire se trouvait une lettre à son adresse, ainsi conçue :

« Mon cher Monsieur,

« Retenu en cette ville par des devoirs militaires très importants, c'est à vous, l'ami éprouvé de mon père, que je prends la liberté de m'adresser. Vous connaissez l'état embarrassé de nos affaires, et vous apprendrez avec plaisir que, grâce à des circonstances aussi heureuses qu'imprévues, je me trouve en mesure de venir au secours de mon père ; il est menacé de poursuites rigoureuses de la part d'un homme qui a été autrefois son agent et, d'après le conseil d'un des meilleurs avocats d'Édimbourg, j'ai obtenu l'arrêt de défense ci-joint, en vertu duquel toutes les mesures rigoureuses seront suspendues jusqu'à ce que la créance réclamée ait été judiciairement examinée. Je vous envoie mille livres sterling en billets de banque pour payer les dettes les plus pressantes, et je réclame de votre amitié d'employer cette somme comme vous le jugerez à propos. Vous serez sans doute surpris que je vous donne cet embarras quand il eût été si naturel de m'adresser à mon père, puisqu'il s'agit de ses propres affaires ; mais je ne suis pas assuré qu'il ait encore ouvert les yeux sur l'homme dont vous avez plusieurs fois cherché à démasquer la conduite ; et comme je dois cette somme à la générosité d'un ami, il est de mon devoir de veiller sur son emploi. Mon ami, qui a déjà le plaisir de vous connaître, vous explique ses vues dans une lettre ci-jointe. Le bureau de poste de Fairport n'assant pour n'être pas sûr, je vous envoie ce paquet à Tannonburgh. Le bon vieillard Ochiltrie, de qui des circonstances récentes m'ont prouvé la sûreté, aura soin de vous le transmettre.

« J'espère trouver incessamment l'occasion de vous faire mes excuses et mes remerciements de l'embarras que je vous donne.

« J'ai l'honneur d'être, mon cher Monsieur, votre très affectionné et respectueux serviteur.

« Reginald Gamelyn WARDOUR.

« Édimbourg, le 6 août 179.. »

La lettre que lui écrivait l'ami de Reginald causa à l'Antiquaire autant de surprise que de plaisir. Quand il eut repris un peu de calme, il examina les autres pièces et écrivit de suite un accusé de réception des billets, car en fait d'affaires d'argent il était aussi exact que méthodique. Enfin il rentra au salon et appela l'huissier : — Sweep-Clean, lui dit-il, tout ce qui vous reste à faire, c'est de sortir d'ici avec vos recors. Voyez ce papier.

— Un arrêt de défense! dit l'officier de justice. Je me doutais bien qu'on ne laisserait pas pousser les choses à l'extrémité contre un homme tel que sir Arthur. Je vais partir avec mes gens ; mais qui me paiera mes frais?

— Ceux qui vous ont mis en œuvre, vous le savez fort bien, répondit l'Antiquaire. Mais voici un autre exprès qui arrive, c'est donc le jour aux nouvelles!

C'était M. Mailsetter à cheval, apportant deux lettres qu'il avait reçu ordre, dit-il, de faire parvenir dès leur arrivée. L'une était pour sir Arthur, l'autre pour M. Sweep-Clean. Dès que celui-ci eut lu la sienne : « Greenhorn et Grinderson, dit-il, sont bons pour me payer les frais; ils m'ordonnent de cesser toutes poursuites.»

En conséquence, il sortit du salon, et ne resta au château que le temps de réunir sa brigade.

La lettre de M. Greenhorn pour sir Arthur était ainsi conçue :

« Monsieur...

(Ah! ah! dit sir Arthur en lisant, on n'est cher à ces braves Greenhorn et Grinderson que lorsque l'on est dans l'adversité!)

« Monsieur, j'ai appris avec beaucoup de regret, à mon retour de la campagne, où j'étais pour affaire urgente,...

(Affaire urgente! les courses de Lamberton !)

... que mon associé avait eu l'inconséquence de se charger des intérêts de M. Goldiebird de préférence aux vôtres, et qu'il vous avait écrit d'une manière peu convenable. Je vous prie d'en agréer mes excuses et celles de M. Grinderson. Je me flatte qu'il est impossible que vous me croyiez assez ingrat pour avoir perdu le souvenir des bontés que vous n'avez jamais cessé d'avoir pour ma famille.....

(Sa famille! la famille de Greenhorn! le fat!)

« D'après une entrevue que j'ai eue ce matin avec M. Reginald Wardour, j'ai reconnu qu'il était fort irrité, et, pour remédier, autant qu'il est en moi, à la méprise dont il se plaint...,

(Jolie méprise ! claquemurer son bienfaiteur en prison !)
... j'envoie ordre de cesser toutes poursuites contre vous, et je vous réitère mes excuses respectueuses. J'ai seulement à ajouter que si vous nous rendez votre confiance, M. Grinderson pense qu'il pourra vous suggérer les moyens de faire réduire considérablement les prétentions de M. Goldiebird.

(D'un côté ou de l'autre, il faut qu'il joue le rôle d'un coquin !)

« Vous n'avez pas besoin de vous presser pour solder la balance de notre compte. Je suis pour M. Grinderson comme pour moi-même, Monsieur, votre très obligé et très humble serviteur.

« Gilbert GREENHORN. »

— Fort bien, M. Gilbert Greenhorn, dit l'Antiquaire ; je vois qu'une association entre deux procureurs est utile. Ils agissent comme les deux marmousets qu'on voit dans les baromètres hollandais. Si le temps est beau, l'un des deux associés vient flatter le client ; s'il est à la pluie, l'autre sort de sa niche comme un chien enragé !

— Il y a, dit Hector, quelques honnêtes procureurs. Je voudrais bien entendre dire que mon cousin Donald Mac Intyre de Strathtudlem, dont les six frères sont dans l'armée, n'est pas un honnête garçon, quoique procureur.

— Sans doute, mon neveu, sans doute, tous les Mac Intyre sont honnêtes ; ils ont un brevet d'honnêteté ; mais dans une profession où une confiance sans borne est exigée, il n'est pas étonnant qu'il se trouve des fous qui négligent les intérêts de leurs clients, et des coquins qui ne songent qu'à tirer parti de la folie de ces mêmes clients. Il n'en est que plus honorable pour ceux, et j'en connais plusieurs qui réunissent l'intégrité à la science et à l'exactitude.

— Et malgré tout cela, dit Ochiltrie en entrant, heureux celui qui n'a pas besoin d'eux !

— Ah ! ah ! mon vieux sou marqué, te voilà ! dit l'Antiquaire. Sir Arthur, vous nous parliez ce matin des corbeaux qui sentent de loin une proie ; voici un vieux pigeon bleu qui a flairé les bonnes nouvelles à une distance de six à sept milles et qui est allé les chercher sur le charton et nous a rapporté la branche d'olivier.

— Grâce au pauvre Robert, répondit Ochiltrie ; il nous a menés bon train ; mais il craint la disgrâce de sir Arthur.

— Ma disgrâce ! et pourquoi ? dit sir Arthur à Robert, qui se tenait tout contrit à la porte du salon. Ah ! je me souviens ; j'avais de l'humeur ; mais vous avez eu tort. Allez à votre ouvrage et ne répondez jamais à un maître qui est en colère.

— Et, ajouta l'Antiquaire, souvenez-vous que la douceur désarme la colère.

— Que Dieu récompense Votre Honneur ! dit Robert, et le jeune laird et Miss Wardour ! Il y a des siècles que votre famille fait du bien aux malheureux !

— Vous le voyez, dit l'Antiquaire, la reconnaissance publique prend pour objet les vertus de vos ancêtres ; mais vous n'entendrez jamais parmi le peuple citer le nom de Main-Sanglante ou de l'Enfer-en-Armes. Quant à moi, je dis :

Odimus accipitrem quia semper vivit in armis (1).

Ainsi donc, sir chevalier, buvons, mangeons en paix, et soyons joyeux.

On se mit à table, et l'on fit asseoir Ochiltrie sur une chaise, près du buffet, pour qu'il prît part au repas.

Miss Wardour demanda à son père si l'on ne ferait pas une distribution de viande et de bière à tous les villageois qui s'étaient rassemblés devant le château pour apprendre la bonne nouvelle.

— Sans doute, répondit le baronnet ; quand donc a-t-on agi autrement dans la famille après la levée d'un siège ?

— Oui, dit l'Antiquaire, et un siège mis par l'huissier Sweep-Clean et qu'a fait lever le mendiant Édie Ochiltrie ! Notre délivrance mérite d'être célébrée en buvant un verre de cet excellent vin. Sur mon honneur, c'est du bourgogne !

(1) « Je hais l'Autour, qui passe sa vie dans les combats. »

— S'il y en avait du meilleur dans la cave, dit Miss Wardour, nous l'offririons à celui qui vient de nous donner tant de preuves d'amitié.

— Vraiment, ma belle ennemie? Eh bien ! je bois à votre santé; et puissiez-vous être bientôt assiégée comme les jeunes filles aiment à l'être, et signer une capitulation dans la chapelle de Saint-Vinnox, le protecteur des fiancés.

Isabelle rougit; Hector rougit comme elle, et puis perdit toutes ses couleurs.

— Ma fille vous est fort obligée, Oldenbuck; mais qui voulez-vous qui recherche l'alliance d'un baronnet ruiné, à moins, ajouta sir Arthur en riant, que vous ne vous mettiez vous-même sur les rangs ?

— Moi ! Oui vraiment; mais j'userais alors d'un ancien privilège. Ne pouvant paraître au champ clos, je ferais choix d'un champion pour m'y représenter. Nous reviendrons sur ce sujet. — Que lisez-vous donc, Hector, de si intéressant dans ce journal ?

— Je vois que le major Neville est à Édimbourg, et je serai très charmé d'aller l'y voir dans un jour ou deux.

— Et qui diable est le major Neville?

— Comment ! dit sir Arthur, n'avez-vous pas vu, Oldenbuck, mainte et mainte fois le nom du major Neville dans la *Gazette?* C'est un jeune officier plein de mérite, et qui s'est déjà distingué dans plus d'une occasion. Mais je suis charmé d'apprendre au capitaine qu'il n'a pas besoin de quitter Monkbarns pour voir le major; car mon fils m'a écrit dernièrement qu'il doit l'amener incessamment à Knockwinnock, et je serai heureux de faire faire sa connaissance au capitaine, s'il ne le connaît déjà.

— Je ne l'ai jamais vu, répondit Hector, mais j'en ai beaucoup entendu parler, et nous avons des amis communs. Votre fils en est un, et je serai charmé en me trouvant avec lui de faire la connaissance du major Neville.

— Mais, mon neveu, avez-vous oublié que nous touchons au fameux 12 courant, jour où vous avez projeté une grande partie sur les domaines de Glenallan? Dieu sait pourquoi! pour persécuter des créatures innocentes et paisibles!

— Et si Vos Honneurs me permettent de les interrompre, dit Ochiltrie, je vais vous dire une nouvelle qui retardera peut-être la partie de chasse du capitaine; car il pourra avoir ici l'occasion de tirer sa poudre sur d'autres que sur des moineaux! N'avez-vous pas entendu dire que les Français vont faire une descente?

— Les Français! vieux fou? s'écria Oldenbuck.

— Au milieu de tous mes malheurs, dit le baronnet, je n'ai pas songé à lire ma correspondance officielle. Mais il me semble que la semaine dernière on avait conçu quelques alarmes.

— Oui, sans doute, répondit Édie, on en a conçu, et de sérieuses, car le prévôt de Fairport a ordonné de préparer de suite le bûcher de signal sur Halket-Head, ce qui aurait dû être fait il y a six mois. Et qui croyez-vous que le conseil de la ville ait choisi pour y veiller? Le vieux Caxon! On dit que c'est par égard pour le lieutenant Taffril, qui va, dit-on, épouser Jenny Caxon; Quoi qu'il en soit, il est perché sur le haut du rocher comme une mouette prête à piailler quand l'orage grondera.

— Sur mon honneur! dit Oldenbuck, voilà un choix fort sage. Et que deviendra ma perruque pendant ce temps-là?

— C'est ce que j'ai demandé à Caxon, dit le mendiant, et il m'a répondu qu'il y pourrait donner un coup de peigne avant de se coucher, car il sera de garde la nuit seulement, et sera relevé par un autre pendant le jour.

Cette nouvelle donna un autre cours à la conversation, qui roula sur les moyens de défense du pays et sur le devoir imposé à chaque citoyen de combattre pour sa patrie.

Enfin, il se fit tard, et l'Antiquaire, après s'être séparé de sir Arthur et de sa fille avec les témoignages d'affection mutuelle, reprit le chemin de Monkbarns avec son neveu.

14.

CHAPITRE XLIV

— Hector, dit l'Antiquaire en cheminant vers Monkbarns, il y a des instants où je suis tenté de croire que, sous un rapport, vous êtes fou.

— Si vous ne le croyez que sous un rapport, mon oncle, vous me faites plus d'honneur que je ne m'y attendais.

— Je veux dire sous un rapport par excellence. Je pense quelquefois que vous avez jeté les yeux sur Miss Wardour.

— Eh bien, mon oncle?

— Au diable l'étourdi ! il me répond comme si c'était la chose la plus naturelle du monde qu'un capitaine d'infanterie, qui n'a pour toute fortune que son épée, songe à épouser la fille d'un baronnet.

— Je pense, mon oncle, que, quant à la famille, Miss Wardour ne dérogerait pas; et pour la fortune, nous sommes de niveau, puisque nous n'avons rien ni l'un ni l'autre. Je ne puis donc me reconnaître coupable de présomption.

— Eh bien! soit, Hector il y a erreur, et cette erreur consiste à croire que Miss Wardour consente à vous avoir pour mari.

— En vérité, mon oncle?

— C'est chose sûre; et pour la rendre doublement sûre, je vous dirai qu'elle en aime un autre : c'est le signal de mort de vos espérances. Je vous conseille donc, mon pauvre Hector, de rassembler vos forces et de battre en retraite, car la citadelle est imprenable.

— Je n'ai pas besoin de battre en retraite, dit Hector en se redressant et prenant un air de dignité offensée ; on n'a pas de retraite à faire quand on ne s'est pas avancé. Il y a en Écosse d'autres femmes que Miss Wardour, d'aussi bonnes familles, et.....

— Et de meilleur goût. Sans contredit, Hector, il s'en trouve, et bien qu'elle soit une des jeunes filles les plus accomplies et des plus modestes que j'aie vues, je crois qu'une grande partie de son mérite serait perdue pour vous. Il vous faudrait une femme d'une taille imposante, vêtue en amazone, conduisant un jour un cabriolet et assistant le lendemain à une revue, montée sur le coursier qui traînait la veille le phaéton. Telles sont les qualités qu'il faudrait pour vous subjuguer, en y joignant le goût pour l'histoire naturelle, et en particulier pour les *phocas*.

— Mon Dieu, mon oncle, il est bien ennuyeux que vous me jetiez à la tête à tout propos ce maudit *phoca*. Au surplus, je ne me livrerai pas au désespoir pour Miss Wardour. Elle peut prendre pour mari qui elle voudra. Je lui souhaite tout le bonheur qu'elle rêve.

— Magnanime résolution ! Vaillant soutien de Troie ! En vérité, Hector, je craignais une scène. Votre sœur m'avait dit que vous étiez amoureux fou de Miss Wardour.

— Voudriez-vous, mon oncle, que je fusse amoureux d'une femme qui ne se soucie pas de moi ?

— Mon neveu, il y a beaucoup de bon sens dans ce que vous dites ; j'aurais bien voulu penser comme vous il y a vingt-cinq ans ! Mais parlons des événements : que pensez-vous de cette descente que l'on prétend devoir être si prochaine ?

Hector, dévorant son dépit, qu'il voulait surtout cacher à son oncle, continua la conversation relative aux bruits de guerre, et arrivés à Monkbarns, on ne songea qu'à raconter à Miss Griselda et à Maria les nombreux événements qui avaient eu lieu à Knockwinnock, ce qui dura bien avant dans la soirée.

Le lendemain, Caxon ne parut pas et l'Antiquaire sentit le manque des *on dit* de la ville, dont le perruquier était le fidèle rapporteur, et que l'habitude avait rendus aussi nécessaires à Oldenbuck que sa prise de tabac, quoiqu'il prétendît n'y prendre aucun intérêt. La privation momentanée qu'il éprouvait de ce genre de nouvelles fut oubliée par l'arrivée d'Ochiltrie, qui s'écria:

— Eh bien ! les voilà, Monkbarns, les voilà qui arrivent tout de bon. J'accours tout exprès de Fairport pour vous en apporter la nouvelle. Le *Search* vient d'entrer dans la baie, et on dit qu'il a été chassé par une flotte française.

— Le *Search?* dit Oldenbuck en réfléchissant un moment, le *Search !* Oh! oh!

— Eh oui ! le brick du lieutenant Taffril. Ne saviez-vous pas qu'il s'appelait le *Search?*

— Et cela n'aurait-il pas du rapport avec *search* n° 1? dit l'Antiquaire en fixant le mendiant.

Édie, comme un écolier surpris dans une espiéglerie, mit son chapeau devant son visage et ne put s'empêcher de rire.

— A coup sûr, Monkbarns, il faut que vous soyez sorcier. Diable, me voilà pris !

— A présent, Édie, je vois tout aussi clairement que la légende d'une médaille moderne. La caisse aux lingots appartenait au brick; les lingots venaient de mon phénix Lovel, et ils avaient été enterrés dans la tombe de Baltard-Malcolm pour que sir Arthur y trouvât un secours dans sa détresse.

— Enterrés par moi et par deux matelots du brick, qui croyaient frauder quelque chose pour le lieutenant. J'ai veillé nuit et jour sur le trésor jusqu'à ce que j'aie vu le trésor dans les mains de celui à qui il était destiné ; et quand ce coquin de Dousterswivel ouvrait de si grands yeux en voyant la caisse, le diable me mit dans la tête le tour que je lui jouai après. Or, vous voyez que si j'avais voulu jaser avec le bailli de Fairport, il eût fallu conter cette histoire, et M. Lovel m'avait recommandé le secret. Il croyait quitter le pays pour toujours, et j'espère qu'en cela il s'est trompé. La nuit qui suivit le duel, étant cachés dans les ruines, nous apprîmes les embarras d'argent de sir Arthur, et il fallait que Lovel fût à bord avant le jour. Mais, cinq nuits après, le brick revint dans la baie; une barque m'apporta le trésor, et nous l'enterrâmes où vous savez.

— Voilà un trait bien romanesque. Et pourquoi donc Lovel ne s'adressa-t-il pas à moi pour cette affaire?

— N'avait-il pas versé le sang de votre neveu? Ne craignait-il pas que ce dernier mourût de sa blessure?

— C'est vrai. Mais si Dousterswivel eût trouvé cette caisse le premier...?

— Ce n'était guère à craindre. Il avait eu une trop belle peur la nuit dans les ruines pour oser y retourner seul, et jamais il n'y eût été; si vous ne l'aviez forcé à y venir avec nous. Il savait fort bien qu'il n'avait trouvé dans la tombe que ce qu'il y avait caché lui-même; comment aurait-il pu espérer de faire une nouvelle trouvaille? D'ailleurs je le surveillais.

— Mais comment espériez-vous que sir Arthur trouverait cette caisse?

— Oh! j'avais à lui conter une histoire sur Baltard qui lui aurait fait faire plus de quarante milles, et à vous aussi, Monkbarns. En un mot, l'argent étant en lingots, sir Arthur étant dans une mauvaise passe, et Lovel voulant que le baronnet ignorât la personne qui lui rendait ce service, nous ne trouvâmes pas d'autre moyen que celui que nous avons employé. Enfin, si par malheur les lingots fussent tombés dans les mains de Dousterswivel, je vous aurais raconté sur-le-champ toute l'histoire.

— Malgré tout, votre plan a réussi plus heureusement qu'il n'avait été combiné prudemment. Mais comment diable Lovel avait-il une si grande quantité d'argent en lingots?

— C'est ce que je ne puis vous dire; mais il est probable qu'il se trouvait avec son bagage, que Taffril avait eu la bonté de faire prendre à Fairport et transporter sur le brick, et l'on aura enfermé les lingots dans une caisse à munitions.

— Juste ciel! s'écria l'Antiquaire, est-ce bien ce jeune Lovel avec qui j'ai voyagé, et dont je payai l'écot chez Mackitchinson, qui peut mettre ainsi à l'aventure tant de lingots d'argent! Et je suppose, Édie, que M. Lovel vous a écrit de nouveau?

— Oui. Hier il m'a envoyé un billet pour me dire d'aller à Tannonburgh prendre un paquet qui contiendrait des papiers d'une grande importance pour sir Arthur, et qu'il n'avait pas voulu envoyer par Fairport, où il avait des raisons de croire qu'on ouvrait souvent des lettres à la poste. Il paraît qu'il ne se trompait pas, car on dit que Mistress Mailsetter va être changée, attendu qu'elle s'occupe trop des affaires des autres et néglige son métier.

— Et qu'espérez-vous, Édie, pour avoir rempli avec tant de zèle les fonctions de conseiller, de messager et de gardien?

— Ce que j'espère? Ma foi, que voulez-vous que j'espère, si ce n'est que tous ces grands personnages que j'ai obligés, sans qu'il m'en coûte rien, à la vérité, viendront à l'enterrement du mendiant? Peut-être me ferez-vous le même honneur qu'au pauvre Steenie en portant ma tête.

Il y avait des moments, Monkbarns, où j'avais envie de tout vous dire; mais c'eût été contrevenir aux ordres de M. Lovel. Je crois qu'il avait besoin de voir quelqu'un à Édimbourg avant de pouvoir faire ce qu'il désirait pour sir Arthur.

— Fort bien! mais revenons à vos nouvelles, Édie. Vous dites que les Français sont sur le point de débarquer?

— C'est le bruit général, et les ordres sont donnés pour que les volontaires soient sous les armes; même on attend un officier qui doit venir inspecter nos moyens de défense. Ses bagages sont déjà arrivés. J'ai vu ce matin la servante du bailli nettoyer le ceinturon et les culottes de peau de son maître. Je lui ai prêté la main, car vous pouvez bien penser qu'elle n'y entendait rien ; et en récompense j'ai appris toutes les nouvelles.

— Vous qui êtes un vieux soldat, Édie, que pensez-vous de tout cela ?

— Ma foi ! si les Français viennent en aussi grand nombre qu'on le dit, je crains que nous n'ayons fort à faire. Mais, au bout du compte, il y a quelques vétérans parmi les volontaires, et on ne doit pas les dépriser parce qu'ils sont vieux et invalides comme moi. Enfin, nous ferons de notre mieux !

— Quoi ! votre esprit martial se réveillerait-il, Édie ?

Dans nos cendres le feu couve-t-il donc encore ?

Je n'aurais pas cru que vous eussiez eu le moindre motif pour vous battre, Édie.

— Point de motif pour me battre ! s'écria le mendiant ; n'ai-je donc pas à défendre la terre qui m'a vu naître, les ruisseaux qui me désaltèrent, le foyer des ménagères qui me donnent un morceau de pain, les enfants qui accourent à ma rencontre du plus loin qu'ils me voient ? Diable ! ajouta-t-il en brandissant son bâton, si j'avais autant de force que de bonne volonté, il y aurait plus d'un Français qui resterait en Écosse malgré lui !

— Bravo, Édie ! bravo ! Le pays ne court pas grand danger quand le mendiant est disposé à se battre pour son écuelle comme le seigneur pour son château.

La conversation roula ensuite sur les détails de la nuit que Lovel avait passée avec Oohiltrie dans les ruines de Sainte-Ruth, et l'Antiquaire rit de bon cœur.

— J'aurais donné une guinée de bon cœur, dit-il, pour voir le coquin de Dousterswivel en proie aux terreurs qu'il cherche à inspirer aux autres, agité entre la frayeur d'être victime de la fureur de sir Arthur ou de la vengeance de quelque esprit.

— En vérité, Monkbarns, il avait quelque droit d'être effrayé, car on aurait dit que l'esprit de Main-Sanglante ou de l'Enfer-en-Armes s'était incarné dans le corps de sir Arthur! Mais que devient ce misérable charlatan?

— J'ai reçu ce matin, répondit l'Antiquaire, une lettre qui m'apprend qu'il vous a déchargé de l'accusation qu'il avait portée contre vous. Son portefeuille, remis à l'autorité, renfermait, non des valeurs, mais des papiers compromettants pour lui, ce qui l'a rendu tout disposé à donner des renseignements qui seront utiles au gouvernement, de sorte que l'on se bornera à renvoyer ce fripon jouer son rôle dans son pays.

— Et tout le matériel qui servait aux mines de Glen-Withershin, qu'en va-t-on faire? dit Édie.

— J'espère, répondit Oldenbuck, que les ouvriers avant de se séparer en feront un feu de joie, comme une armée détruit son artillerie quand elle est forcée de lever précipitamment un siège. Et quant aux mines, Édie, nous les laisserons comme des souricières à l'usage des fous qui, ainsi que le chien de la fable, viendront lâcher la réalité pour courir après l'ombre.

— Est-il possible, bon Dieu! de brûler tout cela? Savez-vous que c'est une grande perte, Monkbarns? N'auriez-vous pas mieux fait, dit le mendiant en affectant un ton de condoléance, de tâcher, en les vendant, de vous indemniser d'une partie de vos cent livres?

— Je n'en veux pas un sou, s'écria l'Antiquaire avec humeur en tournant le dos au mendiant et en s'éloignant; mais, revenant aussitôt en souriant à demi de son mouvement d'impatience: — Va déjeuner à la cuisine, Édie, dit-il, et souviens-toi de ne jamais parler devant moi des mines de Glen-Withershin, ni devant mon neveu de *phoca*, c'est-à-dire de veau marin.

— Il faut, répondit Ochiltrie, que je retourne sur-le-champ à Fairport, savoir s'il y a quelque chose de nouveau relativement à la descente des Français; mais je n'oublierai pas que Votre Honneur m'a recommandé de ne jamais lui parler de veau marin et qu'il ne faut rien dire au capitaine des cent livres sterling que vous avez données à Trouster.....

— Que le diable t'emporte ! c'est à moi que je le dis de ne jamais m'en parler.

— Je crois que j'ai confondu, dit le mendiant en affectant la surprise ; mais je pensais que la seule chose qui déplût à Votre Honneur, c'était d'entendre parler de ce que vous appelez le *pretorion*, ou du vieux sou qu'on vous a vendu pour une médaille.

— C'est bon ! c'est bon ! s'écria l'Antiquaire en reprenant à grands pas le chemin de la maison.

Le mendiant le regarda s'éloigner en riant dans sa barbe, comme un écolier qui vient de faire une espièglerie, et il reprit le chemin de Fairport.

CHAPITRE XLV

Le vieux Caxon, perché sur le sommet d'Halket-Head dans une espèce de guérite, était tout occupé du mariage prochain de sa fille, et de l'honneur qu'il allait avoir en devenant le beau-père du lieutenant Taffril. De temps en temps il jetait un coup d'œil sur les signaux qui correspondaient avec le sien. Quelle fut sa surprise quand il vit briller une lumière vers le sud ! Des tourbillons de flammes s'élevaient vers le ciel et paraissaient redoubler d'intensité à chaque instant.

— Que le ciel nous protège ! se dit-il à lui-même. Que faire ? Mais je ne suis chargé que d'allumer.

Et il mit le feu au bûcher, dont la flamme, s'élançant jusqu'aux cieux, fit sortir de leurs nids les oiseaux de mer épouvantés. Le signal se répéta de rocher en rocher le long de la côte, et répandit en quelques instants la terreur dans tout le district.

L'Antiquaire, la tête dans son bonnet de nuit, goûtait

un sommeil paisible, quand il fut réveillé en sursaut par les cris de sa sœur, de sa nièce et de ses deux servantes, qui entrèrent comme un ouragan dans sa chambre.

— Que diable y a-t-il donc? dit-il en se mettant sur son séant. Des femelles dans ma chambre, à pareille heure! Êtes-vous folles?

— Le signal est allumé, mon oncle!

— Les Français sont débarqués! s'écria Miss Griselda.

— Au feu! au meurtre! hurlèrent les deux servantes.

— Les Français? s'écria l'Antiquaire en attirant vers son lit la chaise sur laquelle étaient ses habits; sortez de ma chambre, sottes femelles, et laissez-moi m'habiller. Un moment! donnez-moi mon épée.

— Laquelle, mon frère? demanda Miss Griselda en lui présentant d'une main une épée romaine rongée par la rouille, et de l'autre une André-Ferrara sans poignée.

— La plus longue! la plus longue! cria Jenny Rintherout en lui en offrant une douzaine prises au hasard.

— Femelles! dit Oldenbuck avec une vive agitation, soyez calmes; ne vous abandonnez pas à une vaine terreur. Est-il bien sûr qu'ils soient débarqués?

— Si cela est sûr! répondit Jenny Rintherout; cela ne l'est que trop. Les soldats de terre et de mer, tous les volontaires, courent à Fairport; le vieux Mucklebackit lui-même y est aussi; il sera bien utile à coup sûr!

— Donnez-moi, dit Oldenbuck, l'épée qui a servi à mon père en 1745. Je n'ai ni ceinturon ni baudrier; mais n'importe.

Et, prenant cette arme formidable, il en fit entrer le bout dans la poche gauche de sa veste, et, agrandissant un trou qui s'y trouvait heureusement, il parvint à l'y assujettir.

En ce moment, Hector arriva. Il venait de s'assurer, d'une hauteur voisine, que les signaux d'alarmes étaient véritablement allumés.

— Et où sont vos armes, mon neveu?

— Vous voyez, mon oncle, que j'ai mis mon uniforme avec mon épée ; et j'espère, si, comme je n'en doute pas, on me donne un commandement, être plus utile que si je portais dix fusils. Mais vous, mon oncle, il faut que vous partiez pour Fairport, et que vous donniez des ordres pour enrégimenter les volontaires et prévenir toute confusion.

— Vous avez raison, Hector ; je crois que ma tête rendra plus de services que mon bras. Mais voici sir Arthur.

Ce dernier, revêtu de son costume de député-lieutenant, venait prendre M. Oldenbuck.

La bonne opinion que sir Arthur avait toujours eue des lairds de Monkbarns avait été considérablement augmentée par les derniers événements.

Ils montèrent tous les trois dans la calèche du baronnet et arrivèrent rapidement à Fairport.

Il serait difficile de se faire une idée du tumulte qui y régnait. On voyait à toutes les croisées des lumières, qui, paraissant et disparaissant, annonçaient le trouble et l'agitation des habitants. Les femmes du peuple, attroupées à leurs portes, poussaient de bruyantes clameurs. Les volontaires, accourant des villages voisins, galopaient en tous sens dans les rues. L'appel battu par les tambours, les cris des officiers qui cherchaient à établir l'ordre, le son des fifres et des trompettes, se confondaient avec celui des cloches. Les mâts de tous les navires, dans le port, étaient illuminés, et leurs chaloupes débarquaient des hommes et de l'artillerie pour la défense de la place. Taffril surveillait cette partie des préparatifs. Deux ou trois navires bons voiliers avaient déjà filé leurs câbles et partaient à la découverte de l'ennemi supposé.

Ce ne fut pas sans peine que sir Arthur, Oldenbuck et Hector se frayèrent un chemin jusqu'à la place de l'hôtel de ville. Cet édifice était illuminé, et les magistrats y étaient assemblés, avec quelques gentilshommes des environs. On put voir en cette occasion combien le bon sens et la fermeté du peuple, en Écosse, savent suppléer au défaut d'expérience et de moyens. Les magistrats étaient assiégés par les quartiers-maîtres des différents corps de volontaires demandant des billets de logement pour leurs hommes et leurs chevaux.

— Plaçons les chevaux dans nos magasins, dit le bailli, Little John, et recevons les hommes dans nos logements. Donnons nos fourrages aux uns, et partageons nos repas avec les autres. Nous nous sommes enrichis sous un gouvernement libre et paternel, c'est le moment de prouver que nous en connaissons le prix.

Le capitaine Mac Intyre remplit les fonctions de conseiller et d'aide-de-camp du premier magistrat et déploya une présence d'esprit et une connaissance de sa profession telles que son oncle le regardait d'un air surpris, en le voyant donner des ordres avec calme et sang-froid. Il trouva les différents corps en bon ordre. Le nombre des volontaires était considérable, et leur enthousiasme était porté au plus haut degré. Le capitaine chargea Ochiltrie de la surveillance des munitions, et le mendiant s'acquitta parfaitement de cette tâche.

On attendait encore avec impatience l'arrivée des volontaires de Glenallan, et celle de l'officier qui devait prendre le commandement en chef de la défense de cette ligne de côtes et de toutes les forces militaires du district.

Enfin, on entendit les trompettes de la cavalerie de Glenallan, et le comte lui-même parut à leur tête en uniforme. Ils formaient un escadron nombreux et bien monté, suivi par un bataillon d'infanterie composé de cinq cents montagnards marchant au son de leur cornemuse.

La bonne tenue de ces deux corps excita l'admiration d'Hector ; mais son oncle fut encore plus frappé de la manière dont, en ce moment de crise, l'esprit militaire avait ranimé le comte de Glenallan, lorsqu'il demanda et obtint le poste qui semblait devoir être le plus dangereux.

L'aurore venait de paraître, quand on entendit le peuple pousser de grands cris.

— Il arrive! c'est lui! voilà le brave major Neville avec un autre officier.

Et l'on vit une chaise de poste s'arrêter au milieu de la place, aux acclamations de la foule. Les magistrats s'approchèrent pour recevoir le commandant; mais quelle ne fut pas la surprise de tous ceux qui étaient présents, et surtout de l'Antiquaire, quand, sous l'uniforme, on reconnut les traits du pacifique Lovel! Il fallut, pour qu'Oldenbuck crût qu'il ne rêvait pas, que son jeune ami vint l'embrasser. Sir Arthur ne fut guère moins surpris en reconnaissant son fils, le capitaine Wardour, dans l'officier qui accompagnait le major Neville. Les premiers mots que le major prononça furent pour donner des éloges au zèle, au courage et à l'activité dont toute la population avait fait preuve, et il les rassura en affirmant qu'aucun danger ne les menaçait en ce moment.

— Les renseignements que nous avons pris en route, dit le major Neville, nous ont découvert que l'homme de garde sur Halket-Head a été induit en erreur par un grand feu que des ouvriers, sans mauvaise intention, avaient allumé sur la colline de Glen-Withershin.

Oldenbuck regarda à la dérobée sir Arthur, et, rassemblant son courage, quoique assez honteux d'avoir été la cause involontaire de l'alarme qui s'était répandue, il dit:

— Il faut croire que ce feu consumait le matériel servant aux mines, les instruments que, dans notre colère, nous avions condamnés aux flammes. Au diable soit ce coquin de Dousterswivel! Même après son départ, il nous fait faire des sottises! Mais voilà le prudent Caxon! Levez la tête, vieil âne! Faut-il donc que nous payions vos sottises? Tenez, débarrassez-moi de cette épée.

En ce moment, il sentit son bras pressé par le comte

de Glenallan, qui le pria de passer dans un appartement séparé.

— Pour l'amour de Dieu! demanda le comte, quel est ce jeune officier qui ressemble d'une manière si frappante...

— A la malheureuse Éveline! s'écria l'Antiquaire. Ah! mon cœur m'a parlé pour lui dès que je l'ai vu; en voici donc la cause!

— Mais qui est-il? qui est-il? répéta le comte en serrant avec violence le bras de l'Antiquaire.

— Hier, répondit ce dernier, je l'aurais nommé Lovel; mais aujourd'hui, c'est le major Neville.

— Que mon frère a élevé comme son fils adoptif et a institué son héritier. Dieu de miséricorde! c'est mon fils! le fils de mon Éveline!

— Doucement, Milord, doucement! Ne vous abandonnez pas si promptement à de telles présomptions. Quelle probabilité...

— Probabilité? Aucune; il y a certitude, certitude absolue. Hier soir, j'ai reçu de l'intendant de mon frère une lettre où il me dévoile tout. Amenez-le-moi, de grâce! qu'il reçoive la bénédiction d'un père.

— De tout mon cœur; mais, par égard pour vous et pour lui, laissez-moi quelques minutes pour préparer cette entrevue.

Et l'Antiquaire sortit pour trouver le major. Dès qu'il l'eut rencontré, il lui demanda quelques instants d'entretien.

— Vous pouvez confier les soins qui vous occupent au capitaine Wardour et à Hector, avec lequel j'espère que vous êtes réconcilié.

Neville sourit et tendit la main à Hector, qui la serra avec autant de cordialité que d'empressement.

— Il faudrait une affaire bien urgente, Monsieur Oldenbuck, pour qu'elle pût l'emporter sur les droits que vous avez sur moi. Je n'oublie pas que je me suis présenté à vous sous un nom supposé, et que je vous ai récompensé de votre hospitalité en blessant votre neveu.

— Il n'a eu que ce qu'il méritait, répondit l'Antiquaire ; cependant, il a montré aujourd'hui autant de bon sens que de courage. S'il voulait étudier César et Polybe, il pourrait avancer dans l'armée.

— Il le mérite, Monsieur Oldenbuck. Quant à mon nom supposé, vous devez d'autant mieux m'excuser que je n'ai pas plus de droit à celui de Neville qu'à celui de Lovel.

— En vérité? Eh bien, j'espère que vous en trouverez un auquel vous aurez un droit légal. Je crois connaître le secret de votre naissance. Vous avez été élevé et connu comme fils supposé de M. Géraldin Neville, du comté d'York, et destiné à être son héritier.

— Pardon! jamais il ne m'a fait entrevoir cette perspective, et je crois que mon père supposé...

— Votre père supposé! interrompit l'Antiquaire ; qui vous fait croire que M. Géraldin Neville n'était pas votre père?

— Je sais que vous n'êtes pas homme, Monsieur Oldenbuck, à me faire des questions par curiosité. Je vous dirai donc que l'année dernière, tandis que nous occupions une petite ville de Flandre, je fus logé chez une femme espagnole, Thérésa d'Acunha, qui parlait parfaitement l'anglais. Elle apprit qui j'étais et se fit connaître à moi comme la personne qui avait eu soin de mon enfance. Elle me dit que j'étais victime d'un crime, et qu'on me privait d'un rang qui m'appartenait, mais qu'elle ne pouvait rien me dire de plus tant qu'une grande dame d'Écosse vivrait. Peu de temps après, Thérésa mourut, et je perdis avec elle l'espoir de connaître ma naissance. J'écrivis au lord Géraldin inutilement. Je fus me jeter à ses pieds et le conjurai de déchirer le voile qui couvrait ma naissance, et que Thérésa n'avait fait que soulever. Il m'avoua alors que je n'étais pas son fils, mais ne voulut rien me dire de plus. Je quittai le nom de Neville pour celui de Lovel. C'est à cette époque que, me trouvant dans le nord de l'Angleterre, je fis la connaissance de Miss Wardour, et je fus assez romanesque pour la suivre en Écosse. Je résolus de faire près de lord Géraldin un nouvel effort, qui n'eut pas plus de succès que le premier. J'insistais avec force dans mes lettres, quand je reçus la nouvelle de sa mort.

— Et vous vous abandonnâtes à toutes vos idées noires, dit l'Antiquaire, au point de vous rendre malade, au lieu de venir me conter votre histoire et me demander mon avis.

— Précisément vint alors ma querelle avec votre neveu, qui me força à quitter précipitamment Fairport.

— A oublier l'amour et la poésie, Miss Wardour et la *Calédoniade*, dit l'Antiquaire ; et, depuis ce temps, vous n'avez été occupé que de plans pour venir au secours de sir Arthur ?

— Oui, avec l'aide du capitaine Wardour, dit le major.

— Et le concours d'Édie, ajouta l'Antiquaire. Vous voyez que je sais toute l'histoire. Mais ces lingots, d'où vous venaient-ils ?

— Ils provenaient d'une vaisselle d'argent ayant appartenu à M. Neville, et qu'il avait fait fondre quelques jours avant sa mort, et on me les avait envoyés à Fairport après ce fâcheux évènement.

— Sans doute, il ne voulait pas que vous vissiez les armes de Glenallan. Eh bien ! major Neville, ou plutôt Monsieur Lovel, vous allez quitter ces deux noms pour celui de Glenallan.

Et l'Antiquaire mit le jeune homme au courant des tristes et étranges circonstances qui avaient accompagné la mort de sa mère.

— Je ne doute pas, dit-il, que votre oncle, trompé sur la parenté de votre pauvre mère avec votre père, ne fît tout pour qu'on crût que le fruit de ce malheureux mariage n'existait plus, mais qu'il n'eut jamais de desseins criminels sur vous. Et maintenant, mon jeune ami, permettez-moi de vous présenter à votre père.

Nous n'essaierons pas de peindre cette entrevue. Le soir de cette journée mémorable, les volontaires de Glenallan burent à la santé de leur jeune maître.

Un mois après, Miss Wardour épousa le jeune comte, et l'Antiquaire fit présent à sa belle ennemie de la bague nuptiale. C'était un anneau en or massif, sur lequel était gravée la devise d'Aldobran Oldenbuck : *Kunst macht gunst* (1).

Édie Ochiltrie, le plus important de tous les personnages qui portèrent le manteau bleu en Écosse, continua quelque temps sa vie errante. Cependant, depuis peu, il paraît vouloir devenir plus sédentaire. On le trouve souvent dans une chaumière, où le vieux Caxon s'est retiré depuis le mariage de sa fille avec Taffril. Caxon se trouve ainsi à portée des trois perruques de la paroisse. On a entendu Édie assurer qu'il est bien agréable d'avoir un pareil toit quand il pleut. Ses jambes commençant à devenir plus raides, on croit qu'il s'y fixera bientôt tout à fait.

Le jeune comte et sa femme ont donné des marques de leur munificence à Mistress Hadoway (où Lovel demeurait à Fairport), et à la famille Mucklebackit. La première en a fait bon usage ; les autres n'ont pas su en profiter.

Hector a obtenu de l'avancement, et il est tout à fait dans les bonnes grâces de son oncle. Ce qui ne fait pas moins de plaisir au jeune militaire, c'est qu'il a triomphé en combat singulier de deux veaux marins. Ce succès a mis fin aux railleries perpétuelles de son oncle relativement aux *phocas*.

On parle de mariage entre Miss Mac Intyre et le capitaine Wardour ; mais cette nouvelle demande confirmation.

M. Oldenbuck fait de fréquentes visites aux châteaux

---

(1) « Le talent gagne la faveur. »

de Knockwinnock et de Glenallan. Il y travaille à deux essais, l'un sur la cotte de mailles du grand comte de Glenallan, et l'autre sur le gantelet de la main gauche de l'Enfer-en-Armes. Il s'informe régulièrement si son jeune ami a commencé la *Calédoniade*, et secoue la tête en entendant sa réponse. En attendant, il n'a pas moins terminé ses notes sur ce poème à faire, et nous pensons qu'elles sont à la disposition de quiconque voudra les faire imprimer sans risque et sans frais pour l'ANTIQUAIRE.

FIN.

www.ingramcontent.com/pod-product-compliance
Lightning Source LLC
Chambersburg PA
CBHW050348170426
43200CB00009BA/1784